Helma Lutz, Anna Amelina
Gender, Migration, Transnationalisierung

Sozialtheorie

Helma Lutz ist Professorin für Frauen- und Geschlechterforschung am Fachbereich Gesellschaftswissenschaft der Goethe-Universität Frankfurt/Main. Ihre Arbeitsschwerpunkte sind Geschlecht und Migration, Intersektionalität, Rassismus- und Ethnizitäts- sowie Biographieforschung.
Anna Amelina ist Professorin für Interkulturalität an der Technischen Universität Cottbus-Senftenberg. Ihre Forschungsschwerpunkte sind transnationale Migration, Geschlechterverhältnisse und Intersektionalitätsforschung, Soziologie sozialer Ungleichheiten sowie Transnationalisierungsforschung.

Helma Lutz, Anna Amelina

Gender, Migration, Transnationalisierung

Eine intersektionelle Einführung

[transcript]

Bibliografische Information der Deutschen Nationalbibliothek
Die Deutsche Nationalbibliothek verzeichnet diese Publikation in der Deutschen Nationalbibliografie; detaillierte bibliografische Daten sind im Internet über http://dnb.d-nb.de abrufbar.

transcript Verlag | Hermannstraße 26 | D-33602 Bielefeld | live@transcript-verlag.de

Umschlaggestaltung: Kordula Röckenhaus, Bielefeld
Korrektorat: Alexandra Kind, Bremen
Satz: Francisco Bragança, Bielefeld
Druck: Majuskel Medienproduktion GmbH, Wetzlar
Print-ISBN 978-3-8376-3796-0
PDF-ISBN 978-3-8394-3796-4

Gedruckt auf alterungsbeständigem Papier mit chlorfrei gebleichtem Zellstoff.
Besuchen Sie uns im Internet: *http://www.transcript-verlag.de*
Bitte fordern Sie unser Gesamtverzeichnis und andere Broschüren an unter: *info@transcript-verlag.de*

Inhalt

Abbildungs- und Tabellenverzeichnis

Abbildungen

Tabellen

Danksagung

Die Idee zu diesem Buch stammt von unserem Kollegen Uwe Vormbusch, auf dessen Initiative eine erste Version als Studienbrief für die Fernuni Hagen erarbeitet wurde. Wir danken ihm sehr herzlich für seine klugen Kommentare, die er in die Konzepterstellung und Erarbeitung des Manuskripts eingebracht hat. Als Autorinnen haben wir vorläufige Versionen unserer Kapitel in unseren Lehrveranstaltungen am Schwerpunkt ›Gender, Diversität und Migration‹ des Instituts für Soziologie am Fachbereich Gesellschaftswissenschaften der Goethe Universität Frankfurt verwendet; wir danken den Studierenden für ihre konstruktiven Rückmeldungen und die engagierten Debatten, die wir mit ihnen führen konnten.

Bedanken möchten wir uns auch bei Heike Strohmann für inspirierende Kommentare und ihre Sorgfalt bei der Erstellung des Manuskripts für den transcript Verlag und bei Lotte Rahbauer für die Korrektur der Druckfahne.

Unsere Partner, Rudolf Leiprecht und Christian Heidling haben uns beim Schreiben dieses Buches in jeder Phase unterstützt. Wir wissen, dass das keine Selbstverständlichkeit ist und danken unseren ›caring husbands‹ für ihre Fürsorge, Denkanstöße und ihren Humor.

Helma Lutz und Anna Amelina,
Frankfurt a.M. und Cottbus im Juli 2017

1. Geschlechterverhältnisse und Migration

Einführung in den Stand der Diskussion

1.1 Die soziale Konstruktion von Geschlecht

In diesem einführenden Kapitel werden zentrale analytischen Konzepte, grundlegende Debatten und Traditionslinien der Frauen- und Geschlechterforschung einerseits und der Migrationsforschung andererseits vorgestellt, es bildet somit den Ausgangspunkt für die weitere Auseinandersetzung mit beiden Arbeitsbereichen, ihren Verknüpfungen und Gemeinsamkeiten wie auch ihren Unterschieden. Zwei zentrale theoretische Debatten aus der Geschlechterforschung sind von besonderer Relevanz für diese Auseinandersetzung: *Erstens*, die *soziale Konstruktion von Geschlecht*, die die Annahme biologischer Zweigeschlechtlichkeit dekonstruiert und die Analyse der Herstellung von Geschlecht in den Fokus der Analyse rückt – diese wird als erstes vorgestellt. *Zweitens*, zu den methodologischen Grundlagen gehört auch die Debatte um *Intersektionalität*, in der nicht nur der alleinige Fokus auf Geschlecht kritisiert, sondern insbesondere für eine Analyse der Wechselwirkungen zwischen Geschlecht, Klasse, *Race*/Ethnizität sowie weiterer sozialer Platzanweiser plädiert wird – diese Forderung ist auch für eine Analyse transnationaler sozialer Ungleichheit relevant.

Die Auseinandersetzung mit Geschlechterverhältnissen blieb im Mainstream der sozialen Ungleichheitsforschung lange Zeit unterbelichtet. Analysen gesellschaftlicher Asymmetrien und Fragmentierungen fokussierten in erster Linie Bildungs- und Erwerbs- bzw. Einkommensungleichheiten, was bedeutete, dass die Unterschiede zwischen sozialen Klassen/Schichten als wichtigste Indikatoren sozialer Ungleichheit definiert wurden. Die Soziologin Helga Krüger (2007: 178) schreibt dazu:

»Geschlechterungleichheit galt (und gilt) aus der Perspektive gesellschaftsstruktureller Analyse und angesichts der ›eigentlichen‹ Herausforderungen, mit denen unsere Gesellschaft konfrontiert ist, eher als sekundäres Phänomen.«

Krüger kritisiert dies als »Fehlwahrnehmung« und plädiert dafür, dass Geschlecht als eine soziale Strukturkategorie systematisch in Studien zu sozialer Ungleichheit Berücksichtigung finden muss.

Geschlecht bzw. Geschlechterdifferenz gilt als ein Ordnungsprinzip, das von jedem Mitglied der Gesellschaft erwartet, sich selbst einem von zwei Geschlechtern zuzuordnen. Diese Zuordnung bleibt aber nicht optional und subjektiv, sondern erfolgt am Schnittpunkt von institutionellen Zwängen, normativen Mustern und individuellem Verhalten, die den gesamten Lebenslauf von Menschen beeinflussen. Die Bedeutung von Geschlecht kann sich über die Biographie hinweg verändern; gleichzeitig ist es unumgänglich, Geschlecht zu anderen Kategorien (wie soziale Klasse, Ethnizität, Nationalität, Alter etc.) ins Verhältnis zu setzen. Dabei müssen wiederum singuläre und statische Betrachtungen vermieden werden, da das Geschlechterverhältnis zu unterschiedlichen Zeiten (in Sozialisation, Bildung, Erwerbsleben, Familienleben, Alter) unterschiedlich ausgeprägt ist. Daher plädiert die Ungleichheitsforscherin Karin Gottschall (2004: 193) dafür, dass Geschlechterverhältnisse immer in ihrer verzeitlichten bzw. prozessualen Dimension betrachtet werden müssen.

Nun besteht allerdings in Bezug auf die Wirkmächtigkeit von Geschlecht nicht unbedingt ein Konsens.

Angeschoben durch die zweite Frauenbewegung der 1970er Jahre hat in der sich allmählich etablierenden Begleitwissenschaft der Frauen- und Geschlechterforschung eine anhaltende Debatte darüber stattgefunden, was unter Geschlecht zu verstehen ist.

Gemeinsamkeiten ergeben sich vor allem in Bezug auf die Ausgangsposition, dass die Organisation der meisten Gesellschaften auf Zweigeschlechtlichkeit beruht, die wiederum von dem Unterscheidungsprinzip männlich/weiblich ausgeht; diese Differenz, mit kulturellen Deutungsmustern aufgeladen, gilt als eine sozial hergestellte (im Gegensatz zu einer *in der Natur vorhandenen*) Kategorie. Eine solche Sichtweise ist zunächst irritierend, weil sie dem verbreiteten Alltagswissen und der Alltagswahrnehmung vieler Menschen widerspricht, denn die Wahrnehmung von Geschlecht scheint fraglos zu sein und daher gerade nicht begründungsbedürftig. Dazu schreibt die Geschlechterforscherin Angelika Wetterer (2010: 126) zutreffend:

»Dass es zwei und nur zwei Geschlechter gibt; dass jeder Mensch entweder das eine oder das andere Geschlecht hat; dass die Geschlechtszugehörigkeit von Geburt an feststeht und sich weder verändert noch verschwindet; dass sie anhand der Genitalien zweifelsfrei erkannt werden kann und deshalb ein natürlicher und biologisch eindeutig bestimmbarer Tatbestand ist, auf den wir keinen Einfluss haben – all das sind Basisregeln unserer ›Alltagstheorie der Zweigeschlechtlichkeit‹ (Hagemann-White 1984: 78), die ebenso unbezweifelbar richtig scheinen wie die Annahme, dass dies zu allen Zeiten so war und auch in anderen Kulturen nicht anders ist.«

Zweifel an dieser Alltagstheorie finden sich zwar bereits in vormodernen Gesellschaften, jedoch hat die umfassende Kritik daran erst mit der Moderne eingesetzt und wurde schließlich im letzten Drittel des 20. Jahrhunderts umfassender und komplexer. Das 1951 auf Deutsch publizierte Werk der französischen Philosophin Simone de Beauvoir »Das andere Geschlecht« gilt hier als Pionierwerk, das die zwanzig Jahre später erstarkte Frauenbewegung und die Geschlechterforschung inspirierte. Darin zeichnet de Beauvoir die lange Geschichte der Ausgrenzung von Frauen als einen Prozess nach, in dem *Autonomie und Selbstbestimmtheit* als ein den Männern vorbehaltenes Privileg galt; das weibliche Geschlecht dagegen wurde als das vom Mann abweichende *Andere* charakterisiert. Ihr Satz: »Man wird nicht als Frau geboren, man wird es« (ebd.: 265), legte den Grundstein zur sozialkonstruktivistischen Betrachtungsweise von Geschlecht, die die Geschlechterforschungsdebatte bis heute prägt. Dafür musste zunächst die *Nullhypothese* anerkannt werden, die davon ausgeht, »dass es keine notwendige, naturhaft vorgeschriebene Zweigeschlechtlichkeit gibt, sondern nur verschiedene kulturelle Konstruktionen von Geschlecht« (Hagemann-White 1984: 230).

In den 1980er Jahren verursachte die amerikanische Historikerin Joan W. Scott (1988) Aufruhr in der Geschichtswissenschaft, als sie den Begriff *Gender* als zentrale Kategorie der historischen Analyse etablierte. Dabei stellte Scott die bis dahin in der feministischen Debatte hantierte Unterscheidung zwischen Sex (dem biologischen Geschlecht) und Gender (dem sozialisierten, erlernten Geschlecht) in Frage und verwies auf die wichtige Rolle von Diskursen, die immer wieder zum Wandel dessen geführt haben, was unter Geschlecht und Geschlechterdifferenz verstanden wird (siehe unten).

Linguistic Turn

Am radikalsten revolutionierte die amerikanische Philosophin Judith Butler (1997) die Debatte: Sie verwarf die Sex-Gender-Trennung mit dem Hinweis darauf, *dass Sprache die Wirklichkeit nicht abbildet, sondern hervorbringt (linguistic turn)*, weshalb die Anrufung eines Menschen über sein/ihr Geschlecht (bspw. Frau/Herr Sowieso) dieses Geschlecht nicht lediglich bezeichnet, sondern immer wieder generiert. Mithilfe der sprachlichen Anrufung wird die gesellschaftlich erwartete Eindeutigkeit der Geschlechteridentität produziert, »die solange wiederholt und bestätigt wird, bis sie als Natur erscheint« (Kraß 2013: 41). Butlers Betrachtung hat den Vorteil, dass sie nicht nur den Zwang zur Zweigeschlechtlichkeit freilegt, sondern gleichsam die Sicht öffnet auf die Verbindung von Geschlecht und Sexualität, denn die soziale Regulation von Sexualität fußt ebenfalls auf einer binären Einteilung, derjenigen in Hetero- und Homosexualität. »Wenn das Geschlecht, den Körper eingeschlossen, ein soziales Konstrukt ist, so bietet es keinen Anhaltspunkt für das Postulat einer natürlichen Ausrichtung des Begehrens; dann ist Heterosexualität ebenso als performativer Akt und diskursiver Effekt zu werten wie die Geschlechterdifferenz« (Kraß 2013: 41). Geschlecht ist also weder ›natürlich‹ noch ›göttlich‹ gegeben.[1]

Bislang haben diese poststrukturalistischen Überlegungen des *linguistic turn* zwar Eingang in die Debatte über soziale Ungleichheit gefunden, aber angesichts der komplexen Anforderungen an ein empirisches Design, die sich aus der Forderung ergeben, die Binaritäten von Geschlecht (männlich-weiblich) und Sexualität (hetero-homo) fallen zu lassen und neue Wege in der Erfassung derselben zu suchen, werden diese Ansätze eher im Bereich der Humanwissenschaften rezipiert als in der soziologischen Ungleichheitsforschung. Zugegebenermaßen wären damit auch umfangreiche Anforderungen verbunden, die nicht so einfach

1 | Diskursanalytische, historische Studien, etwa die des französischen Philosophen Michel Foucault (1987), haben den Nachweis geführt, dass die gesellschaftliche Regulierung von Sexualität von der Antike bis zur Moderne sehr wandlungsfähig war und die Pathologisierung von Homosexualität ein Produkt der Moderne ist.

einzulösen sind, denn jeder Fragebogen oder jedes Interview wiederholt in der Regel die Anrufung von und Zuordnung zu einem von zwei Geschlechtern und reduziert diese Strukturkategorie damit auf dieselben.

Doing Gender

Eine für die Ungleichheitsforschung vielversprechende Version des Konstruktivismus ist die Beobachtung der *Herstellung* von Geschlecht, des *doing gender*, in den Interaktionen des Alltags. Diese Betrachtungsweise wurde seit den 1960er Jahren von den amerikanischen Interaktionstheoretikern und Ethnomethodologen Harold Garfinkel und Erving Goffman entwickelt. Garfinkel (1967) konnte anhand seiner Studie über den Geschlechterwechsel von »Agnes«, einer (Mann zu Frau) Transsexuellen, zeigen, dass weder Hormonbehandlungen und/oder kosmetische Chirurgie noch Kleidung und Make-Up hinreichend sind, um auf überzeugende Weise einen Geschlechterwechsel im Alltag nachzuvollziehen. Stattdessen muss Geschlechteridentität im Alltag inszeniert werden und diese Herstellung ist nur dann erfolgreich, wenn sie ständig wiederholt und als männlich bzw. weiblich *erkannt* wird. *Doing Gender*, d.h. das *Doing* von Männlichkeit bzw. Weiblichkeit ist demnach eine *Herstellungsleistung*, die konform den Anforderungen an Alltagshandeln erfolgt. Erving Goffman (1994) entwarf in Anknüpfung an Garfinkel die Theorie der *Geschlechterarrangements*, in der er vor allem herausstellte, dass es sich bei *doing gender* keineswegs um eine beliebige, individuelle Aktivität handelt, sondern dass *institutionalisierte Rahmenbedingungen* das Format dieser Aktivität nahegelegen, vorstrukturieren und steuern, so dass Regelverstöße, die in der Kindheit überwacht und bestraft werden (ein Junge zieht keine Röcke an und weint nicht), schließlich unbewusst vermieden werden.[2] Dieses Verhalten wird im Rahmen der primären (familiären) und sekundären (Schule, Sportclubs etc.) Sozialisationsprozesse eingeübt und gleichsam zu einer internalisierten Matrix oder Handlungsgrammatik (Bourdieu), die sich im unbewusst vollzogenen Alltagshandeln manifestiert. Für Transgender-Personen ist die Re-Orientierung auf die Matrix des anderen Geschlechts ein

2 | Eines von Goffmans vielen überzeugenden Beispielen ist etwa die Beschreibung des Arrangements von nach Geschlecht getrennten Räumen (etwa Toiletten); dabei kommt der Verstoß gegen diese Trennungsregel einem ungeschriebenen Gesetzesbruch gleich und wird sozial sanktioniert.

mühsamer Lernprozess, bei dem sowohl an der Stimme *gearbeitet* wird als auch an diversen anderen, den Körper betreffenden Performanzen (Bewegung, Kleidung) und an der Veränderung von biographischen Narrativen (siehe dazu zahlreiche *male to female voice* Videoclips auf YouTube[3]).

Die Ethnomethodologie hat die weitverbreitete Annahme, dass sich aus *Sex Gender* entwickelt, in eine umgekehrte Richtung gelenkt, indem sie anstelle von Natur die *kulturelle Deutung von Natur* zum Ausgangspunkt der Wahrnehmung macht:

»Wenn wir das Geschlecht (gender) als eine Leistung ansehen, als ein erworbenes Merkmal des Handelns in sozialen Situationen, wendet sich unsere Aufmerksamkeit von Faktoren ab, die *im* Individuum verankert sind und konzentriert sich auf interaktive und letztlich institutionelle Bereiche« (West/Zimmerman 1987: 140, übersetzt von Gildemeister/Wetterer 1992: 237).

Darüber hinaus soll hier betont werden, dass die Debatte über die soziale Konstruktion von »Zweigeschlechtlichkeit als ein Wissenssystem« (Hirschauer 1996) den soziologischen Weg geöffnet hat zu vergleichbaren Betrachtungen weiterer *sozialer Platzanweiser* wie etwa Ethnizität/*Race*, Sexualität, soziale Klasse, Staatsbürgerschaft, ›Behinderung‹, Alter, die in modernen Gesellschaften virulent sind (siehe den noch folgenden Abschnitt *Intersektionalität*).

Produktive versus ›unproduktive‹ Arbeit

Für die Debatte über die Gender-Dimension von sozialer Ungleichheit ist vor allem die Wahrnehmung wichtig, dass die soziale Ungleichheit zwischen den Geschlechtern konstitutiv für die moderne Arbeitsgesellschaft ist (Ahrendt 1981). Diese Ungleichheit liegt in der Hierarchisierung von *Arbeit* begründet, wonach ein struktureller Gegensatz zwischen Produktion und Reproduktion zugrunde gelegt wird, der gegendert ist und bei dem die Wertschätzung der Produktionssphäre immer über der der Reproduktionssphäre gestanden hat; auch heute noch wird produktive Arbeit (Berufsarbeit) in der Wertschöpfungskette höher honoriert als re-

3 | Zum Beispiel »Transgender Voice Feminization. Hear Rachl's Before and After Voice transformation«, [Videoclip auf YouTube], online unter: https://www.youtube.com/watch?v=5lGq_m6jaPl vom 21.09.2016.

produktive, oder – wie wir mittlerweile sagen – *Care-Arbeit*, die als unproduktiv gilt (Lutz 2010a; siehe auch Kapitel vier). Diesen Gegensatz zwischen ›produktiver‹ Erwerbsarbeit und ›unproduktiver‹ Care-Arbeit in der modernen Arbeitsgesellschaft hat der Ungleichheitsforscher Reinhard Kreckel folgendermaßen beschrieben:

»Dort, in der Produktionssphäre, ist die primäre Machtasymmetrie zwischen Kapital und Arbeit angesiedelt, ebenso die darauf aufbauende Machtasymmetrie des bürokratisch-kapitalistischen Arbeitsmarktes. Dort wird Einkommen geschaffen und (ungleich) verteilt, und dort ist auch die offizielle Hierarchie der gesellschaftlichen Positionen verankert. Die zweite, inoffizielle Hierarchie, die sich vor allem zum Nachteil von Frauen auswirkt, hat ihre Grundlage in der Scheidung von bezahlter Produktions- und unbezahlter Reproduktionsarbeit. Denn in der Geldwirtschaft gilt die doppelte Faustregel: Arbeit, die nicht bezahlt wird, zählt nicht, Arbeit, die nicht zählt, wird nicht bezahlt« (Kreckel 2004: 270/71).

In einem System, in dem Vergesellschaftung und die damit verbundene Akzeptanz als ehrenhaftes Mitglied einzig über Erwerbsarbeit erfolgt, und genau dies ist die Situation in post-industriellen Gesellschaften der Spätmoderne, entwickeln sich damit auch Machtverhältnisse und Anerkennungsvergabe (bzw. der Entzug derselben) im Geschlechterverhältnis entlang dieser Sphären. Die Geschlechterforscherin Regina Becker-Schmidt (1987) hat mit dem Begriff *Doppelte Vergesellschaftung* von Frauen einen Terminus zur Diagnose eines Fehlverhältnisses entworfen: Unsere Gesellschaft verbindet die Sozialisation von Männlichkeit primär mit der Ernährerfunktion, mit Erwerbsarbeit, während Weiblichkeit ambivalent sozialisiert wird als Doppelrolle sowohl in der Reproduktionsrolle als auch im Erwerbsleben. Daraus entsteht ein soziales Regulationssystem, das über die Abwesenheit der Care-Verpflichtung für Männer bzw. deren Reduktion auf das männliche Ernährerprinzip zu einer permanenten geschlechtsspezifischen Asymmetrie führt:

»Diese Doppelsozialisation bzw. Doppelorientierung konfrontiert Frauen mit einer Vielzahl von Zerreißproben, denen Männer nicht in vergleichbarer Weise ausgesetzt sind. Frauen haben ein komplexes Arbeitsvermögen erworben, das sie für zwei ›Arbeitsplätze‹ qualifiziert: den häuslichen und den außerhäuslichen. Wollen sie Erfahrungen in beiden Praxisfeldern machen, drohen ihnen die qualitativen und quantitativen Probleme der Doppelbelastung« (Becker-Schmidt 1987: 23).

Die *Doppelte Vergesellschaftung*, so die Prognose vor 25 Jahren, werde mit steigendem Bildungsniveau von Frauen erodieren; doch zeigt sich zu Beginn des 21. Jahrhunderts, dass die weibliche Partizipation am Erwerbsleben weiterhin erschwert ist: Frauen übernehmen entweder in Vollzeit die Betreuung von Kindern und alten bzw. behinderten Familienmitgliedern[4], oder sie versuchen in Teilzeit Beruf und Familie zu vereinbaren[5], oder – und dies trifft vor allem auf Vollzeit-Doppelverdiener-Familien oder Geschiedene zu – finden einen bezahlten weiblichen Ersatz für die Übernahme von Haus- und Betreuungsarbeit (siehe Kapitel vier). Dass Frauen sich mehrheitlich nicht nur für die Care-Arbeit verantwortlich fühlen (Geschlechterwissen), sondern diese auch tatsächlich übernehmen, weist auf die Hartnäckigkeit der Geschlechterasymmetrie im *Doing Gender* hin, die gestützt wird durch ein institutionelles, rechtlich abgesichertes Geschlechterarrangement in Bezug auf Steuern (Ehegattensplitting), Versicherungen (Mitversicherungsorganisation nach dem Ernährerprinzip) und das Betreuungsgeld. Diese Situation geht eindeutig zulasten von Einkommens- und Rentenangleichung, denn die Mehrheit der Frauen verfügt über ein im Durchschnitt geringeres Einkommen bei gleicher Qualifikation (Gender Pay Gap), was sich wiederum auf die Höhe der Pension auswirkt (Gender Pension Gap).

Das meritokratische Gesellschaftsmodell, das ›Leistungen‹ honoriert und eine angemessene Bewertung und Bezahlung für diese verspricht, entpuppt sich demnach als Illusion, wenn es aus der Perspektive von sozialer Klasse und Geschlecht betrachtet wird. Wir werden im Folgenden noch sehen, dass diese Aussage insofern zu relativieren ist, als beide Kategorien in Machtbeziehungen eingebunden sind; damit ist die Einbeziehung und Analyse des gesamten Spektrums zwischen privilegierten und von Privilegien ausgeschlossenen Positionen im Geschlechter- und Klassenverhältnis gemeint.

4 | Im Jahr 2011 waren in Deutschland 26 Prozent der Mütter, die ein Kind unter 15 Jahren betreuen, nicht erwerbstätig (Statistisches Bundesamt 2013b).

5 | In Deutschland arbeitete 2014 die Mehrheit der erwerbstätigen Frauen ab Mitte 30 in Teilzeit (WSI 2016).

1.2 Intersektionalität: Geschlecht in der Interferenz/Interdependenz mit anderen sozialen Platzanweisern

»Soziale Ungleichheit im weiteren Sinne liegt überall dort vor, wo die Möglichkeiten des Zuganges zu allgemein verfügbaren und erstrebenswerten sozialen Gütern und/oder zu sozialen Positionen, die mit ungleichen Macht- und/oder Interaktionsmöglichkeiten ausgestattet sind, dauerhafte Einschränkungen erfahren und dadurch die Lebenschancen der betroffenen Individuen, Gruppen oder Gesellschaften beeinträchtigt bzw. begünstigt werden« (Kreckel 2004: 17).

Soziale Ungleichheit beschäftigt sich mit der ungleichen Verteilung von und dem ungleichen Zugang zu (finanziellen, sozialen, kulturellen, symbolischen) Ressourcen. Eine Reihe von deutschen Ungleichheitsforscher*innen geht davon aus, dass strukturgebende Kategorien unterteilt werden müssen in *vertikale* und *horizontale* Ungleichheitsgeneratoren: Unter vertikal werden die Faktoren (Aus-)Bildung, Beruf und Einkommen in der *bezahlten Arbeitsgesellschaft* (Berger 2003) subsumiert, während die Vertreter des horizontalen *Differenzierungsparadigmas* (etwa Ulrich Beck oder Stefan Hradil) davon ausgehen, dass Erwerbsarbeit sich zunehmend ausdifferenziert, d.h. entstandardisiert und auf die Identitätsentwicklung und die Lebenslagen von Menschen immer weniger Einfluss hat. Gegenstand ihrer Forschung sind Ungleichheitsfaktoren, die über die Position im Erwerbsprozess hinausreichen und quer zu Klassen/Schichten-Einteilungen liegen, also die Differenzkategorien: *Geschlecht, Sexualität, Alter, Ethnizität, Nationalität, ›Behinderung‹*.

Aus dem Differenzparadigma ergibt sich nun jedoch die Herausforderung, die klassischen Leitkategorien der Ungleichheitsanalyse – Macht, Herrschaft, Ausbeutung und Unterdrückung – nicht durch symbolische Repräsentationen von Differenz auszublenden oder zu überblenden, sondern deren materialisierte, gewaltförmige Formen weiterhin zu beachten, in kritischer Weise zu reflektieren und dabei keineswegs die *Arbeit* als Fundament der Arbeitsgesellschaft auszuklammern.

Von der Matrix of Domination zur Intersektionalität

Ein Ansatz, der aus der anglo-amerikanischen Genderforschung kommt, die Intersektionalitätsanalyse, bietet sich hier an. Dabei geht es um eine Debatte, die in der US-amerikanischen schwarzen Bürgerrechtsbewegung entstand (siehe Davis 1981) und sich mit der Verknüpfung von drei Schlüsselkategorien sozialer Markierung und Positionierung beschäftigt: *Race*, Class und Gender. Diese Trias, anfänglich kumulativ als Mehrfachunterdrückung und Mehrfachdiskriminierung konzipiert, hat sich in den vergangenen zwei Jahrzehnten unter dem Eindruck der Differenz- und Konstruktivismusdebatte weiterentwickelt: So hat die schwarze Soziologin Patricia Hill Collins (1990) die Mehrdimensionalität und Komplexität der Diskriminierungserfahrungen schwarzer Frauen in den USA analytisch in dem Modell einer »matrix of domination« (Matrix der Dominanz) gefasst, die sich als Gegenentwurf zur eindimensionalen (*single-axis*) Analyse des weißen Feminismus versteht und die darin formulierte additive Konzeption des Zusammenwirkens verschiedener Unterdrückungsverhältnisse (z.B. die *Triple Oppression Theory*) kritisiert. Hill Collins dagegen besteht darauf, dass die Mehrdimensionalität von *Race*, Class und Gender in ihren Konvergenzen, Überschneidungen, Ko-Konstruktionen und Interferenzen als »interlocking systems of oppression« zu analysieren sei. Sie entwickelt damit ein Vorgängermodell zu dem der Intersektionalität, das von der US-amerikanischen schwarzen Juristin Kimberlé Crenshaw (1989) stammt. Mit der Metapher der Straßenkreuzung (*intersection*), an der sich verschiedene soziale Platzanweiser überschneiden, analysiert Crenshaw das Dilemma von schwarzen Arbeiterinnen, die in den 1970er Jahren ihren Arbeitsplatz bei General Motors verloren und dagegen klagten. Crenshaw kommt dabei zu dem Schluss, dass diese Frauen keine Unterstützung im geltenden Recht fanden, obgleich bereits in den 1960er Jahren in den USA ein Antidiskriminierungsrecht eingeführt worden war[6]; dieses schützte bei näherer Betrachtung jedoch lediglich schwarze Männer als Repräsentanten der Kategorie *Schwarz* und weiße Frauen als Repräsentantinnen der Kategorie *Frau* vor Arbeitsplatzverlust. Schwarze Frauen fielen sozusagen durch das Raster und wurden gleichsam unsichtbar.

6 | In Deutschland wurde das Antidiskriminierungsgesetz der Europäischen Union erst im Jahre 2006 unter dem Begriff *Allgemeines Gleichstellungsgesetz* (AGG) eingeführt.

Zunächst in der englischsprachigen Genderdebatte, mittlerweile auch in Deutschland und Kontinental-Europa hat der Begriff Intersektionalität Karriere gemacht, wird aber auch weiterhin kontrovers diskutiert. Die Befürworter*innen verweisen vor allem auf sein Potential als *Stenogramm* oder »catchall phrase« (Phoenix/Pattynama 2006: 187) für eine inklusive Betrachtung von sozialer Identität als gleichzeitige Positionierung von Mehrfachidentitäten, das als Alternative zu reduktionistischen, monokategorialen Ansätzen genutzt werden kann. Kritiker*innen dagegen sind skeptisch, weil sie z.B. davon ausgehen, dass dieses Konzept nicht in der Lage sei, gesellschaftliche *Konstitutions*prozesse von *Race*, Klasse und Geschlecht zu erfassen, da es auf der Subjektebene verortet, bzw. darauf reduziert sei (Klinger 2003: 25). Dagegen wurde eingewendet, dass oft von einem unterkomplexen Diskriminierungsbegriff ausgegangen und ignoriert wird, dass intersektionelle Diskriminierung

»nicht nur auf einzelne intentionale Exklusionshandlungen abzielt, sondern zwischen struktureller, institutioneller, intentionaler, direkter und indirekter Diskriminierung differenziert wird. Hier scheint es Übersetzungsprobleme zwischen dem Antidiskriminierungsdiskurs und dem Ungleichheitsdiskurs zu geben, bzw. Schwierigkeiten bezüglich der Verhältnisbestimmung von Ungleichheit und Diskriminierung zueinander« (Lutz/Herrera Vivar/Supik 2010: 16).

Auch ist der Hinweis wichtig, dass Diskriminierungserfahrungen ein Ergebnis von sozial verankerten, in der Gesellschaft (re-)produzierten Ausgrenzungsprozessen sind und darauf verweisen, dass Machtverhältnisse im Wechselverhältnis miteinander stehen, dass also gesellschaftliche Strukturkategorien auf Subjekte und deren Subjektivierung einwirken und gleichzeitig die Subjekte genau diese Strukturen generieren und affirmieren. Das bedeutet, dass jeweils die strukturellen/institutionellen Kontexte zu beachten sind, an deren Schnittpunkt sich kollektive und individuelle Identitäten formieren. Die US-amerikanische Sozialphilosophin Nancy Fraser etwa sieht in der Intersektionalitätsanalyse den Vorteil, dass soziale Akteure nicht mehr einer exklusiven *Statusgruppe* oder (kollektiven) Identitätskategorie zugeordnet werden:

»Vielmehr sind die Individuen so etwas wie Schnittpunkte, an denen sich die mannigfaltigen und zueinander quer liegenden Achsen der Benachteiligung kreuzen. In der Regel auf einigen Achsen benachteiligt und zugleich auf anderen bevorzugt, führen sie im modernen Regime ihre Kämpfe um Anerkennung« (Fraser 2003: 80).

Differenzkategorien sind demnach nicht mehr essentialistische Kategorien, sondern werden jeweils als symbolisches Kapital, das in unterschiedlichen Situationen unterschiedlich eingesetzt werden kann, konzipiert. *Race*/Ethnizität, Klasse und Geschlecht werden also als Diskriminierungs- und als Aktionsressourcen relevant (siehe auch Lutz/Davis 2005).

Race/›Rasse‹

Im Verlauf der deutschen Debatte über Intersektionalität wird immer wieder auf die Problematik der transatlantischen Übertragbarkeit der Kategorie *Race* verwiesen (Knapp 2005). Dieser Einwand ist auch nicht ohne weiteres abzuwehren, denn in den USA ist *Race* ein staatsbürgerlicher, rechtlich verankerter Klassifizierungsbegriff. Allerdings hat die kritische Diskussion über den *Race*-Begriff in den USA schon in den 1920er Jahren begonnen und dazu geführt, dass in der Auseinandersetzung mit dem wissenschaftlichen und institutionellen Rassismus, *Race* als Produkt einer rassistisch konstruierten Ordnung der Welt dekonstruiert wurde, und sich keinesfalls mit der realen, angeblich biologisch gegebenen Existenz von ›Rassen‹ begründen lässt. Bereits die Chicago School führte in den 1920er Jahren den Begriff der Ethnizität in der Absicht ein, die Konstruktion von ›Rassen‹ als das Produkt sozialer Konstruktion, also von Rassialisierungsprozessen zu kennzeichnen und den *Race*-Begriff über Bord zu werfen (siehe u.a. Bös 2005). Durchgesetzt hat sich allerdings heute die Beibehaltung des *Race*-Begriffs bei der Beschreibung der Lebenssituation schwarzer Amerikaner*innen mit der Begründung, dass – solange in einer Gesellschaft nachweislich Rassismus wirksam ist – rassistisches Gedankengut implizit weiterwirkt. Ethnizität wird dagegen zur Kennzeichnung diverser Gruppen von Eingewanderten verwendet, wobei nicht alle, aber viele ebenfalls von Rassismus betroffen sind.

Wie soll nun der Begriff *Race* nach seiner transatlantischen Reise ins Deutsche übersetzt werden? Klinger und Knapp (2005) stellen zu Recht fest, dass im Zuge der *Race*-Class-Gender-Debatte Geschlecht und ›Rasse‹ vom Anschein ihrer biologisch-biologistischen ›Natürlichkeit‹ befreit wurden. Ergänzt werden muss hier allerdings, dass die Naturalisierung von Unterschieden gleichermaßen auf die Konstruktion von Ethnizität über *kulturelle* Unterschiede zutrifft; so stellte Theodor W. Adorno weitsichtig bereits im Jahre 1955 fest, dass zwar nach dem Zweiten Weltkrieg »das vornehme Wort Kultur« an die Stelle des verpönten Ausdrucks ›Rasse‹ getreten sei, dass mit diesem nominalen Austausch jedoch Vergleichbares gemeint sei. Der Rassismusforscher Rudolf Leiprecht (2001: 20ff.) spricht in Anlehnung an Adorno deshalb von »Kultur als Sprachversteck für Rasse«. Wenn also in der deutschen Debatte Ethnizität als *neue* Kategorie sozialer Ungleichheit bezeichnet wird, die deshalb an Bedeutung gewinne, weil sie als Folge von umfangreichen Immigrationsprozessen in westlichen Nationalstaaten wirksam werde (Müller/Schmid 2003: 9), dann wird nicht nur übersehen, dass es auch in Deutschland umfangreiche Migrationsprozesse *vor* der so genannten ›Gastarbeiter‹-Einwanderung gegeben hat, sondern auch, dass die *Naturalisierung* kultureller Distinktionen eine lange Vorgeschichte – etwa in der Geschichte des Kolonialismus – hat. Eine Stunde null gab es auch in dieser Hinsicht nicht: Vieles von dem, was früher der ›Rasse‹ zugeschrieben wurde, findet sich heute bei näherer Betrachtung in der Beschreibung von *Ethnizität* wieder. Ethnizität gilt in Deutschland als wissenschaftlich neutraler Begriff, der suggeriert, es gäbe ein gleichberechtigtes Nebeneinander sich gegenseitig tolerierender Kulturen, etwa im Multikulturalismus, eine Vorstellung, die hierarchisch organisierte gesellschaftliche Machtverhältnisse ausblendet. Der Begriff ›Rasse‹ wird in der deutschen soziologischen Forschung weitgehend vermieden, zum einen, da er auf den Faschismus bezogen wird und als »negative Kategorie« (Knapp 2009: 224) gilt, zum anderen, da er in Verbindung mit dem Forschungsgegenstand *Rassismus* als normativ aufgeladen, moralisierend oder polemisch betrachtet wird. Die Frage also, ob *Race* als ›Rasse‹ ins Deutsche übersetzt und aus der US-amerikanischen Debatte übernommen werden sollte, ist umstritten: Während die Befürworter*innen darauf hinweisen, dass ›Rasse‹ benutzt werden sollte, um rassifizierte soziale Positionen benennbar zu machen, weist die Gegenposition darauf hin, dass die Verwendung von ›Rasse‹ als strategischer Essentialismus in einer Identitätsfalle münden kann und dass darüber hinaus die Gefahr besteht, rassistische Logiken zu bedienen und zu reifizieren. In diesem Band wird Ethnizität und *Race* zur Bezeichnung von sozialen Positionierungen benutzt, die auf der Basis von Herkunft, Religion, Hautfarbe oder Kultur *ethnisiert* bzw. *rassialisiert* werden.

Ethnisierung/Rassialisierung

In den 1980er Jahren haben die Soziologen Wolf Bukow und Roberto Llaryora (1988) das Phänomen der *schleichenden Ethnisierung* als einen Prozess analysiert, in dessen Verlauf die Eigenschaftsbeschreibungen von Eingewanderten über Generationen hinweg zur Grundlage der gesellschaftlichen Zweiteilung in In- und Ausländer stilisiert und mit deren Hilfe sozialer Exklusion und Marginalisierung Vorschub geleistet wird. Denkfiguren und Diskurse, die daraus entstanden, haben Legitimationsfiguren ethnisierter, sozialer Hierarchien hervorgebracht, die mittlerweile zum Allgemeinwissen gehören und auch in den Sozialwissenschaften affirmiert und reifiziert werden. Der britische Rassismusforscher und langjährige Direktor des Centre for Contemporary Cultural Studies an der Universität Birmingham, Stuart Hall (1994) hat diesen Prozess ebenfalls beschrieben, jedoch auch darauf hingewiesen, dass die Kategorie *Ethnizität* als Element von Fremd- und Selbstzuweisung, als Merkmal sozialer Differenzierung neu bestimmt werden müsse. Er löst damit die gängige Zuschreibungspraxis auf, in der die (weißen) Mitglieder dominanter Gruppen, die sich als nicht-ethnisch verstehen und präsentieren, als *Unmarkierte* den Maßstab bilden, an denen sich *die Anderen* spiegeln müssen.

Gleichzeitig machte jedoch der französische Philosoph Etienne Balibar (1989) darauf aufmerksam, dass sich in Europa ein *Neorassismus* entwickelt, der von Kultur spricht, aber *Race* meint. Er fungiert als ideologisches Legitimationsinstrument postkolonialer Herrschaft und ist Element des historischen Kitts, der in vielen Alltagstheorien, aber auch politischen und wissenschaftlichen Diskursen auf beiden Seiten des Atlantiks Spuren hinterlassen hat und Europa mit den USA verbindet.

In der Intersektionalitätsdebatte geht es seit langem auch um die Erweiterung der Kategorien von der Trias *Race*, Klasse und Gender hin zur Inklusion von mehreren Kategorien.

*Tabelle 1: Liste der bipolaren hierarchischen Differenzlinien**

Kategorien	Grunddualismus	
	Dominierend	**Dominiert**
Geschlecht	**männlich**	**weiblich/ transgender**
Sexualität	**heterosexuell**	**homosexuell/lesbisch/ bisexuell**
Ethnizität/*Race*	**dominante Gruppe**	**ethnisierte/rassialisierte Minderheit(en)**
Nationale Zugehörigkeit	Angehörige	Nicht-Angehörige
Religion	säkular	religiös
Sprache	dominant	unterlegen
Als ›Kultur‹ bezeichnete Differenzen	zivilisiert	unzivilisiert
Klasse/Sozialstatus	**hoch/etabliert** reich/wohlhabend	**niedrig/nicht etabliert** arm
›Gesundheit‹/ ›Behinderung‹	**ohne ›Behinderungen‹/ ›gesund‹ (ohne besondere Bedürfnisse)**	**mit ›Behinderungen‹/ ›krank‹ (mit besonderen Bedürfnissen)**
Generation/Alter	**Erwachsene Junge**	**Kinder Alte**
Raum	**national**	**transnational**
Sesshaftigkeit/ Herkunft	sesshaft (angestammt)	nomadisch (zugewandert)
Nord-Süd/West-Ost	the west	the rest
Gesellschaftlicher Entwicklungsstand	modern (fortschrittlich) (entwickelt)	traditionell (rückständig) (nicht entwickelt)

* Durchgezogene Linien trennen einzelne Achsen der Differenz voneinander, gestrichelte Linien verweisen auf verschiedene Dimensionen einer Differenzachse.

Alle Differenzlinien betrachten gesellschaftlich wirksame soziale Einteilungen, auf deren Grundlage soziale Dividende erteilt bzw. vorenthalten werden. Sie sind nicht immer und für jede Fragestellung in Bezug auf soziale Ungleichheiten und Diskriminierungserfahrungen relevant, die empirische Intersektionalitätsforschung geht allerdings davon aus, dass die Berücksichtigung von drei Kategorien als Mindeststandard zu betrachten ist (siehe Leiprecht/Lutz 2015a). Die Diskussion über die Frage, ob hier nicht notwendigerweise vertikale von horizontalen Kategorien zu unterscheiden sind und die Warnung vor Verschleißerscheinungen einer ständigen Erweiterung sind keineswegs abgeschlossen, sondern werden aktuell sehr lebhaft geführt. Gleiches gilt auch für die Frage, ob Intersektionalität als Theorie, Methodologie, Methode oder heuristisches Analyseinstrument der Operationalisierung zu verstehen ist (siehe Knapp 2013; EWE 2013; Lutz 2013, 2014). Zum gegenwärtigen Stand der Debatte über Intersektionalität gehört die Erwähnung der aktuellen Weiterentwicklung in ein Mehrebenenmodell. So hat die britische Soziologin Floya Anthias (1998: 512) den Anstoß gegeben, die Wirksamkeit der Interferenz von strukturgebenden Kategorien auf vier Ebenen zu untersuchen: a) auf der Ebene der (Diskriminierungs-)Erfahrung; b) auf der Akteursebene (intersubjektive Praxis); c) auf der institutionellen Ebene (Institutionsregime) und d) auf der Ebene der Repräsentation (symbolisch und diskursiv).[7] Sie plädiert für ein Vorgehen, das zwischen verschiedenen Ebenen der Analyse unterscheidet und diese auch ernsthaft bearbeitet.

Im vierten Kapitel dieses Buches wird dieser Vorschlag am Beispiel eines Anwendungsfalls, der Care-Debatte, verdeutlicht.

Intersektionalität wurde hier als Alternative zur Debatte über vertikale oder horizontale Differenzen eingeführt und die These vertreten, dass dieses Modell das Potential hat, die starre Trennung zwischen vertikalen und horizontalen ungleichheitsgenerierenden Kategorien zu überwinden. Pointiert fasst Nora Räthzel diese Position zusammen:

> »In feministischer Forschung steht der Begriff für eine Perspektive die es einerseits vermeidet, gesellschaftliche Positionen auf subjektive Identitäten zu reduzieren, andererseits gesellschaftliche Strukturen ohne die sie aktiv re-produzierenden oder ihnen widerstehenden Individuen zu denken.« (Räthzel 2010: 253)

7 | Das Modell von Gabriele Winker und Nina Degele (2009) zur Mehrebenenanalyse greift das Modell von Anthias auf.

1.3 Migration

Das Thema dieses Buches liegt am Schnittpunkt von zwei wissenschaftlichen Arbeitsbereichen: der Frauen- und Geschlechterforschung einerseits und der Migrations- und Minderheitenforschung andererseits. Beide sind über den Gegenstandbereich Geschlechterverhältnisse und Migration miteinander verbunden, haben sich jedoch isoliert voneinander etabliert.[8] Die Migrationsforschung ist vergleichbar mit der Geschlechterforschung nicht durch eine singuläre fachspezifische Perspektive gekennzeichnet, sondern multi- und interdisziplinär. Mit dieser doppelten Ausfächerung ist gleichzeitig eine *doppelte Bindung* des Gegenstandes verbunden: Im Mainstream der Migrationsforschung gelten Männer als prototypische Migranten, während weibliche Migration tendenziell als Ausnahme oder als eine Folgeerscheinung der Migration von Männern, als *abhängige* Wanderung charakterisiert wird. Paradoxerweise ist allerdings – wie später gezeigt wird – das Geschlechterverhältnis unverzichtbar für die Beschreibung des Verhältnisses zwischen Mehrheitsgesellschaft (›wir‹) und Migrant*innen-Gemeinschaften (›sie‹) (Lutz/Huth-Hildebrandt 1998: 159).

Zum komplizierten Verhältnis zwischen Migrations- und Genderforschung gehört auch die Dominanz eines bipolaren differenztheoretischen Paradigmas in beiden Bereichen, die vor allem die weibliche Migrantin als die jeweils *Andere*, Abweichende, in der Hierarchie Untergeordnete, betrachtet. Dies hat dazu geführt, dass die Einwanderung von Frauen in der Migrationsforschung als *Genderspezifik* thematisiert wird, während sie in der Genderforschung als *Ethnizitätsspezifik* erscheint.

Das Thema Migration steht also in einem komplexen wissenschaftlichen Spannungsfeld. Die folgende Nachzeichnung wichtiger Traditionslinien und Debatten bezieht sich auf die vorhandene Thematisierung weiblicher Migration, welche eher implizit als explizit Aussagen zu Geschlechterarrangements und -differenzierungen gemacht hat.

---

8 | In der englischsprachigen Forschung, aus der wichtige theoretische und empirische Anstöße kommen, hat sich *Gender und Migration* zu einem eigenständigen Forschungsgebiet entwickelt, das sich in Deutschland akademisch nur zögerlich etabliert, obgleich es mittlerweile eine umfangreiche deutschsprachige Literatur zu dem Thema gibt.

Migration und Mobilität

Migration ist kein (post-)modernes Phänomen; vielmehr sind Wanderungsbewegungen über Länder-, Staats- und Ethnizitätsgrenzen hinweg ein Motor der Menschheitsgeschichte. Zu einem weltumfassenden Phänomen neuer Qualität und Größenordnung hat sich Migration vorrangig im zwanzigsten Jahrhundert entwickelt. Im Zeitalter der Globalisierung muss die Palette von Bewegungen und Motiven der Wanderungen, die sowohl auf freiwilliger wie auf erzwungener, auf individueller wie auf kollektiver Basis zustande kommen, neu bewertet werden: Schätzungen zufolge leben heute mindestens 214 Millionen Menschen (Castles/de Haas/Miller 2014: 7) außerhalb der Grenzen ihres Geburts-/Herkunftslandes, etwa die Hälfte davon sind Frauen. Seit den 1960er Jahren hat sich die Anzahl der internationalen Migrant*innen mehr als verdoppelt; angesichts des Bevölkerungswachstums in dieser Periode bleibt die Relation zur Gesamtbevölkerung der Welt allerdings gleich: 3,1 Prozent (siehe ebd.). Dazu kommen nach den Schätzungen des United Nation Development Programme (UNDP) weitere 740 Millionen interne Binnen-Migrant*innen, die insbesondere in den Ländern der gigantischen Urbanisierung (etwa China, Indien, Brasilien, Indonesien und Nigeria) vom Land in die neuen Megastädte ziehen. Von den 214 Millionen Menschen, die international wandern, sind aktuell (Herbst 2015) geschätzte 50 Millionen Menschen auf der Flucht. Ebenso sind Millionen Menschen grenzüberschreitend in verschiedenen Pendelbewegungen fast ihr gesamtes Leben lang unterwegs (etwa als Saisonarbeiter*innen, Händler*innen), ein Phänomen, das schwer in Zahlen zu erfassen ist und oftmals in den offiziellen Definitionen von Migration übersehen wird. Frauen sind in all diesen Bereichen gleich stark vertreten wie Männer, in einigen sogar überrepräsentiert. Castles, de Haas und Miller (2014) sprechen vom *Zeitalter der Migration*, welches sich heute stärker denn je als feminisiertes Phänomen darstellt (siehe auch Koser/Lutz 1998). Tatsächlich sind fast die Hälfte der statistisch erfassten Migrant*innen Frauen, wobei man annimmt, dass sie unter den Flüchtlingen weltweit sogar in der Mehrheit sind. Die Behauptung, die Feminisierung sei einer der bedeutendsten Trends der Wanderungsbewegungen geworden, die vorher überwiegend männlich waren (IOM/UN 2000), impliziert allerdings, dass die Frauenpräsenz in diesen Bewegungen etwas Neues ist. Frauen waren jedoch stets Teil der Bevölkerungswanderungen (INSTRAW 1994). Neu ist vielmehr, dass Forschung und Politik mittlerweile anerkennen, dass Frauen großen Anteil an der Migration haben, obgleich es auch heute noch Migrationsstudien gibt, die ihr Sample auf Männer beschränken, oder die Geschlechterzugehörigkeit von Wandernden gar nicht erheben.

Die Migrationsforschung stellt Fragen nach Ursachen, Motiven und Zwecken der Migration, wobei sowohl die Perspektive der Wandernden als auch die Wanderungsveranlassungen berücksichtigt werden.

In der klassischen Migrationsforschung (etwa Treibel 2008: 78) werden folgende Wanderungsformen unterschieden:

- freiwillige (Arbeits-, Au-Pair-, Abenteuer-, Heirats-, Qualifikations-)Migration;
- Zwangs-Migration (Flucht aus politischen, religiösen oder ökologischen Gründen, Verfolgung von Homosexuellen, Vertreibung, Zwangsprostitution);
- *Betterment*-Migration (Steigerung des Lebensstandards); Expert*innen- oder Karrieremigration, auch Elitenmigration genannt;
- Binnen- und internationale/interkontinentale Migration;
- permanente, temporäre und Pendel-Migration;
- transnationale Migration (siehe unten und Kapitel zwei).

Bei dieser Aufzählung müssen drei Aspekte bedacht werden:

Erstens sind die Kategorien und Charakteristika der Unterscheidungsmerkmale oft nicht klar voneinander zu trennen. Zwar unterliegen Arbeitsmigration, Bildungsmigration und Fluchtmigration in den meisten Einwanderungsländern jeweils unterschiedlichen gesetzlichen Bestimmungen, doch sind die meisten Kategorien durchlässig und im Laufe eines Wanderungstrajektes können sich Ziele und Selbstkategorisierungen ändern, je nachdem, welche Möglichkeiten der erfolgreichen Aufnahme und Eingliederung zur Verfügung stehen: Die Aufnahme von Verfolgten und Kriegsflüchtlingen ist zwar international geregelt, jedoch haben die meisten Industriestaaten restriktive Quoten mit deren Hilfe bestimmte Zugänge geöffnet bzw. geschlossen werden. Seit Anfang des 21. Jahrhunderts gilt zudem die Steuerung von Expert*innen-Einwanderung als Richtschnur für die Zuwanderungspolitik der meisten Länder der Europäischen Union.[9] Diese Regelung führt dazu, dass die sog. ›un-

9 | Einwanderungsregelungen werden nach wie vor von den Parlamenten der Nationalstaaten erlassen und unterliegen nicht der der Regulierung des EU-Parlaments.

qualifizierte Arbeit‹, etwa die von männlichen Migranten erbrachte Leistung im Gebäude- und Straßenbau oder die von Migrantinnen verrichtete Care-Arbeit (siehe Kapitel vier) in den Graubereich der Illegalität fällt, bei der der Staat eine Form von tolerierender Mitwisserschaft übernimmt (Alt 2003; Cyrus 2004; Vogel 2012).

Zweitens existieren bedeutende Unterscheide und Widersprüche in der Bewertung von Migration und Mobilität. So wird Mobilität heute als Kernaspekt spätmoderner, dynamischer Gesellschaftsentwicklung betrachtet; Bewegung und Standortunabhängigkeit (von Kapital, Gütern und Menschen) gilt besonders in der Ökonomie als Grundlage für erfolgreiche, flexible Unternehmensführung im globalisierten Wirtschaftsraum. Im Diskurs der Moderne scheint das Phänomen Mobilität in all seinen sozialen, geographischen, räumlichen, ökonomischen, kulturellen und materiellen Facetten vorrangig positiv codiert zu sein.

Doch diese positive Konnotation von Mobilität in den Industrienationen hat eine negative Rückseite: die Zurückweisung der Mobilität von Frauen, Männern und Kindern, die aus Kriegs- und Krisenregionen stammen. Die mediale Inszenierung von Bildern mit Menschen, die Zugang zur Europäischen Union suchen und dabei ihr Leben aufs Spiel setzen, suggeriert, dass Europa durch diese ungemeine Mobilitätsbereitschaft von Menschen außerhalb Europas vor ein massives Problem gestellt wird[10] und seine Bürger*innen mithilfe von (paramilitärischen) Grenzüberwachungsapparaten schützen muss.[11]

Drittens werden die Vielfalt der Migrant*innengruppen und die Diversität der Migrationsanlässe deutlich; die Wandernden wiederum stützen sich auf eine Vielzahl von kollektiven und individuellen Ressourcen. Auf Seiten der Akteur*innen werden unterschiedliche Kapitalsorten in ver-

10 | Ein Blick auf die Statistiken im Weltmaßstab zeigt jedoch, dass sich Massenfluchtbewegungen auch heute noch vorrangig auf die benachbarten Regionen der Herkunftsgebiete auswirken.

11 | FRONTEX ist eine europäische Agentur für die operative Zusammenarbeit an den Außengrenzen der EU, die im Mai 2005 ihre Arbeit aufnahm. Mittlerweile werden externalisierte Auffang- und Abschiebelager entlang der Außengrenzen (Nordafrika, Ukraine, Türkei) errichtet und finanziert. Das Budget von FRONTEX ist in den letzten Jahren immens gestiegen: Im Jahr 2013 gab die EU rund 85 Millionen Euro für die Sicherung der Grenzen aus (vgl. BMI 2017); mittlerweile liegt das Budget für FRONTEX bei 254 Millionen Euro im Jahr 2016 (vgl. Baumann 2016).

schiedenen Kombinationen zur Bewältigung des Wanderungsprozesses eingesetzt: ökonomisches, soziales, kulturelles und symbolisches Kapital wie etwa Bildungsabschlüsse, Freundes- und Familiennetzwerke und Risikobewältigungskompetenzen (siehe dazu Kapitel zwei). Demgegenüber sind auf der Seite der Wanderungsverursachung nicht nur Diktaturen, rassistisch, ethnisch-national, religiös motivierte Diskriminierung und Verfolgung von Homosexuellen, ökologische Katastrophen, der Zusammenbruch von Systemen (Beispiel Osteuropa und Sowjetunion) und deren Transformation, Abbau und Entwertung von umfangreichen Arbeitsfeldern und dadurch Wegfall beruflicher Betätigungsfelder in der Herkunftsregion zu nennen. Der Bedarf an Arbeitskräften im ›Globalen Norden‹ zeichnet sich durch hierarchisierte Arbeitsmärkte (Technologien versus Landarbeit und Handwerk) und eine Degradierung von Arbeitsbereichen (Büroarbeit versus schmutzige, gefährliche, körperliche Arbeit) aus.

Im Migrationsprozess finden weltweit ungleiche Wirtschaftsbeziehungen ihren Ausdruck und soziale Ungleichheiten werden fortgeschrieben oder neu organisiert. Die ›Entsorgung‹ von sozialem Unruhepotential (engagierte Gewerkschafter*innen und/oder politische Akteur*innen) oder aber der Verlust von Bildungskapital (*Brain-Drain*) in einem Staat oder einer Weltregion kann auf den Importbedarf von billigen Arbeitskräften in einer anderen Region treffen und damit Migration auslösen oder fördern. Nicht selten führt *Brain-Drain* in solch einem Prozess zu *Brainwaste*, der Entwertung von Bildungsabschlüssen und zu sozialem Abstieg in der Emigration, der allerdings durch gestiegenes Einkommen und Ansehen im Herkunftsland potentiell kompensiert werden kann (siehe dazu Kapitel zwei). Die Migration von Müttern hat in jedem Fall einen Care-Drain (Abzug von Care-Kapital) zur Folge (siehe Kapitel vier).

Klassische Paradigmen der Migrationsforschung

Im zweiten und dritten Kapitel dieser Einführung wird es einen genauen Einblick in die umfangreichen wissenschaftlichen Debatten geben, die sich mit Migrationsursachen und -verlaufsformen beschäftigen. Hier geht es lediglich um einen kurzen Überblick.

1) Das Pull-Push-Modell

Dieses Modell stammt vom amerikanischen Wirtschaftswissenschaftler Everett Lee (1966) und geht davon aus, dass internationale Wanderung dann zustande kommt, wenn Arbeitskräftebedarf (*pull*) in einem Land vom Arbeitskräfteüberschuss (*push*) in einem anderen Land profitieren kann; Wanderungsakteure sind demnach rational entscheidende junge und gesunde Männer auf der Suche nach besseren (Über-)Lebensmöglichkeiten. Frauen und Kinder müssen, so Lee, den Entscheidungen der Männer (widerwillig) folgen, und die Konsequenzen ertragen.

»Children are carried along by their parents, willy-nilly, and wives accompany their husbands though it tears them away from environments they love« (Lee 1966: 51).

Als *Abhängige* werden Frauen und Kinder damit als unfreiwillige Begleitung von männlichen Migrationsakteuren charakterisiert und schließlich zu Opfern der Migration stilisiert. Diese Theorie individueller Nutzenmaximierung (*rational choice*), die die dominanten Geschlechterbilder der westlichen Industriegesellschaften in den 1960er Jahre reflektieren, entsprach bereits damals nicht den Fakten, denn Studien von Historikerinnen über das Zeitalter der transatlantischen Migration – des späten 19. und frühen 20. Jahrhunderts in die ›Neue Welt‹ (USA, Kanada, Australien) – zeigen, dass bereits in dieser Periode alleinstehende Frauen einen hohen Anteil am Wanderungsgeschehen hatten (siehe Harzig 2003; Moch 1992) und die Hälfte der Wandernden weiblich war. Bis heute hält sich zudem die falsche Vorstellung, dass die sog. ›Gastarbeiterrekrutierung‹ (BRD 1955-1973) ein singulär männliches Phänomen war; doch wurden damals etwa für den Gesundheits- und Pflegebereich, das Hotel- und Gaststättengewerbe, die Herstellung von elektronischen Artikeln, für die Lebensmittelverarbeitungs- und Textilindustrie Frauen angeworben sowie nachgereiste Ehefrauen in den Arbeitsmarkt integriert. Mitte der 1970er Jahre gingen über 40 Prozent der Migrantinnen einer Erwerbstätigkeit nach, eine Quote, die die der einheimischen Frauen weit überstieg (genaue Angaben siehe etwa bei Mattes 1999). Die Wahrnehmung der Migrantinnen war damals bereits auf die Rolle als nichterwerbstätige Ehefrauen beschränkt.

2) Integration – Assimilation

Die deutsche Migrationsforschung entwickelte sich seit den 1960er Jahren von der Gastarbeiter- über die Integrations- hin zu einer (ethnischen) Minderheitenforschung, als deren zentraler Gegenstand die Frage nach der Integrations- bzw. Assimilationsfähigkeit des Wanderers gilt.[12] Ausgehend von der Differenzprämisse eines signifikanten (Kultur-)Unterschieds zwischen Einheimischen und Eingewanderten, bilden ontologisierte Eigenschaftszuschreibungen den Kern dieser Überlegungen. Das hierzulande einflussreichste Paradigma der Theorie über den Wanderer ist die kognitive Handlungstheorie von Hartmut Esser (1983), der zwischen vier verschiedenen Integrationstypen unterscheidet, die sich auf einer Skala zwischen den Polen ›sozial integriert und kulturell assimiliert‹ einerseits und ›ethnisch segregiert‹ andererseits entfalten. Wolf Bukow und Roberto Llaryora merken kritisch an, dass Esser eine Art *Nullsituation* postuliert. »Der Wanderer kommt mit leeren Händen und hat sich zu entscheiden, ob er entweder assimiliert oder segregiert. Gegebenenfalls kann er sich auf verschiedenen Ebenen unterschiedlich verhalten« (Bukow/Llaryora 1988: 133).

Essers Paradigma findet seine Weiterentwicklung und Ergänzung in den Arbeiten von Heitmeyer, Müller und Schröder (1997) zur Entstehung von ethnischen Segregationen und ›Parallelgesellschaften‹. An dem Modell sind vor allem der naive Umgang mit dem Begriff der Assimilation, die fehlende Reflexion heteronomer Faktoren wie z.B. institutioneller und Alltagsrassismus, restriktive Migrationspolitik sowie die Nicht-Berücksichtigung von kollektiven Sozialbezügen als integrationsfördernde Orientierungshilfen kritisiert worden. Diese auf das Individuum ausgerichtete *Lerntheorie* (Bukow/Llaryora 1988: 133) fand und findet allerdings bis heute seine Entsprechung in der Pädagogisierung der Migration, in der Erziehung und Bildung als ein Steuerungsinstrument sozialer Probleme gesehen werden, mit dem jeweils auf die Bedürfnisse der aktuellen Migrationspolitik reagiert wird (Huth-Hildebrandt 2002; zur internationalen Debatte über Assimilation siehe Kapitel zwei).

Von dem spanischen Migrationsforscher Joaquín Arango stammt sicher die pointierteste Kritik an theoretischen Ansätzen, die Migrationsmotivation auf das Modell des »homo oeconomicus« reduzieren.

---

12 | Wobei in der Tat immer die männliche Person das aktive Subjekt darstellte.

»Es ist wahr, dass fast alles in Kosten und Nutzen übersetzt und allem ein Geldwert zugeteilt werden kann, doch dies nur um den Preis, dass ein solches Vorgehen oft zu der tatsächlich irrelevanten und fast tautologischen Feststellung führt, die Menschen würden sich um ihres eigenen Wohles willen in Bewegung setzen. Faktisch sind die Kosten, um Zugangsbarrieren zu überwinden, häufig so schwindelerregend hoch, dass das die Mehrheit der Migrationswilligen von ihrem Vorhaben abbringen müsste, wenn ökonomisches Kalkül allein im Spiel wäre« (Arango 2004: 20, eigene Übersetzung aus dem Englischen)

3) Methodologischer Nationalismus in Migrationstheorien

Implizite Prämisse vieler Studien ist die Vorstellung, Migration sei ein unilinearer, teleologischer Prozess, in dessen Verlauf Auswanderung (aus einem Nationalstaat) zu Einwanderung (in einen anderen Nationalstaat) wird; die Vielzahl der möglichen Zwischenformen (Trans- und Pendelmigration) werden damit jedoch nicht erfasst. Rechtlich und symbolisch gesehen entspricht diese Sichtweise der Übernahme einer neuen Staatsbürgerschaft verbunden mit dem Verzicht auf die alte. In der Forschung überwiegen dementsprechend Untersuchungen, in denen Messungen und Aussagen über die Assimilations- und Integrationserfolge von Migrant*innen mit deren Bereitschaft zur Übernahme der deutschen Staatsbürgerschaft oder zur Ehe mit einem*r deutschen Staatsbürger*in verbunden werden. Kritiker*innen dieser Epistemologie weisen nicht nur den darin implizierten *methodologischen Nationalismus* (Amelina u.a. 2012, Amelina/Faist 2012, Wimmer/Glick Schiller 2003) zurück, sondern auch die Reduktion des Wanderungsgeschehens auf Dualität (Herkunftsland und Ankunftsland), Linearität (Emigration aus Land X führt zwangsläufig zu Immigration in Land Y) und Mono-Dimensionalität (Identität/Zugehörigkeit beschränkt sich auf eine Ethnie bzw. Nation).

Solche Erklärungsansätze sind jedoch nicht geeignet, komplexe Wanderungsprozesse zu erklären, die sich dauerhaft zwischen verschiedenen Ländern entfalten können und die keineswegs zwangsläufig zum Abbruch der Beziehungen zum Herkunftsland führen, sondern eher zu *Ortspolygamie* (Beck 1997) und zu *Mehrfachzugehörigkeit* (Mecheril 2003) oder *Belonging* (Yuval-Davis 2006).

4) Transnationale Migration

Dieser Zusammenhang zwischen sozialer und räumlicher Mobilität wird in jüngster Zeit in neueren theoretischen Konzeptionen unter dem Titel *transnationale soziale Räume* neu gefasst (Faist 2000a; Pries 2008a). Diese Theorie greift vor allem die zahlreichen Hinweise auf die Bedeutung von sozialen Netzwerken für Migrant*innen auf: In der Regel suchen Menschen ein Zielland, in dem bereits Familienmitglieder, Freundeskreise oder Kolleg*innen leben, die ihnen den Start und den Ausbau ihrer Migrationsbiogprahie ermöglichen bzw. erleichtern. Netzwerke sind oft über Generationen gewachsen und sie fungieren als Pfadbereiter, sozialer Kitt und Abfederung in Krisensituationen von Migrationsprozessen (siehe dazu z.B. Sassen 1996).

Unter transnationaler Migration verstehen Linda Basch, Nina Glick Schiller und Cristina Szanton Blanc (1994: 7) grenzüberschreitende Prozesse von Menschen, deren soziale Beziehungen und Praktiken mindestens zwei oder mehr Staaten verbinden. Dabei entstehen transnationale Räume, die sowohl polyzentrisch (in Bezug auf Ressourcen, Interessenvertretung und Machtverteilung) als auch dauerhaft und stabil sind (in Bezug auf die Stärke der Netzwerke, die Kontinuität sozialer Beziehungen und die Distribution von Kapital und immaterielle Güter) (siehe auch Pries 2007, 2008a). Ein derartiges Verständnis von Migration setzt einen relationalen Raumbegriff voraus, der im Gegensatz zum absoluten geographischen Raum als Container (ein mit Menschen, Dingen, Symbolen etc. gefülltes Gefäß) durch Beziehungen und Handlungen hergestellt wird. Martina Löw (2001) hat mittels des Konzepts *Dualität des Raums* darauf hingewiesen, dass Räume immer zugleich strukturiert und strukturierend sind/wirken, durch Handlungsprozesse hergestellt werden, aber auch die vorgegebenen Regeln und Ordnungen nicht ignorieren können. Die Debatte über transnationale Räume steht im engen Zusammenhang mit der Diskussion über Globalisierung, grenzt sich aber auch davon ab. Während bei der Analyse globaler Bewegungen (von Technologie, Kapital, Medien, Ideologien und Menschen) die Vernetzungsformen im Zentrum stehen, fragt der Transnationalismusansatz kritisch nach den Asymmetrien der involvierten Machtinteressen und ihrer Vertreter*innen. Dabei wird Transnationalisierung von oben unterschieden von der Transnationalisierung von unten (siehe Smith/Guarnizo 1998; Guarnizo 2003); letztere gilt als tendenziell anti-hegemonialer Versuch der Akteur*innen, sich vor Willkür, Herrschaft, Gewalt und Diskriminierung zu schützen, wobei dies kein bewusster Akt des Widerstands sein muss, sondern auch der Versuch sein kann, sich Einschränkungen der Ressourcenentfaltung durch Migration zu entziehen.

Gegenstand beider Ansätze sind folgende Phänomene: (a) die Vervielfältigung von Lebensformen als Folge von Wanderungsbewegungen; (b) die Enträumlichung der Lebensformen, die eine Globalisierung bzw. Transnationalisierung der Biographie sowohl voraussetzt als auch generiert; (c) die Begrenzung der Enträumlichung, die mithilfe (nationaler) Migrationsregime legitimiert und mit diversen Instrumenten der Grenzüberwachung durchgesetzt wird, womit auf Dauer die Selektion von Migrant*innen beabsichtigt ist.

Der Vorteil dieser thematischen Überschneidungen der Ansätze liegt darin, dass die gängige Aufteilung zwischen Migrant*innen einerseits und den Angehörigen der Mehrheitsgesellschaft andererseits tendenziell obsolet wird, da potentiell alle Mitglieder der Gesellschaft – die allerdings über unterschiedliche Ressourcenzugänge und Handlungsmöglichkeiten verfügen – von diesen Prozessen betroffen sein können.

5) Feminisierung der Migration

Die Aufmerksamkeit für geschlechtsspezifische Migrationsaspekte wurde sicherlich durch die 1993 erstmals erschienene Ausgabe des Werks von Stephen Castles und Marc Miller über das Zeitalter der Migration (»Age of Migration«) gesteigert, in dem die Autoren die *Feminisierung der Migration* als ein Charakteristikum des neuen Migrationszeitalters bezeichnen, da der statistische Nachweis zeige, dass Frauen weltweit betrachtet Männer in zwischenstaatlichen Migrationsprozessen zahlenmäßig übertreffen; diese Beobachtung wurde seither durch verschiedene internationale Großstudien bestätigt. Diese Geschlechterverteilung ist zum einen dem Umstand geschuldet, dass Flüchtlinge und Vertriebene in ihrer Mehrheit Frauen sind; zugleich hat sich aber auch die Zahl der Frauen erhöht, die allein (und als Mütter) freiwillig nationale Grenzen überschreiten. Nicht nur die Größenordnung hat sich dramatisch verändert, auch die Gründe, weshalb Frauen migrieren, haben sich beträchtlich gewandelt. Eine angemessene Analyse muss sich einer Genderperspektive öffnen und zwar in dreierlei Hinsicht: a) bezogen auf *feminisierte* und *maskulinisierte* Berufsfelder; b) im Hinblick auf die ungleiche Verteilung von Haushalts- und (Für-)Sorgearbeiten bei Migrierenden, und c) bezogen auf die Veränderungen der Wohlfahrtsregime in den Aufnahme- wie in den Herkunftsländern.

a) Zu den Arbeitsverhältnissen, in die Frauen migrieren, gehören feminisierte Bereiche wie die Haushaltsarbeit und die Pflege, die Arbeit in der Unterhaltungsbranche und die Sexarbeit, sowie feminisierte Berufsfelder in der Landwirtschaft oder in der Gastronomie.
   Der Ausdruck *feminisierte Berufsfelder* basiert auf der Beobachtung, dass in dem Moment, in dem die Mehrheit der Beschäftigten in einem Tätigkeitsfeld weiblich ist, sich dies in niedriger Entlohnung, geringem sozialen Status und fehlendem beruflichen Aufstieg äußert.
b) Die Erwartung, dass traditionelle häusliche Aufgaben dort, wo Frauen allein migrieren und primär das Einkommen ihrer im Herkunftsland verbliebenen Familien erarbeiten, von ihren Ehemännern oder Partnern übernommen werden, erfüllt sich nicht. Stattdessen werden Haushalts- und Versorgungsarbeit in erster Linie von weiblichen Familienmitgliedern wie Großmüttern, Tanten oder älteren Töchtern übernommen – manchmal auch gänzlich an Frauen weitergegeben, die dem erweiterten familiären und freundschaftlichen Netzwerk angehören (Lutz 2008). Die migrantischen Mütter entwickeln eine *Mutterschaft auf Distanz* in Verbindung mit einem transnationalen Lebensstil, der es Müttern und ihren Kindern ermöglicht, physisch über längere Zeitabschnitte getrennt, aber mithilfe der neuen digitalen Technologien in täglichem Kontakt zu bleiben (*Skype Mothering*) und so die Nachteile der Entfremdung durch lange physische Abwesenheit abzufedern.
c) Die Gründe für den steigenden Frauenanteil an der Migration stehen auch im Zusammenhang mit Veränderungen, die die Geschlechterordnungen, die Organisation des Wohlfahrtsstaates und die ökonomischen Bedingungen in den Aufnahmeländern betreffen.

Die Transformationsprozesse in den postfordistischen Industrieländern zu finanzkapitalistischen Dienstleistungsgesellschaften schaffen nicht nur im hochbezahlten IT-Sektor neue Arbeitsplätze, sondern in Kombination mit steigender Bildung und Erwerbstätigkeit der einheimischen Frauen auch eine hohe Nachfrage nach Arbeitskräften, die die von Hochqualifizierten nicht mehr verrichteten Arbeiten im Haushalt, der Betreuung und der Pflege übernehmen; besonders in diesem (Niedriglohn-)Sektor steigt die Nachfrage und dort sind Migrantinnen zu finden. Die Präsenz von Migrantinnen, die bereit sind, diese Arbeiten zu übernehmen, hilft berufstätigen Frauen in den Zielländern, Arbeit und Leben (Work-Life-Balance) in Einklang miteinander zu bringen (siehe Kapitel vier).

1.4 Gender im Migrationsprozess – Zwischen (Un-)Sichtbarkeit und Dramatisierung

In diesem Abschnitt wird die wissenschaftliche Auseinandersetzung mit den Gender-Aspekten von Migration präsentiert. Wie bereits gesagt, kamen wichtige Anstöße aus der Frauen- und Geschlechterforschung, wo sich seit Ende der 1970er Jahre Arbeiten finden, die feministisch motiviert sind. Simone Prodolliet (1999) hat in ihrem Übersichtsartikel drei Phasen dieser Forschung unterschieden (siehe auch Aufhauser 2000; Hahn 2000):

Sichtbarmachung

Die erste Phase kritisiert die dominante These, dass die Akteure von Migration männlich seien und verpflichtet sich der *Sichtbarmachung von Frauen in der Migration*. Dieser *kompensatorische* Ansatz beabsichtigt, typisch weibliche Migrationsmuster und die Besonderheiten von weiblicher Migration aufzuzeigen. Obgleich in der Relektüre der Studien aus den 1980er Jahren auffällt, dass vor allem Arbeitsverhältnisse und -bedingungen im Fokus der ersten Studien stehen (Morokvasic 1984, 1987; Lutz 1991; Huth-Hildebrandt 2002), erscheinen Migrantinnen auch überproportional häufig als Opfer patriarchaler Herrschaftsverhältnisse ihrer Herkunftskulturen. Dies betraf und betrifft bis heute im Wesentlichen Migrantinnen aus muslimischen Ländern, wie etwa die unzähligen in der Öffentlichkeit geführten Debatten über das Kopftuch als *Symbol* weiblicher Unterdrückung zeigen.

Spezifizierte Migrationserfahrungen

Die zweite Phase wird als *kontributorisch* bezeichnet. Dabei handelt es sich um Arbeiten, die sowohl die Rolle der Frauen im Migrationskontext als auch ihre spezifischen Migrationserfahrungen herausstellen. Dazu gehören nicht nur die Studien zu den Arbeitsverhältnissen und -bedingungen, sondern auch die Beschreibung von einem neuen Rollenverständnis im Niederlassungsprozess von aus ländlichen Gebieten kommenden Migrantinnen, das als *Hausfrauisierung* bezeichnet wird (Firat 1987).

Machtverhältnisse

Eine dritte Phase thematisiert seit Mitte der 1980er Jahre Macht- und Herrschaftsdimensionen des Geschlechterverhältnisses, die für die spezifische Situation der Migration relevant sind. Dabei werden feministische Themen, wie die Konstruktion von Männlichkeit und Weiblichkeit, oder die Bedeutung von Privatheit und Öffentlichkeit aufgegriffen, sowie die Auswirkungen von Migrationserfahrungen auf Paar- und Familienbeziehungen untersucht, aber auch allmählich die Machtunterschiede zwischen ›einheimischen‹ und zugewanderten Frauen thematisiert. Seit Anfang der 1990er Jahre (siehe Lutz 1991) wird unter Einfluss des Konstruktivismus die Vergesellschaftung der Migrantin in kritischer Perspektive als Opferfigur thematisiert, die in der deutschen Mehrheitsgesellschaft als Projektionsfläche dient (siehe etwa Gümen 1998; Lutz/Huth-Hildebrandt 1998). Diese Kritik weist die bereits oben angeklungene alltagstheoretisch verbreitete Vorstellung von einer signifikanten Modernitätsdifferenz zwischen Mehrheitsgesellschaft und Zugewanderten zurück, die Fremdheit erzeugt und diese immer wieder betont. Denn implizit und explizit wird mithilfe des Modernitätsdiskurses der Gegensatz zwischen emanzipierter Egalität der Mehrheitsgesellschaft und dem sog. Patriarchatsprimat bei Migrant*innen und ihren Folgegenerationen behauptet. Zunehmend wehren sich auch Forscher*innen mit Migrationshintergrund gegen die in diesem Diskurs entstandenen Setzungen, und versuchen, den damit einhergehenden *Kanon* aufzubrechen. So wird darauf hingewiesen, dass dieser Diskurs vor allem der positiven Selbstvergewisserung der egalitären Geschlechterordnung der Mehrheitsgesellschaft diene: Die emanzipierte westliche Frau brauche die »unterdrückte Andere, um Befreiung überhaupt denken und leben zu können« (Castro-Varela/Dhawan 2004: 207). Das Bild der Migrantin als Folie, auf der Geschlechterverhältnisse thematisiert werden können, bleibt weiterhin ein ungelöstes Thema innerhalb der feministischen Debatte.

Poststrukturalistisch, Postkolonial und Queer

Während alle diese Epistemologien weiterhin existieren, stellte Mirjana Morokvasic (2003) zurecht fest, dass die Migrationsbewegungen des 21. Jahrhunderts mit den vorherigen Paradigmen nicht mehr adäquat zu erfassen sind; mittlerweile deutet sich eine vierte Generation an, die von poststrukturalistischen, postkolonialen und *queeren* Debatten beeinflusst ist. Sie reagieren nicht nur auf die Weiterentwicklung der Konstruktivismusdebatte, indem sie vergeschlechtlichte und ethnisierte/›rassifizierte‹ Repräsentationsregime aus postkolonialer Perspektive befragen, sondern auch auf die in den 1980/90er Jahren erfolgten geo-politischen und geo-ökonomischen Umbrüche und Systemtransformationen, die mit dem Zerfall alter und der Gründung neuer Nationalstaaten beginnen und sich fortsetzen in der Erosion und dem gleichzeitigen Erstarken von territorial und national definierten Grenzen sowie in der De-Nationalisierung und Deregulierung von Kapital, Arbeit und Arbeitskraft, von Märkten, Konsumgütern und Kommunikationsmitteln.[13] Darüber hinaus entwickelt sich eine queer-sensible Perspektive, die zurecht kritisiert, dass auch die feministische Migrationsforschung bislang Sexualitätsfragen weitgehend ausklammert, Homosexualität als einen Sonderfall behandelt und damit in einer heteronormativen Matrix gefangen bleibt (Kosnick 2010). Diese Einsicht ist ebenfalls relevant für Studien, die transnationale Migrationsprozesse in den Blick nehmen, denn – so Castro-Varela und Dhawan (2009) – Globalisierung und Migration tragen zur Diversifizierung sexueller Identitäten und Praktiken bei.

Ein weiterer Sprung in der Erforschung der Lebenslagen der Akteur*innen von Migration folgt dem Wechsel von der Frauen- hin zur Geschlechterforschung und nimmt in jüngster Zeit vor allem die Intersektion von Migration(sbiographie) und Männlichkeit in den Blick.

Analog zur Repräsentation von Migrantinnen als Opfer patriarchaler Unterdrückung werden männliche Migranten lange Zeit fast ausschließlich als patriarchale Väter bzw. Ehemänner präsentiert, die ihre Ehefrauen und Töchter in ihrer persönlichen Entfaltung behindern bzw. gewaltsam unterdrücken, oder aber als junge Männer, die vor allem in Schule und Öffentlichkeit durch deviantes Verhalten auffallen (Scheibelhofer 2008). Gerade junge männliche Migranten erscheinen auch in aktuellen Darstellungen als gewaltaffin und potentiell gefährlich. Gewalt gerät im öffentlichen Diskurs nicht als männliche Gewalt gegen Frauen oder andere Männer in den Blick, sondern wird vor allem als Phänomen ›fremder‹ Kulturen betrachtet, also ethnisiert/kulturalisiert (Spies 2010, Spindler 2006). Diese Repräsentation männlicher Migranten konstruiert im Duktus der oben beschriebenen Ethnisierungsprozesse eine Diffe-

13 | Zum Paradigmenwechsel Transnationalismus siehe Faist (2000a) und oben.

renz zwischen hypermaskulinen ›fremden Männern‹ und Männern der Mehrheitsgesellschaft, die als egalitär und emanzipationsorientiert bzw. tolerant (auch gegenüber Homosexualität) markiert werden. Der neue Blick auf die soziale Konstruktion von Männlichkeit richtet sich nicht nur auf Gewalt und Kriminalität, sondern auch auf Care und viele andere relevante Alltagsphänomene (siehe Huxel 2014; Palenga-Möllenbeck 2013a).

1.5 Zusammenfassung und Ausblick

Zusammenfassend wurde in diesem Kapitel dargestellt, dass der Paradigmenwechsel hin zu einer sozialkonstruktivistischen Betrachtungsweise von Geschlecht und Migration in der Lage ist, der komplexen Beziehung der Geschlechterverhältnisse in der Migration Rechnung zu tragen. Der Blickwechsel von einer ontologisierenden Perspektive hin zur Beschreibung der fortlaufenden Herstellung von Männlichkeit und Weiblichkeit, d.h. des Doing Gender, ermöglicht die Beschreibung der Produktion und Reproduktion zweigeschlechtlicher Ordnungen; vergleichbar kann auch die soziale Position *Ethnizität* neu bestimmt werden als eine Frage danach, wie Ethnizität im *Doing Ethnicity* in hierarchischen Gesellschaftsordnungen, die vom Einzelnen Ein- und Unterordnung verlangen, hergestellt wird. Die Intersektionalitätsanalyse stellt dabei Instrumente bereit, um die Wechselwirkung von Gender, Ethnizität, Klasse, Nationalität und Sexualität etc. zu beschreiben: Doing Gender wird im Klassenverhältnis verortet, Doing Ethnicity ist immer bereits *gegendert* und mit Klassenmerkmalen versehen, Identitäten sind auf Kreuzungen von Differenzierungslinien angesiedelt. Intersektionalität bietet sich deshalb als Methode und Methodologie an, das »Doing Difference« (West/Fenstermaker 1995) zu operationalisieren.

Forschungslücken und Desiderate sind weiterhin mannigfaltig: Zu erforschen bleibt, wie sich Globalisierungsformen des sozialen Alltags und die darin entstehenden sozialen Übergangsräume auf veränderte Geschlechteridentitäten und -arrangements auswirken (Schlehe 2001). Ebenfalls steht zur Debatte, wie sich immer komplexere analytische Modelle, die die Dekonstruktion von Begriffsapparaten und Alltagsverständnissen betreiben, auf die realen Migrationsprozesse beziehen lassen, in welchen sich teilweise dramatische Entwicklungen von Ausbeutungs- und Ungleichheitsverhältnissen abzeichnen.

Es geht also nicht nur um die De-dramatisierung von Differenzen und die Re-dramatisierung sozialer Ungleichheit, sondern immer auch um Verortungs- und Positionierungsfragen, sowohl auf Seiten der Untersuchungsgruppe als auf der Seite der Forscher*innen.

(Helma Lutz)

2. Migration und Geschlecht

Der Forschungsstand zur Analyse der Migrationsprozesse im nationalen, globalen und transnationalen Bezugsrahmen

---

2.1 Geschlecht und soziale Ungleichheit: Zu den Herausforderungen der Migrationsforschung

In diesem Kapitel soll ein Überblick über die zentralen klassischen Theorien der Migrations- und der Niederlassungsprozesse vermittelt und gleichzeitig die darin fehlende Auseinandersetzung mit gesellschaftlichen Geschlechterverhältnissen thematisiert werden. Dabei wird der Fokus auf Ungleichheitsfragen gelegt, die einen guten Einstieg in die Diskussion über den Zusammenhang zwischen Geschlechterverhältnissen und Migrationsprozessen bieten. Denn zum einen macht die folgende Darstellung deutlich, dass sowohl die auf den Nationalstaat orientierten Assimilationsansätze als auch die global orientierten Migrationstheorien die Thematisierung der Geschlechterverhältnisse vernachlässigen. Sie ignorieren zum anderen die vergeschlechtlichte Verteilung von sozialen Chancen, die stets im Zusammenspiel mit den ethnisierten/rassifizierten und klassenspezifischen Ungleichheitsformen zu denken ist (Anthias 2001; Becker-Schmidt 2007). Außerdem hebt das Kapitel hervor, dass insbesondere die transnationalen Ansätze der Migrationsforschung (zwar nicht durchgehend, aber zunehmend) eine Offenheit in Bezug auf die Thematisierung der Geschlechterverhältnisse mitbringen. Dabei werden die Vorteile einer transnationalen Perspektive für die Erforschung von Migration und der Analyse des Zusammenspiels der Differenzkategorien *Geschlecht, Ethnizität/Race* und *Klasse* herausgearbeitet. Der abschließende Vergleich der verschiedenen Theorien bildet die Grundlage für die Entwicklung konzeptioneller Alternativen für die Erforschung von Migration, Geschlechterverhältnissen und ungleicher Verteilung von sozialen Chancen, die in Kapitel drei vorgestellt werden.

2.2 Schlüsselfragen und Limitationen von Assimilationstheorien

Viele klassische Theorien der Migrationsforschung konzentrieren sich auf die Analyse der nach dem eigentlichen Wanderungsakt stattfindenden Niederlassungs- bzw. Inkorporierungsprozesse von Einwander*innen. Soziale Stratifikation im Sinne einer Schichtung sozialer Klassen gilt in diesen Studien – wie in Kapitel eins bereits angedeutet – als das zentrale Muster der Organisation von Ungleichheit, das im Referenzrahmen der nationalstaatlichen Gesellschaften verortet wird. Weder nehmen diese Konzepte die gesellschaftlichen Geschlechterverhältnisse in den Blick, noch folgen sie der in Kapitel eins vorgestellten sozialkonstruktivistischen Perspektive auf *Geschlecht*. Dies gilt sowohl für die klassische Assimilationstheorie von Milton M. Gordon (1964) als auch für die Theorie der segmentierten Assimilation von Alejandro Portes und Rubén G. Rumbaut (2006), die Assimilationsprozesse und die soziale Mobilität von Migrant*innen miteinander in Bezug setzen.[1]

Ende der 1960er Jahre beschrieb Milton M. Gordon den Assimilationsprozess von Migrant*innen in die US-amerikanische Gesellschaft als einen Prozess der Übernahme von dominanten Handlungsmustern der »Mehrheitsgesellschaft« (*core group*) durch die eingewanderten Minderheiten. Obwohl er den gegenläufigen Prozess der Anpassung der »Mehrheitsgesellschaft« an die Handlungsmuster der Minderheiten im Prinzip nicht ausschloss, konzipierte er Assimilation als einen zielgerichteten siebenstufigen Prozess, der eine vollständige Anpassung, und somit *Auflösung* der Minderheiten innerhalb der »Mehrheitsgesellschaft« vor-

1 | Während sich im englischsprachigen Raum der Begriff der Assimilation für die Analyse der postmigrantischen Inkorporierungsprozesse durchgesetzt hatte, wird im deutschsprachigen Raum hauptsächlich der Integrationsbegriff verwendet. In manchen Studien allerdings werden auch beide Begriffe benutzt (siehe Esser 2003).

sah. Die Leitfrage dieser Theorie lautete: Wie findet die Anpassung der Handlungsmuster der eingewanderten Minderheiten an die der »Mehrheitsgesellschaft« statt? Dabei handelte es sich Gordon zufolge bei der *core group* der US-Gesellschaft der 1970er Jahre um die Vertreter*innen der weißen, angelsächsischen, protestantischen Mittelschicht. Die sieben Phasen des Assimilationsprozesses umfassen:

1. *Kulturelle Assimilation* wie Übernahme der Sprache, Werte und Handlungsmuster;
2. *Strukturelle Assimilation*, die über die erfolgreiche Beteiligung am Arbeitsmarkt und den Eintritt in die Institutionen der »Mehrheitsgesellschaft« sichtbar wird;
3. *Eheliche Assimilation* auf der Basis der interethnischen Heiratspraxis;
4. *Identifikative Assimilation*, welche die Anpassung des Zugehörigkeitsempfindens der Minderheiten voraussetzt;
5. *Assimilation von Einstellungen vonseiten der »Mehrheitsgesellschaft« (attitude receptional assimilation)*, die Vorurteile gegenüber Neuankömmlingen vermindert;
6. *Assimilation von Verhalten vonseiten der »Mehrheitsgesellschaft« (behavioral receptional assimilation)*, worunter die Abwesenheit von Diskriminierungsversuchen verstanden wird, und schließlich
7. *Zivile Assimilation*, die das konfliktfreie Zusammenleben von *»Mehrheitsgesellschaft«* und Minderheiten voraussetzt (Gordon 1964: 71).

Gleichzeitig betrachtete Gordon die Prozesse der *kulturellen* und *strukturellen* Assimilation der eingewanderten Minderheiten an die »Mehrheitsgesellschaft« als ausschlaggebend für den Erfolg des gesamten Assimilationsprozesses. Er gab jedoch auch zu bedenken, dass sich nur bestimmte Minderheiten und zwar nur diejenigen mit einem europäischen, protestantischen Hintergrund strukturell in die Institutionen der dominanten gesellschaftlichen Gruppe assimilieren lassen und dass die Versuche einer strukturellen Assimilation der eingewanderten Minderheiten in die institutionellen Felder der US-amerikanischen Gesellschaft häufig fehlschlagen, obwohl die meisten Migrant*innen mit der US-amerikanischen Kultur, bzw. mit der Verpflichtung sich anglokonform zu verhalten, vertraut sind.

Gordons Fazit: Die Gründe für eine unvollständige Assimilation (im Sinne einer zwar erfolgreichen kulturellen Assimilation, jedoch, aufgrund möglicher Diskriminierungsversuche, gescheiterten strukturellen Assimilation) sind in der grundlegenden Struktur der US-amerikanischen Gesellschaft zu suchen, da diese intern in sog. »ethnische Klassen« (*ethclasses*) differenziert sei. Demnach strukturiert sich jede soziale Klasse horizontal in die Segmente der ethnischen Gruppen. Gleichzeitig weist jede ethnische Gruppe vertikale Stratifizierungen in Klassen auf. Beide Typen der Differenzierungen – a) ethnische Differenzierungen innerhalb von Klassen und b) klassenspezifische Differenzierungen innerhalb von ethnischen Gruppen – generieren zusammengenommen die »ethnischen Klassen«, in denen sich Individuen zusammenfinden, die eine ähnliche ethnische und klassenbezogene Zugehörigkeit aufweisen. Die Fehlschläge der Assimilationsprozesse werden dabei als Folge der sich innerhalb der Einwanderungsgesellschaft vollziehenden Hierarchisierung in die »ethnischen Klassen« betrachtet.

Obwohl Gordons Interesse dem Zusammenspiel von Ethnizität und Klasse gilt, konzeptualisiert er diese Dimensionen teilweise als statische Variablen, ohne jedoch zu bedenken, dass beide Dimensionen einander beeinflussen können. D.h. Konzepte wie das *doing ethnicity* (siehe Kap. eins und drei) wären aus dieser Perspektive nicht denkbar. So weist sein Ethnizitätskonzept (als eine Imagination einer gemeinsamen Vergangenheit und Zukunft einer ethnischen Gruppe) naturalisierende Züge auf, da nach Gordon die eingewanderten Minderheiten durch die manifeste Aufrechterhaltung ihrer ethnischen Zugehörigkeit sowohl die erfolgreiche strukturelle (in den Arbeitsmarkt) als auch die gelungene kulturelle Assimilation (z.B. die Aneignung von Sprache und Werten) in die Einwanderungsgesellschaft verhindern. Auch die Konzeptualisierung der gesellschaftlich hergestellten rassialisierten Verhältnisse lässt diese Konzeptualisierung vermissen.

Das Konzept der segmentierten Assimilation (*segmented assimilation*), das etwa 30 Jahre nach Gordons Ansatz von Alexandro Portes und seinen Kollegen (Portes/Rumbaut 2006; Portes/Zhou 2005) entwickelt wurde, rückt von der normativen Erwartung ab, dass Assimilation stets als ein zielgerichteter Prozess mit einem einzigen Endergebnis zu betrachten ist. Doch auch diese Autoren verorten ihre Analyse innerhalb des Kontextes und aus der Perspektive der Einwanderungsgesellschaft. Ihre Theorie der segmentierten Assimilation geht der Frage nach »In welchen Teilbereich der amerikanischen Gesellschaft assimiliert sich eine bestimmte Gruppe?« (Portes/Zhou 2005: 90, eigene Übersetzung aus dem Englischen)

Unter Rückgriff auf Forschungen zur »zweiten Generation« der »neuen Einwanderer«, deren Eltern aus Asien, Lateinamerika und der Karibik in die Vereinigten Staaten eingewandert sind, konzeptualisieren die Autoren drei Typen von Assimilationspfaden: 1) Aufwärtsassimilation (»*upward assimilation*«), 2) Abwärtsassimilation (»*downward assimilation*«) und 3) selektive Assimilation (»*selective assimilation*«). Dabei verwenden sie Begriffe, wie *klassenspezifische Stratifikation und Ethnizität* (letztere im Sinne von kulturellen Ressourcen), als analytische Werkzeuge zur Analyse der Assimilationsprozesse.

Den ersten Assimilationspfad stellt demnach die *Aufwärtsassimilation* in die Mittelschicht der »Mehrheitsgesellschaft« dar. Eine soziale Aufwärtsmobilität von Migrant*innen ist wahrscheinlich, wenn sich diese sowohl die »Kultur« der weißen Mittelschicht aneignen als auch eine erfolgreiche berufliche Mobilität im Einwanderungsland vorweisen können (Portes/Zhou 2005: 90). Der zweite Assimilationspfad, die *Abwärtsassimilation,* lässt sich beobachten, wenn Migrant*innen Mitglieder der einheimischen Gruppen mit einem niedrigen sozialen Status werden. In der Forschung wird als wahrscheinlich angenommen, dass von dieser Form von Assimilation Immigrant*innen betroffen sind, die ihre ethnische Zugehörigkeit betonen und sich in denselben (urbanen) Wohngegenden niederlassen wie die zur einheimischen Unterschicht gehörenden Minderheiten. Der dritte Assimilationspfad, die so genannte *selektive Assimilation,* ist durch die Bewahrung der ethnischen Identität der Migrant*innen nach außen hin gekennzeichnet, wobei jedoch ethnische Ressourcen eingesetzt werden, um die erfolgreiche soziale Mobilität zu gewährleisten. Portes und Zhou betonen, dass »immigrants who join well-established and diversified ethnic groups have access from the start to a range of moral and material resources well beyond those available through official assistance programs« (Portes/Zhou 2005: 92). Demnach ermöglicht eine selektive Assimilation in die US-amerikanische »Mehrheitsgesellschaft«, die sich in der Aufrechterhaltung der ethnischen Identität der Migrant*innen nach außen hin zeigt, eine erfolgreiche soziale Mobilität.

Auch wenn dieses pluralistische Konzept mit der Idee der Assimilation als eines linearen zielgerichteten Vorgangs bricht, wird hier die sozioökonomische Mobilität der Einwander*innen als ein Prozess verstanden, der jeweils nur von einer »ethnischen Gruppe« als ganzer erfahren werden kann. In dieser Lesart folgen die sozialen Positionen sämtlicher Mitglieder einer »ethnischen Gruppe« demselben Pfad der Klassenmobilität, der gewissermaßen naturgemäß mit dem Schicksal einer »ethnischen Gruppe« verknüpft bleibt.[2]

Kritische Würdigung der Assimilationsansätze

Beide Ansätze, insbesondere das Konzept der segmentierten Assimilation, leisten einen wichtigen Beitrag zur Erforschung der Niederlassungs- und Anpassungspraktiken von Immigrant*innen *innerhalb* der Grenzen von Einwanderungsstaaten. Allerdings sind sie nicht geeignet, den grenzüberschreitenden, transnationalen Interaktionen von Einwander*innen sowie der Signifikanz der gesellschaftlichen Geschlechterverhältnisse im Kontext der Migrationsprozesse angemessen Rechnung zu tragen. Dafür sind im Wesentlichen drei Gründe zu nennen.

Erstens *ignorieren sie gesellschaftliche Geschlechterverhältnisse* etwa in der geschlechtsneutralen Annahme, dass Assimilationsformen für Frauen und Männer gleich seien (zur Kritik siehe Anthias u.a. 2013).

Zweitens *implizieren die Assimilationsansätze* insofern in erster Linie *eine eindimensionale Logik der Ungleichheitsgenese*, als sie der Differenzachse *Klasse* eine zentrale Rolle für das Verständnis der Herausbildung von gesellschaftlichen Hierarchien zuschreiben. Die Variable *ethnische Zugehörigkeit* wird in diesem Zusammenhang als eine sekundäre Ressource angesehen, die in ihrer Interaktion mit *Klasse* die Aufwärtsmobilität entweder fördert oder verhindert. Das sozialkonstruktivistische Verständnis von Ethnizität und *Race* wird von den vorgestellten Ansätzen nicht berücksichtigt.

Drittens nehmen sie eine *sedentaristische Perspektive* ein (zur Kritik siehe Büscher/Urry 2009 und Büscher/Urry/Witchger 2010), welche die sesshaften Formen von der Organisation sozialen Lebens als etwas Natürliches betrachtet, die geographische Mobilität jedoch als etwas Abweichendes problematisiert. Assimilationstheorien lassen somit den Prozess der geographischen Mobilität selbst in ihrer Ungleichheitsanalyse unberücksichtigt und legen den Schwerpunkt stattdessen auf die Inkorporierungsprozesse von Immigrant*innen nach deren Ankunft. Internationale Migration wird als einmaliger, linearer und endgültiger geographischer Ortswechsel von einem Herkunftsland in ein Ankunftsland verstanden.

---

2 | Zur Kritik des sog. Ethnogruppismus‹ (*ethnic groupism*), der ethnische Gruppen als naturalisierte Gebilde betrachtet, siehe Brubaker (2002).

Jedoch wird bei dieser Perspektive nicht nur ausgeblendet, dass es Kategorien von Migrant*innen gibt, die dauerhaft mobil sind – auch die grenzüberschreitenden Verbindungen und Verpflichtungen von Migrant*innen und ihren immobilen Bezugspersonen in den Emigrationsländern werden dabei ignoriert. So ist die Analyse von Inkorporierungsprozessen der mobilen Populationen stets auf die institutionellen Strukturen und das geographische Territorium des Einwanderungslandes beschränkt. Ihre sozialen Chancen werden also zumeist mit Bezug auf Klassenhierarchien betrachtet, die in starren sozialen Räumen der Einwanderungsländer verortet werden.

Weisen Ansätze zur Untersuchung von internationaler Migration im globalen Maßstab ähnliche Limitationen auf? Dieser Frage geht der folgende Abschnitt nach.

2.3 Der neoklassische Ansatz und die Weltsystemtheorie: Internationale Migration in einem globalisierten Kontext

Die beiden aktuell bedeutendsten Forschungsstränge zur Erforschung von internationaler Migration im globalen Rahmen sind die neoklassischen Migrationsansätze (Lewis 1954; Todaro 1969) und die Weltsystem-Theorie (Portes/Walton 1981). Auch wenn diese Ansätze (zumindest partiell) die nationalstaatliche Fokussierung der Assimilationsforschung überwinden, lassen sie die geschlechtersensible Analyse der Migrationsprozesse im Allgemeinen und die sozialkonstruktivistische Lesart der Geschlechterverhältnisse vermissen.

In der neoklassischen Tradition der Migrationsforschung wird zwischen den mikro-orientierten[3] und makro-orientierten Ansätzen unter-

3 | Die neoklassische Forschung, die die Mikroebene in den Blick nimmt, befasst sich hauptsächlich mit Migrationsentscheidungen und betrachtet Migrant*innen als ökonomisch handelnde Akteur*innen, die Beschäftigungsmöglichkeiten in verschiedenen Zielländern miteinander vergleichen und sich sodann auf Grundlage einer Kosten-Nutzen-Kalkulation für eines der zur Auswahl stehenden Länder entscheiden. Einzelpersonen tendieren also dazu, in Migration zu investieren, genauso wie sie dazu tendieren, in Bildungsgüter zu investieren (Chiswick/Hatton 2003; Borjas 1990).

schieden, wobei sich lediglich die letzten auf den globalen Rahmen beziehen. Diese makro-orientierten Ansätze verstehen die internationale Arbeitsmigration als Ergebnis eines ökonomischen Ungleichheitsgefälles zwischen den Emigrations- und Immigrationsländern. Aus der neoklassischen Perspektive betrachtet ist die Arbeitsmigration die Folge eines Überangebots an Arbeitskräften in Niedriglohnländern und einer steigenden Nachfrage nach Arbeitskräften in den Hochlohnländern. »Countries with a large endowment of labour relative to capital have a low equilibrium market wage, whilst countries with a limited endowment of labour relative to capital are characterized by a high market wage« (Massey u.a. 1993: 433).

Die Arbeitsmigration, so die Vertreter*innen dieses Ansatzes, reduziert ökonomische Ungleichheiten zwischen den Herkunfts- und den Ankunftsländern von Migrant*innen, statt sie zu verstärken, da hier der Mechanismus des Faktorpreisausgleichs zum Tragen kommt, der den Austausch von Kapital und migrantischen Arbeitskräften in entgegengesetzte Richtungen organisiert. Arbeitskräfte werden in der Regel von Ländern mit einem hohen Arbeitskräftebedarf (den Empfängerländern) angezogen, wohingegen Kapital zumeist von Ländern mit hohem Kapitalbedarf (den Entsendeländern) angezogen wird. »As a result of this movement, the supply of labor decreases and wages rise in the capital-poor country, while the supply of labor increases and wages fall in the capital-rich country [...]« (Massey u.a. 1993: 433). Arbeitsmigration, so die Schlussfolgerung, entfaltet also eine Dynamik, die langfristig zu einer Reduzierung der ökonomischen Ungleichheiten zwischen den Sende- und den Empfängerländern führt. Ein ähnliches Argumentationsmuster findet sich in den klassischen Push- und Pull-Modellen der internationalen Migration wieder, die im einleitenden Kapitel vorgestellt wurden.

Zwar lässt das Faktorpreisausgleichstheorem (auch Lerner-Samuelson-Theorem genannt) die Bedeutung von Rücküberweisungen (*remittances*) bei Migrationsprozessen außer Acht; einige neoklassische Entwicklungsstudien betonen jedoch deren zentrale Rolle bei der Stabilisierung der Währungen von Auswanderungsländern auf der Makroebene (Penninx 1982; Papademetriou 1985). Auch auf der individuellen Mikroebene, so die Annahme, tragen Rücküberweisungen zur Verbesserung der Lebensbedingungen der Bevölkerung und zu einer Erhöhung des allgemeinen Haushaltseinkommensniveaus in den Entsendeländern bei. Des Weiteren haben mehrere Entwicklungsstudien argumentiert, dass die

Migration von Hochqualifizierten eine ausgleichende Wirkung auf die Volkswirtschaften von Entsendeländern hat, da erwartet wird, dass hochqualifizierte Migrant*innen letztlich in ihre Heimatländer zurückkehren und dort der einheimischen Wirtschaft Fachwissen und technische Innovationen zur Verfügung stellen (Beijer 1970).

Wie bereits angemerkt, konzentriert sich der neoklassische Ansatz auf die Wechselwirkungen zwischen (der vor allem ökonomischen) Ungleichheit und Migration: Zum einen wird internationale Migration als Resultat von ökonomischen Asymmetrien zwischen Hoch- und Niedriglohnländern verstanden, zum anderen wird angenommen, dass der Faktorpreisausgleich, die Rücküberweisungen durch Arbeitsmigrant*innen und eine später erfolgende Rückkehr der Hochqualifizierten eine Minimierung der ökonomische Ungleichheiten zwischen den Sende- und den Empfängerländern der Migration mit sich bringt. Die empirischen Belege dieser Thesen sind jedoch ausgeblieben.

Auf der *Weltsystem-Theorie* beruhende Studien stellen im Gegensatz zum neoklassischen Ansatz den Ungleichheit reduzierenden Effekt internationaler Migration infrage und konzeptualisieren das Verhältnis von Ungleichheit und Migration als eine Beziehung, bei der sich die beiden Prozesse gegenseitig verstärken (siehe etwa Lipton 1980, Penninx 1982 und Zachariah u.a. 2001). Studien dieser Art analysieren globale Expansion der kapitalistischen Marktwirtschaft auf der Grundlage marxistischer Überlegungen und konzentrieren sich dabei vornehmlich auf die Positionen von Einzelpersonen und Kollektiven innerhalb der Dynamik der kapitalistischen Produktion und darauf, welcher Zugang zu Produktionsmitteln ihnen gewährt wird. Bei der Erforschung der Ursachen globalisierter ökonomischer Ungleichheit wird zudem ein besonderer Schwerpunkt auf die *internationale Arbeitsteilung* zwischen den Kern-, den peripheren und den semiperipheren Regionen gelegt. Aus der Perspektive dieser Studien betrachtet ist internationale Migration von einem ungleichen Tauschverhältnis (*unequal terms of trade*) gekennzeichnet, das zur wirtschaftlichen und politischen Abhängigkeit der peripheren Entsenderegionen der Welt von den Migrant*innen aufnehmenden Kernregionen führt. Das Hauptinteresse der insbesondere auf der von André Gunder Frank (1969) entwickelten *Dependenztheorie* beruhenden Weltsystem-Theorie gilt den Mechanismen der Genese globalisierter Ungleichheiten, die in peripheren Regionen die »Entwicklung von Unterentwicklung« begünstigt. Dabei wird internationale Migration als »natural outgrowth of disruptions and dislocations that are intrinsic to the process of capitalist accumulation [charakterisiert]« (de Haas 2007: 15). Internationale Migration wird als Auswirkung der bereits herrschenden internationalen Arbeitsteilung definiert, sie führt jedoch zur Verschärfung globaler Ungleichheitsverhältnisse zwischen den Kern-, den peripheren und den semiperipheren Regionen. Nach dieser Auffassung »migration was seen as having ruined traditional peasant societies by undermining their economies and uprooting their populations« (ebd.: 5).

Die Vertreter*innen der Weltsystem-Theorie setzen sich kritisch mit den Analysen der Migration sowohl gering qualifizierter als auch hochqualifizierter Migrant*innen auseinander. Penninx (1982) zufolge führt Arbeitsmigration zu einem Arbeitskräfte-/Muskel-Schwund (*brawn drain*) in den Entsenderegionen, nebst den erheblichen Konsequenzen des so hervorgerufenen Arbeitskräftemangels (*lost-labour effects*). Die Massenabwanderung junger Menschen wirkt sich, so ihre Argumentation, etwa im landwirtschaftlichen Sektor, negativ auf die lokale Produktion aus. Studien zum Phänomen des *Brain-Drain* deuten zudem darauf hin, dass Arbeitsmigration insofern einen selektiven Charakter aufweist, als auch relativ wohlhabende Mittelschichtspopulationen migrieren (siehe z.B. Lipton 1980 und Zachariah u.a. 2001). Wenn sich die Bildungselite aus Ländern in peripheren Regionen für die Auswanderung entscheidet, so führt dies, so die Autoren, zu einem Mangel an Fachkräften, die aber für eine erfolgreiche unabhängige Entwicklung unbedingt benötigt werden (Baldwin 1970). Eine weitere Gruppe von Studien betont, dass migrantische Remissionen negative Auswirkungen haben, da die Volkswirtschaften der Herkunftsländer zunehmend von diesen Rücküberweisungen abhängig werden (Rubenstein 1992), was wiederum zur Verschärfung des Ungleichheitsgefälles zwischen den Empfängerländern in den Kernregionen und den Herkunftsländern in den peripheren Regionen führt.

Kritische Würdigung der neoklassischen und der Weltsystem-Ansätze

Den hier vorgestellten Ansätzen, die die internationale Migration und die ungleiche Verteilung von Lebenschancen in einem globalisierten Kontext betrachten, ist gemeinsam, dass sie die Einbettung der Migration in die gesellschaftlichen Geschlechterverhältnisse ignorieren und auf das ökonomische Verständnis von Ungleichheiten abheben.

Zum einen sind die Analysen deshalb defizitär, weil sie hauptsächlich ökonomisch argumentieren (siehe Faist 2010). Eine solche Perspektive schränkt jedoch eine geschlechtssensible Perspektive ein und ignoriert, dass neben ökonomischen Faktoren nicht *Geschlecht*, sondern auch *Ethnizität/Race*, *Alter* und möglicherweise weitere Achsen der Differenz im Kontext der Migrationsprozesse interagieren. So richtet beispielsweise die Weltsystem-Theorie ihr Hauptaugenmerk auf die internationale Arbeitsteilung und die damit verbundenen ökonomischen Ungleichheiten zwischen Regionen. Wie sich gezeigt hat, ist der Grad der Durchdringung, der sich bei einer Analyse von ungleichen Lebenschancen im Kontext der internationalen Migrationsprozesse mithilfe der hier vorgestellten Theorien erreichen lässt, relativ gering, weil diese eine essentialistische Sicht auf die globale Geographie einnehmen und die soziale Herstellung der vergeschlechtlichten Dominanzverhältnisse außer Acht lassen.

Zum anderen betrachten beide Ansätze die internationale Migration als einen Prozess, der sich mono-linear, also nur in eine Richtung vollzieht (nämlich von der Peripherie zum Kern bzw. von ökonomisch schwachen in die ökonomisch starken Regionen) – die Möglichkeit einer Rückwanderung der Hochqualifizierten wird lediglich von neoklassischen Entwicklungsstudien in Erwägung gezogen (siehe etwa Beijer 1970). Weder konzeptualisieren diese Studien die Migration als eine potentiell bi- und multidirektionale, noch berücksichtigen sie explizit die grenzüberschreitenden (d.h. transnationalisierten) Kontakte mobiler Personen, obwohl einige dieser Studien sich durchaus mit der Zirkulation von Rücküberweisungen befassen. Aus diesem Grund lässt sich sagen, dass beide Ansätze eine sedentaristische Perspektive einnehmen, die die internationale Wanderung als einen einmaligen Wechsel von einem nationalstaatlichen Container in einen anderen versteht, die Sesshaftigkeit normalisiert und die geographische Mobilität problematisiert. Eben diese Imagination einer »globalen Arena« als einem starren, aus nationalen ›Kästen‹ bestehenden Container verhindert jedoch die Analyse von grenzüberschreitenden Mobilitäten und von transnationalen Praktiken zwischen mehreren geographisch-politischen Einheiten.

Aber welche Terminologie wäre geeignet, diesen konzeptionellen Limitationen beizukommen? Eine Antwort auf diese Frage soll der folgende Abschnitt geben. Zu diesem Zweck werden die Ergebnisse jüngerer transnationaler Studien zu Migration näher untersucht.

2.4 Die transnationale Perspektive in der Migrationsforschung und geschlechtersensible Ungleichheitsanalyse

Transnationale Migration: Die Grundlagen

In den frühen 1990er Jahren verbreitete sich vor allem in der qualitativ orientierten Migrationsforschung die Einsicht, dass die meisten Migrant*innen, auch nach der Auswanderung und Niederlassung im Immigrationsland, enge und dauerhafte Kontakte zu ihren Entsendeländern und ihren Heimatorten unterhielten (Glick Schiller u.a. 1995). Manche Migrant*innen bleiben zudem in hohem Maße mobil und wechseln im Laufe ihres Lebens mehrmals oder regelmäßig ihren Wohn- und Arbeitsort, während andere, nicht permanent mobile Migrant*innen familiäre, wirtschaftliche oder soziale Beziehungen zu ihren Entsendeländern oder ihren Heimatorten unterhalten. Diese Erkenntnis stand nicht nur im Widerspruch zu der gängigen These der Assimilationsforschung, dass es sich bei Migration um eine einmalige, sich lediglich in eine Richtung vollziehende Auswanderung handle, sondern diente zugleich als Grundlage für eine alternative theoretische Perspektive.

Der transnationale Ansatz konzeptualisiert Migration als einen *nicht abschließend vollzogenen bi- oder multidirektionalen Prozess* und schließt grenzüberschreitende Kontakte, Verbindungen und Verpflichtungen in die Analyse von Migration und der Niederlassung- bzw. Inkorporierungspraktiken von Migrant*innen ein. Dadurch wird es möglich, die für die Migrationsforschung bedeutsame Rolle von Mustern kurzfristiger, zirkulärer, turnusmäßiger und saisonaler Mobilität angemessen zu berücksichtigen (Wallace 2002). Das bedeutet nun nicht, dass damit die klassischen, sich nur in eine Richtung vollziehenden Migrationsströme vernachlässigt werden, allerdings werden diese nun als eines von vielen möglichen Migrationsmustern betrachtet. Diese Konzeptualisierung baut auf zwei wichtigen Theorien auf: der *Migrationssystem-Theorie* (Boyd 1989; Fawcett 1989; Kritz u.a. 1992) und der *Theorie der kumulativen Kausalität* (Massey 1990; Massey/Espinosa 1997), auf die an dieser Stelle lediglich verwiesen, jedoch nicht im Detail eingegangen werden soll.

Zentrale Ansätze zur Erforschung transnationaler Migration und transnationalisierter Verbindungen

Der transnationale Ansatz liefert eine Vielzahl der Einblicke in die Muster grenzüberschreitender Verbindungen, die die mobilen wie immobilen Populationen zu ihren in anderen Staaten lebenden Bezugspersonen unterhalten. Hier werden drei Ansätze zur Konzeptualisierung transnationaler Beziehungen (einen umfassenden Überblick bieten Khagram/Levitt 2008) vorgestellt und dabei die ihnen gemeinsamen Merkmale herausgearbeitet: (a) die Theorie transnationaler sozialer Räume (Faist 2000a, 2000b), (b) die Theorie transnationaler sozialer Felder (Levitt/Glick Schiller 2004) und (c) das relationale Raumtheorem (Pries 2008b).

(Zu a) Die Theorie transnationaler sozialer Räume verweist darauf, dass verschiedene Formationen transnationaler Praktiken (z.B. wirtschaftliche, politische, innerfamiliäre Interaktionen usw.) zur Entstehung *transnationaler sozialer Räume* führen, beispielsweise von *Kontaktfeldern, themenzentrierten Netzwerken, Verwandtschaftsgruppen* sowie von *Organisationen* und *Diasporagemeinden*. Transnationale Praktiken variieren je nach Beständigkeitspotential (von vorübergehend bis dauerhaft) und Formalisierungsgrad (von kaum formalisiert bis stark formalisiert). Jede dieser vier Arten transnationaler Formationen[4] wird von bestimmten sozialen Mechanismen getragen, die aus dem jeweils eingesetzten sozialen und kulturellen Kapital hervorgehen.[5]

---

4 | Dieser Begriff wird hier gleichbedeutend mit dem der *transnationalen Räume* verwendet.

5 | Thomas Faist definiert soziales Kapital als Zugang zu sozialen Bindungen und interpersonellen Netzwerken und kulturelles Kapital als die gemeinsamen Grundlagen des Interpretierens und Verstehens. Während der soziale Mechanismus spezifischer und generalisierter Reziprozität auf sozialem Kapital beruht, konstituiert kulturelles Kapital den Mechanismus fokussierter und diffuser Solidarität (Faist 2000b: 35).

Tabelle 2: Typen der transnationalen Räume

Grad der Formalisierung/ Potential für Dauerhaftigkeit	**Gering** **Netzwerke**	**Hoch** **Organisationen**
Kurzlebig	**Kontaktfelder** *Massenhandeln*	**Kleingruppen verwandtschaftlicher Art** *Spezifische Reziprozität und fokussierte Solidarität*
Langlebig	**Themenzentrierte Netzwerke** *Reziprozität als Tausch*	**Gemeinschaften und Organisationen** *Generalisierte Reziprozität und diffuse Solidarität*

Quelle: in Anlehnung an Faist 2000b: 35

So reproduziert der erste dieser Mechanismen, *Massenhandeln,* eine transnationale Formation, wie (z.B. ökonomische) *Kontaktfelder;* ein gutes Beispiel hierfür sind kurzlebige Arbeitsmärkte für Pendler*innen in Grenzregionen (z.B. Saisonarbeit). Der zweite Mechanismus, *Reziprozität als Tausch,* gilt für die transnationale Formation der *themenzentrierten Netzwerke,* wie beispielsweise die grenzüberschreitenden beruflichen Netzwerke von Computerspezialist*innen oder politische Netzwerke von Protestaktivist*innen. Der dritte Mechanismus, das Zusammenspiel von *spezifischer Reziprozität* und *fokussierter Solidarität,* ist der wesentliche Träger transnationaler Verwandtschaftsgruppen; das geläufigste Beispiel hierfür sind die transnationalen Familien, deren Mitglieder in mehreren Ländern verstreut sind. Der vierte Mechanismus, das Zusammenspiel von *generalisierter Reziprozität* und *diffuser Solidarität,* reproduziert langlebige transnationale Formationen, wie beispielsweise (politische, ökonomische und andere Typen von) *Organisationen* (etwa Amnesty International), *Diasporagemeinden* (z.B. die kurdische Diaspora) oder transnationale *Gemeinschaften* (z.B. Auswander*innenvereine). Spezifische Reziprozität und fokussierte Solidarität reproduzieren somit durch familiäre Bindungen gekennzeichnete Verwandtschaftsverhältnisse, wohingegen generalisierte Reziprozität und diffuse Solidarität zur Entstehung (imaginärer)

Gemeinschaften führen, deren Mitglieder nicht unbedingt miteinander in Kontakt stehen müssen.

(Zu b) Im Gegensatz zum Konzept der *transnationalen sozialen Räume*, das sich der konzeptionellen Instrumente Reziprozität und Solidarität bedient, verbindet die *Theorie transnationaler sozialer Felder* den Begriff der Multilokalität mit der Theorie sozialer Felder von Pierre Bourdieu (1985). Peggy Levitt und Nina Glick Schiller (2004) zufolge spielt die Fähigkeit von Personen, Organisationen und Institutionen, sich multilokalen, engmaschigen, langlebigen sozialen Netzwerken anzuschließen, die sich über Nationalstaaten, Städte und Lokalitäten hinweg erstrecken, eine zentrale Rolle bei der Entstehung transnationaler Felder:

»Once we rethink the boundaries of social life, it becomes clear that the incorporation of individuals into nation-states and the maintenance of transnational connections are not contradictory social processes. Simultaneity, or living lives that incorporate daily activities, routines, and institutions located both in a destination country and transnationally, is a possibility that needs to be theorized and explored. Migrant incorporation into a new land and transnational connections to a homeland or to dispersed networks of family, compatriots, or persons who share a religious or ethnic identity can occur at the same time and reinforce one another« (Levitt/Glick Schiller 2004: 1003).

Dies bedeutet, dass es neben den mobilen Personen auch noch andere relevante Akteur*innen in einem sozialen Feld geben müsste, nämlich immobile Personen, »who do not move themselves [but] maintain social relations across borders through various forms of communication« (Levitt/Glick Schiller 2004: 1009). Die Autorinnen beziehen sich auf Bourdieus Theorie sozialer Felder, um zu belegen, dass soziale Beziehungen durch Macht strukturiert werden. Im Anschluss an Pierre Bourdieu lassen sich soziale Felder als spezifische Konfigurationen sozialer Beziehungen verstehen, die als institutionelle Makrobereiche (z.B. als das Feld der Ökonomie oder das der Politik) um spezifische »Spielregeln« herum organisiert sind. Bourdieu selbst unterscheidet zwischen ökonomischen, kulturellen, politischen, wissenschaftlichen und bürokratischen Feldern und schreibt jedem einzelnen eine spezifische Logik zu, wobei er darauf hinweist, dass die je eigene Logik eines jeden Feldes die Routinen zur Bewältigung von Praktiken und Erfahrungen innerhalb des jeweiligen Feldes organisiert (Bourdieu 1985). Vor diesem Hintergrund lässt sich sagen, dass es sich bei der Transnationalisierung insofern um einen feldspezifischen Prozess handelt, als die spezifischen sozialen Felder ihre transnationalen Beziehungen gemäß den Regeln des jeweiligen feldspezifischen »Spiels« organisieren. Bourdieus Theorie sozialer Felder wird von Levitt/Schiller (2004) zwar in heuristischer Absicht herangezogen, dennoch vermittelt ihre Perspektive ein Verständnis des sozialen Feldes als eines Feldes, das von den relationalen Positionen von Akteur*innen hervorgebracht wird, die an einer Auseinandersetzung um die Deutungsmacht und um symbolische Ressourcen beteiligt sind.

Nach dieser Auffassung sind transnationale Felder um multilokale Verbindungen beruflicher, familiärer und anderer Art herum organisiert; sie beruhen auf einer netzwerkartigen Struktur sozialer Beziehungen, die entstehen, wenn mobile Personen simultan einen Zugang zu Organisationen und Institutionen an verschiedenen nationalen Standorten unterhalten. Mobile und immobile Akteur*innen, denen keine transnationalen Netzwerke zur Verfügung stehen, werden ausgeschlossen und können allenfalls noch auf der nationalen Ebene als relevante Akteur*innen in Erscheinung treten. Bei geographischer Mobilität und dem Aufrechterhalten transnationaler Verbindungen scheint es sich also um konstitutive Elemente von Transnationalisierung der sozialen Felder im Sinne von Pierre Bourdieu zu handeln.

(Zu c) Das dritte Konzept, das hier vorgestellt werden soll, ist der von Ludger Pries (2008b) entwickelte relationale Ansatz zur Untersuchung transnationaler Kontexte, der eine Lösung für das Problem der Kontextualisierung multilokaler Beziehungen und Praktiken bietet. Pries konzeptualisiert transnationale Kontexte als *relationale Ordnungen*. Dabei kritisiert er Studien, die eine essentialistische Sicht auf die Raumanalyse und Migration einnehmen (zur Kritik siehe Brenner 2004) und die suggerieren, dass territoriale Räume und soziale Räume inhärent miteinander verknüpft sein müssen. Pries' relationaler Ansatz beruht im Gegensatz dazu auf der Annahme, dass räumliche Anordnungen von Personen und/oder Kollektiven sowie von deren sozialen Routinen hervorgebracht werden und *nicht per Definition* an bestimmte territoriale Landschaften gebunden sind.

Nach dieser Auffassung werden soziale Praktiken und soziale Lebenswelten nicht von den Territorien bestimmter Nationalstaaten oder von bestimmten Orten eingeschränkt; vielmehr werden dichte, langlebige *transnationale soziale Räume* von sozialen Praktiken reproduziert, die in mehreren verschiedenen Lokalitäten oder gar in einer deterritorialisierten Form vollzogen werden. Aus diesem Grund konzentrieren sich Wissenschaftler*innen, die zum Thema transnationale Beziehungen forschen, oftmals auf die plurilokal oder multilokal organisierten Settings, die von interpersonellen Netzwerken sowie von Familien, Gemeinschaften und Diasporagemeinden reproduziert werden. So unterhalten beispielsweise polnische Pfleger*innen, die in den Haushalten der Arbeitgeber*innen in Deutschland arbeiten, familiäre Verbindungen zu ihrer Verwandtschaft in Polen oder in andern Staaten. Das bedeutet, dass die Gesamtheit ihrer vielfältigen Verpflichtungen einen multilokalen relationalen Pflege- und Betreuungskontext darstellt (siehe auch Kapitel vier).

Fazit: Die transnationalen Studien zu Migration und Mobilität verwenden zwar eine Vielfalt von Begrifflichkeiten (Khagram/Levitt 2008), weisen dabei aber auch einige Gemeinsamkeiten auf:

- Indem sie Migration als einen unvollendeten Prozess definieren und das Hauptaugenmerk auf die bi- und multidirektionalen Dynamiken von Migration legen, weisen sie über den engen Rahmen der sedentaristischen Perspektive in der Migrationsforschung hinaus, welche die Sesshaftigkeit als eine natürliche Form der sozialen Organisation des gesellschaftlichen Lebens begreift.
- Durch die Betonung des multilokalen Charakters sozialer Kontexte, die im Zusammenhang mit geographischer Mobilität und transnationalen Verbindungen entstehen, gelingt es ihnen, das in Migrationsstudien häufig anzutreffende Problem der Gleichsetzung von geographischen Räumen und sozialer Formationen, auch als die *Naturalisierung der geographischen Räume* bezeichnet, zu vermeiden. Schließlich können durch diese Argumentationsweise die Heterogenität der Migrationsmuster sowie der grenzüberschreitenden Kontakte berücksichtigt werden (Amelina u.a. 2012; Amelina/Faist 2012).

Die spezifische konzeptionelle und empirische Ausrichtung der transnationalen Migrationsforschung hat sich auch in empirischen Studien zu Geschlechterverhältnissen im Migrationsprozess sowie zu mehrdimensionalen Mustern sozialer Ungleichheiten bewährt. Im folgenden Abschnitt soll dargelegt werden, mit welchen Mitteln Studien dieser Art den multidimensionalen Charakter sozialer Ungleichheiten untersuchen.

2.5 Das Zusammenspiel von *Geschlecht*, *Ethnizität/Race* und *Klasse* aus einer transnationalen Perspektive

Diese zentralen Elemente – die Annahme des *unvollendeten Charakters von internationalen Wanderungen* und das *Konstatieren vielfältiger Muster transnationaler, multilokal organisierter Praktiken* – finden sich in transnationalen Studien, z.B. im Kontext der Ansätze zu transnationaler Mutterschaft und transnationalen Familien sowie in Konzepten wie Care Chain und Care-Zirkulation (siehe Kapitel vier). Drei zentrale Elemente der Ungleichheitsanalyse im Kontext der transnational orientierten Migrationsforschung sollen nun vorgestellt und anschließend diskutiert werden:

Erstens geht es um die Stratifikation sozialer Positionen *innerhalb eines multilokalen Rahmens*, der nicht durch Staatsgrenzen eingeschränkt ist. Dies impliziert, dass Akteur*innen ihre sozialen Positionen mit den Positionen anderer Akteur*innen in einem komplexen multilokalen Bezugsrahmen vergleichen. Solche Vergleiche finden nicht nur in Bezug auf andere mobile Akteur*innen statt, sondern auch auf immobile Bezugspersonen in den Auswanderungs- und Einwanderungsländern. *Multilokalität* wird somit zum zentralen Element der transnationalen Ungleichheitsgenese (siehe z.B. Anthias 2012).

Zweitens sind soziale Akteur*innen im multilokalen Vergleichsrahmen mit einer *Vielfalt von Achsen der sozialen Ungleichheit* konfrontiert (siehe z.B. Parreñas 2001 und Goldring 1998): Nicht nur *Klasse*, sondern auch *Geschlecht*, *Ethnizität/Race* und möglicherweise einige andere Formen sozialer Klassifikation werden für die hierarchische Verortung der transnationalen Akteur*innen virulent (ebd.).

Drittens sind durch den multilokalen Referenzrahmen der Ungleichheitsgenese die betroffenen mobilen Akteur*innen *mit der Pluralität bzw. Gleichzeitigkeit der hierarchischen Attributionen* in Bezug auf *Klasse*, *Geschlecht*, *Ethnizität/Race* usw. konfrontiert. Beispielsweise kann eine polnische Arbeitsmigrantin eine in vielerlei Hinsicht marginalisierte Position in Deutschland bekleiden, während sie sich in Polen jedoch als eine angesehene Vertreterin der Mittelschicht definiert (Nieswand 2011; Barglowski u.a. 2015b). Also sind die transnationalisierten Ungleichheiten als Hierarchien zu verstehen, die nicht aus der bloßen Addition nationaler Ungleichheitsmuster entstehen; vielmehr handelt es sich bei transnationalisierten Stratifikationen um hierarchische Ordnungen, für deren Genese der Akt des *Überschreitens einer Grenze* essentiell ist.

Um diese Aspekte etwas ausführlicher zu veranschaulichen, soll im Folgenden der Ansatz der *widersprüchlichen sozialen Mobilität (contraditory social mobility)* exemplarisch vorgestellt.

Widersprüchliche soziale Mobilität

Rhacel S. Parreñas (2001) und Luin Goldring (1998) haben soziale Ungleichheiten als mehrdimensionale Ungleichheiten analysiert und dabei untersucht, wie die transnationalen Verbindungen von Migrant*innen deren Klassenposition im Emigrationsland und gleichzeitig ihre Klassenposition im Immigrationsland beeinflussen. Ihre Analysen geben Aufschluss über das Phänomen der *widersprüchlichen sozialen Mobilität* (*contadictory social mobility*), das insbesondere von qualifizierten Migrant*innen erlebt wird. Infolge vielfältiger Formen institutioneller Diskriminierung – wie etwa der Einschränkungen bei der Vergabe von Aufenthalts- und Arbeitsgenehmigungen und der bedingten Anerkennung von Hochschulabschlüssen – haben diese Migrant*innen im Zielland kaum Aussicht, jemals ihren Qualifikationen angemessene berufliche Positionen zu erlangen.

So arbeiten die meisten der in Italien als Hausangestellte tätigen philippinischen Frauen, deren Leben Parreñas (2001) in ihrer Studie schildert, im Niedriglohnsektor des Ziellandes, das heißt, sie erbringen Dienstleistungen in den Bereichen Hausarbeit/Betreuung/Pflege. Ihre soziale Mobilität hat jedoch einen widersprüchlichen Charakter, da sie in Rom zwar soziale Abwärtsmobilität erleben, in den Philippinen jedoch gleichzeitig mit der Kaufkraft ihrer Remissionen einen höheren sozialen und ökonomischen Status erwerben. Mit anderen Worten, diese Migrantinnen sind gleichzeitig in den jeweiligen Stratifikationsordnungen des Entsende- und des Empfängerlands verortet. Die Widersprüchlichkeit ihrer sozialen Positionen wird also durch ihre gleichzeitige Positionierung in den Stratifikationsordnungen *mehrerer Länder/Orte* verursacht.

Der Hauptschwerpunkt der Analysen von Parreñas und Goldring liegt nicht nur auf den Aspekten von *Klasse* und *sozialer Mobilität*. Auch *Geschlecht* und *Race* als Dimensionen sozialer Ungleichheit spielen bei ihnen eine wichtige Rolle, etwa wenn Parreñas in ihrer Analyse die Mobilitätspfade philippinischer Frauen in Rom nachzeichnet und sich dabei auf den rassifizierten und vergeschlechtlichten Hausarbeitssektor konzentriert, in dem diese Migrantinnen arbeiten. Parreñas selbst verwendet den Begriff *intersektionale Analyse* zwar nicht,[6] doch ihre Argumentationsweise deutet implizit bereits auf den multidimensionalen Charakter von Ungleichheiten hin. Ein solches mehrdimensional orientiertes Ungleichheitsverständnis macht es nun möglich, eine Verbindung zwischen *Geschlecht, Ethnizität/Race* und anderen Dimensionen ungleicher sozialer Beziehungen einerseits und den sich schwerpunktmäßig mit der Dimension *Klasse* beschäftigenden traditionellen Ungleichheitsstudien andererseits herzustellen.

Der von Floya Anthias, einer bedeutenden Vertreterin der Intersektionalitätstheorie, entwickelte Ansatz des *translokationalen Rahmens* (*translocational frame*) eignet sich sehr gut zur Theoretisierung des Phänomens der widersprüchlichen sozialen Mobilität. Anthias verwendet das Konzept des *translokationalen Rahmens* zur Bestimmung der ambivalenten »dislocations and relocations [of a social position] at a number of different levels, including those of class and gender« (Anthias 2012: 103). In ihren Ausführungen zum aktuellen Stand der Transnationalitätsforschung argumentiert Anthias, dass der Begriff »translokational« umfassender als die Begriffe »transnational« oder »translokal« sei: »[...] it recognizes the importance of context, the situated nature of claims and attributions and their production in complex and shifting locales and the contradictory processes in play« (Anthias 2011: 49). Das Konzept des translokationalen Rahmens, so Anthias, eigne sich somit zur Untersuchung von »interplay of a range of locations and disclocations in relation to gender, ethnicity, national belonging, class and racialization (Anthias 2002: 501-502)« (Anthias 2012: 108).

Der Begriff *translokationaler Rahmen*, so Anthias, solle nun freilich nicht so verstanden werden, dass alle transnational aktiven Akteur*innen die Widersprüchlichkeit von gleichzeitigen sozialen Positionierungen in mehreren nationalstaatlichen Kontexten bewusst erleben. Denn selbstverständlich gebe es auch Intersektionen sozialer Beziehungen, die einander verstärken können: »minority working-class women may live in the worst social space, in many different political economic and cultural contexts« (Anthias 2012:108). Dennoch ist es mithilfe des Begriffs *translokationaler Rahmen* möglich, auch die Möglichkeit gegenläufiger Intersektionen

6 | Kapitel drei befasst sich ausführlicher mit dem Feld intersektioneller Studien.

sozialer Positionierungen von Akteur*innen auf verschiedenen Ebenen mit in die Überlegungen einzubeziehen, etwa bei der Betrachtung der Situation eines »männlichen Angehörigen der Arbeiterklasse, der seinem Arbeitgeber gegenüber in einem Unterordnungsverhältnis [und gleichzeitig] gegenüber seiner Ehefrau in einem Dominanzverhältnis steht« (ebd.: 108, eigene Übersetzung).

2.6 Zusammenfassung und Ausblick

Das Kapitel macht deutlich, dass Geschlechterverhältnisse im Kontext der internationalen Migration und Niederlassungs- bzw. Inkorporierungsprozessen in vielen Theorien der Migrationsforschung unthematisiert bleiben. So fehlt den Assimilationsansätzen, die einem sedentaristischen Argumentationsmuster folgen, die geschlechtssensible Perspektive. Auch die neoklassischen sowie die Weltsystemansätze ignorieren weitgehend die Bedeutung der Geschlechterverhältnisse für die Migrationsprozesse und -praktiken. Ihre Thesen bleiben außerdem stark vom ökonomischen Reduktionismus geprägt, der vom Primat der ökonomischen Verhältnisse für die Konstitution gesellschaftlicher Ordnungen ausgeht. Im Gegensatz dazu lassen sich in transnationalen Ansätzen Tendenzen zur geschlechtssensiblen Argumentation erkennen, allerdings findet sich die Analyse der Geschlechterverhältnisse keineswegs in allen Konzepten (siehe z.B. Levitt/Glick Schiller 2004 u.a.). Einige, wie etwa Goldring (1998) und Parrenas (2001), folgen im weitesten Sinne der sozialkonstruktivistischen Perspektive auf *Geschlecht* im Sinne von *Doing Gender* und stützen sich dabei (siehe Kapitel eins sowie Kapitel vier) zum Teil heuristisch auf die Intersektionalitätstheorie. Weil die Intersektionalitätsforschung explizit die gesellschaftlichen Geschlechterverhältnisse in die Analyse von Migrations- und Ungleichheitsprozesse miteinbezieht, sollen im nächsten Kapitel die zentralen Ideen von Intersektionalitätsstudien genauer vorgestellt werden.

(Anna Amelina)

3. *Doing Migration* und *Doing Gender*

Intersektionelle Perspektiven auf Migration und Geschlecht

3.1 Einleitung

Das einführende Kapitel dieses Buches hat die Geschlechterbeziehungen als sozial hergestellt analysiert. Wenn die Forscher*innen die Zweigeschlechtlichkeit als Ergebnis der performativen sprachlichen Akte (Butler 1997b) und der alltäglichen Aushandlungs- und Zuschreibungsprozesse (West/Zimmerman 1987) begreifen, vermeiden sie die Naturalisierung der Geschlechterbeziehungen. Stattdessen werden diese als historisch spezifische und sozial immer wieder aufs Neue hervorgebrachte gedeutet.

Diese sozialkonstruktivistische Lesart soll im vorliegenden Kapitel auf die Analyse der Migrations- und Transnationalisierungsprozesse bezogen werden. Zunächst werden die Ansätze vorgestellt, die die vielfältigen Migrationsformen als sozial hervorgebracht konzeptualisieren. Somit verknüpft dieses Kapitel die Kritik am Sedentarismus (also der Annahme der Sesshaftigkeit als einer natürlichen Organisationsform des sozialen Lebens) mit einer sozialkonstruktivistischen Perspektive. Drei Ansätze sind in diesem Zusammenhang von besonderer Bedeutung. Als Erstes ist das Konzept der Motilität (*motility*) vorzustellen, das die Mobilität als eine spezifische Kapitalform betrachtet (Flamm/Kaufmann 2006). Als Zweites ist die Artikulation der *mobilen Wende* in den Sozialwissenschaften (Büscher/Urry 2009) zu nennen, die durch die ethnomethodologische Forschung und *actor-network theory* (Latour 2005) inspiriert wurde. Als Drittes ist der sozialkonstruktivistische Ansatz der sozialen Produktion des Raumes (*Doing Space*) zu erörtern (Amelina 2017), der es möglich macht, das Zusammenspiel zwischen sozialen Prozessen der gesellschaftlichen

Herstellung von Migration *(Doing Migration)* und Transnationalität *(Doing Transnationality)* zu betrachten.

Danach wird in diesem Kapitel demonstriert, dass eine solche sozialkonstruktivistische Perspektive auf Migration und Transnationalität bestimmte analytische Vorteile für die Analyse der Zusammenhänge zwischen Migrations- und Geschlechterverhältnissen *aus der Perspektive der intersektionellen Forschung* bietet. Das Kapitel zwei hat bereits gezeigt, dass erst neuere Ansätze der transnationalen Migration Geschlechterbeziehungen in der Analyse der Migrationsprozesse berücksichtigen. In diesem Kapitel wird deshalb die gegenseitige Beeinflussung von Geschlechterverhältnissen und Migrationsprozessen aus intersektioneller Perspektive in den Blick genommen sowie das Zusammenspiel von verschiedenen *Differenzachsen* sozialer Ungleichheit, die diese Prozesse begleiten (siehe etwa Anthias 2001; Crenshaw 1989; Klinger/Knapp 2005; Lutz u.a. 2011; McCall 2005; Walby 2009; Walgenbach 2010; Winker/Degele 2011). Begriffe, wie *Achsen der Differenz, Achsen der Ungleichheit, Kategorien der Ungleichheit, Dimensionen der Ungleichheit* u.ä. werden im Weiteren synonym verwendet und als *Typen der ungleichen sozialen Beziehungen* verstanden, denn sie bezeichnen die Genese ungleicher sozialer Beziehungen, die einen multidimensionalen Charakter aufweisen (Walby u.a. 2012). Dabei verzichtet die intersektionelle Forschung auf die konventionelle Trennung zwischen klassenspezifischen und geschlechts- und ethnizitätsbezogenen Ungleichheitsanalysen, um die mehrdimensionale Qualität der gesellschaftlichen Produktion von Ungleichheiten hervorzuheben. Die von Floya Anthias (2001) eingeführte Raster-Metapher zur Verdeutlichung sozialer Hierarchisierungsprozesse macht deutlich, dass und wie an der Ungleichverteilung von Lebenschancen beteiligte Prozesse und Muster aus einer multidimensionalen, relationalen Perspektive zu erforschen sind:

»[...] in terms of social relations that are hierarchical, it is not purely a question of a hierarchy of individuals within a category [of inequality], for there are complex forms of hierarchy across a range of different dimensions [of inequality]. If the constructs [such as ›class‹, ›ethnicity‹/›race‹ and ›gender‹] are read as ›grids‹, their salience will not only vary in different contexts, but the interplay of the different grids needs to be always considered in any analysis of social outcomes or effects« (Anthias 2001: 386).

Das Besondere an der intersektionellen Perspektive ist also, dass sie vorschlägt, *sowohl* das komplexe Zusammenspiel hierarchisierender Zuschreibungen innerhalb einer Ungleichheitsdimension (z.B. innerhalb der Dimension der Geschlechterbeziehungen) *als auch* zwischen den unterschiedlichen Dimensionen (*Klasse, Ethnizität/Race, Geschlecht* usw.) in Betracht zu ziehen. Mit anderen Worten: Die komplexe Stratifikation individueller Lebenschancen im Kontext der Wanderungs- und Niederlassungsprozesse lässt sich nur durch die Berücksichtigung einer analytischen Unterscheidung zwischen den beiden oben genannten Formen von hierarchisierenden Zuschreibungen verstehen.

3.2 *Doing Migration*: Die sozialkonstruktivistische Lesart in der Migrationsforschung

Eine sozialkonstruktivistische Perspektive auf Migration und Mobilität begreift beide Prozesse als soziale Herstellungsleistung. Landesinterne als auch internationale Wanderungen werden als Ergebnis spezifischer (routinisierter) Praktiken betrachtet, die vor dem Hintergrund historisch-spezifischer Wissens- und Machtkomplexe sowie institutioneller Konfigurationen (Amelina u.a. 2016a) stattfinden. Soziale Praktiken der Wanderung werden zwar durch spezifische politische Regulierungen kanalisiert, doch zeichnen sie sich auch durch eine gewisse Autonomie aus (Papadopoulos/Tsianos 2013), die ein aktives Navigieren der mobilen Individuen im Netz politischer Vorgaben und Regelungen voraussetzt. Beides, Praktiken der Wanderung und ihre politische Regulierung, sind in (umkämpfte) gesellschaftliche Diskurse (Yuval-Davis 2011a) eingebettet, die die Wanderungen in einen spezifischen symbolischen Horizont einordnen und sie positiv oder negativ, solidarisch oder skandalisierend konnotieren.

Der Motilitätsansatz: Die Mobilitätskompetenz als Kapitalform

Das Konzept *Motility* (Flamm/Kaufmann 2006) argumentiert nicht explizit sozialkonstruktivistisch, es begreift jedoch Mobilität als eine soziale Herstellungsleistung, die sowohl gelingen als auch misslingen kann. Obwohl Flamm und Kaufmann sich vor allem der Betrachtung der landesinternen Wanderungen widmen, lässt sich ihr Ansatz sehr gut auf internationale Wanderungsbewegungen übertragen. Seine zentrale Aussage lautet, dass die räumliche Mobilität zu einer etablierten gesellschaftlichen »Ideologie« geworden ist, die »with its relationship to individual freedom (freedom of travel anywhere at anytime, freedom to choose one's relationships, freedom of residential location, etc.)« handlungsrelevante Konsequenzen für Individuen hervorbringt (ebd.: 167).

Die zentrale These von Flamm und Kaufmann besagt, dass für die Realisierung der Wanderung die Verfügbarkeit von spezifischen individuellen Kompetenzen eine entscheidende Rolle spielt. Diese Kompetenzen werden von Flamm und Kaufmann mit dem Begriff von *Motility* gefasst. *Motilität* ist demnach definiert »as how an individual or group takes possession of the realm of possibilities for mobility and builds on it to develop personal projects« (ebd.: 168). Dabei muss nicht zwangsläufig jedes Mobilitätspotential in die soziale Praxis der Wanderung umgewandelt werden. *Motilität* wird dabei durch drei Aspekte konstituiert: a) *access* bzw. konkrete Zugangsmöglichkeiten zu Mobilität (im Sinne einer unmittelbaren Verfügbarkeit von Reisemöglichkeiten); b) *skills* bzw. das erworbene (professionelle und Laien-)Wissen sowie die Kompetenzen der Reiseplanung und schließlich c) *cognitive approach* bzw. kognitive Analyse der verfügbaren Wanderungsoptionen, welche die Mobilitätskompetenzen anleiten. In dieser Lesart erscheint »Motilität« als »the capacity to be mobile« (ebd.: 167).

Gleichzeitig ermöglicht das Konzept der Motilität die Kompetenz zu räumlichen Wanderungen als eine Kapitalsorte ähnlich zu ökonomischen, sozialen oder kulturellen Kapitalformen nach Pierre Bourdieu (1985) zu begreifen. Denn dieses Konzept betont, dass »access rights' portfolios, skills, and representations related to the cognitive appropriation of transportation supply differ from one person to another« (Flamm/Kaufmann 2006: 184). Und wenngleich auch die Zugangsmöglichkeiten zu Mobilität durch ökonomisches Kapital mitbedingt sind, ist die Fähigkeit bzw. die Kompetenz, mobil zu sein, auch das Ergebnis nicht auf ökonomisches Kapital reduzierbarer Aspekte, also »of a persons's adherence to the social values of travel independence, social status of the possession of vehicles, or awareness of environmental problems« (ebd.: 184).

Darüber hinaus betonen Flamm und Kaufmann die Bedeutung von *Transport- und Kommunikationstechnologien* im Prozess der sozialen Hervorbringung von Mobilität. Verschiedene Transporttechnologien erlauben heute vielfältige Fortbewegungsmöglichkeiten in Zeit und Raum. Insbesondere die Möglichkeit *virtuelle Gemeinschaften* zu schaffen, kann ermöglichende oder einschränkende Konsequenzen für die Wanderungsbewegungen haben, da diese die für die individuellen Migrationsentscheidungen relevanten Informationen artikulieren.

Schließlich weisen beide Autoren auf die Relevanz der *Legitimationssemantiken* von Mobilität hin. Dabei würde die Analyse der Legitimationsformen auch in der Erforschung von internationalen Migrationsbewegungen neue Einblicke ermöglichen. Zum Beispiel wissen wir aus medialen Diskursen, dass Flüchtlingsbewegungen i.d.R. als illegitime wohingegen die internationalen Wanderungen von Hochqualifizierten als legitime Wanderungsformen konnotiert werden. Diese Semantiken finden auch Eingang in die politischen Einreise- und Mobilitätsbestimmungen, zum Beispiel in Form der einschränkenden Einreisebestimmungen für bestimmte Kategorien von mobilen Personen.

Die Mobile Wende

Eine der spannendsten Entwicklungen in der Migrationsforschung der letzten Jahre wurde durch die Artikulation der *Mobilen Wende* (*mobility turn*) in den Sozialwissenschaften (Urry 2007, 2012; Büscher/Urry 2009, 2011) hervorgebracht. Diese paradigmatische Verschiebung basiert auf einer einfachen wie auch plausiblen Kritik der konventionellen Annahme, dass Sesshaftigkeit eine natürliche Organisationsform des gesellschaftlichen Lebens darstellt (siehe Kapitel zwei). Nimmt man diese Kritik ernst, so ist man nicht nur gezwungen, die Grundlagen der klassischen Migrationsforschung, sondern auch die Basisannahmen der Sozialwissenschaften zu hinterfragen, die Sesshaftigkeit als eine ›natürliche‹, Migration und Mobilität dagegen als eine ›abweichende‹ Praxis betrachten.

Aus dieser Kritik ergeben sich für die Migrationsforschung mindestens zwei Konsequenzen. Die erste lautet, dass wir die Migration und Mobilität denaturalisieren müssen, und ihre soziale Herstellung als historisch-spezifisch und änderbar begreifen zu können. Es ist offensichtlich, dass die Wanderungsbewegungen nach Europa im Kontext der ›Gastarbeitermigration‹ der 1970er Jahre in andere Macht- und Wissenskomplexe eingebettet sind, als die aktuellen Flüchtlingsbewegungen nach Deutschland und in andere Staaten. Daher ist die Verwendung einer essentialistischen Definition von Migration für die Analyse verschiedener

Wanderungsbewegungen sehr problematisch (Amelina/Faist 2012; Amelina/Vasilache 2014).

Die zweite Konsequenz lautet, dass Migrations- und Mobilitätsprozesse als mit der Immobilität dialektisch verwoben betrachtet werden sollten (Büscher/Urry 2009). Diese Forderung warnt vor einer Überbewertung von einem der beiden Prozesse (entweder Mobilität oder Immobilität), denn ein zu starker Fokus auf eine der beiden Seiten führt schnell dazu, die gegenseitige Bedingtheit der Praktiken der Mobilität und Sesshaftigkeit aus den Augen zu verlieren. Wenn Forscher*innen sich beispielsweise nur auf Niederlassungspraktiken von mobilen Personen fokussieren (Immobilität), und ihre weiteren bzw. neuen Mobilitäten ignorieren, können sie nur eingeschränkte Aussagen über das *Immobilwerden* der relevanten Akteure machen.

Auf der Grundlage dieser Überlegungen schlugen Monika Büscher und John Urry (2009) ein innovatives Set von Methoden zur Analyse der täglichen Herstellungsroutinen von Mobilität und Immobilität vor. Dabei sollen im Mittelpunkt der Forschung nicht nur a) die physischen Bewegungen von Individuen, sondern auch b) bildhafte und virtuelle Mobilität von Personen und Objekten berücksichtigt werden. So wird für die Analyse der physischen Bewegung von Individuen die *Methode der mobilen Ethnographie* vorgeschlagen, die es Forscher*innen erlaubt, die geographische Wanderungen von Menschen zu beobachten und an ihren Interaktionen während dieser Bewegungen teilzuhaben. Dazu gehören, Büscher and Urry zufolge, nicht nur die Mitreise im Bus, Bahn und Flugzeug sondern auch die Erstellung von *time-space diaries* seitens der Forscher*innen. Für die Analyse der bildhaften oder virtuellen Mobilität können Webseiten, Diskussionsgruppen, Blogs u.v.m. ausgewählt werden, um mittels einer ethnomethodologischen Analyse Einblicke in die *Grammatik der Mobilität* (Büscher/Urry 2009), also in die Organisation und Interaktion der Mobilität zu gewinnen. Schließlich schlagen die Autor*innen vor, die Analyse der Immobilität mittels der Ethnographie der Sesshaftigkeit zu untersuchen, die die Erforschung des *place making*, also von Niederlassungs- und Ansiedlungspraktiken, erlaubt.

Die Nähe zwischen der Artikulation der *Mobilen Wende* in den Sozialwissenschaften und dem Konzept der Motilität besteht vor allem darin, dass beide Ansätze Wanderungen als soziale Praxis begreifen, die sowohl realisiert wird als auch scheitern kann; eine Praxis, die in eine Vielzahl von Ermöglichungs- und Einschränkungsbedingungen sowie Wissenskomplexe und Legitimationssemantiken eingebettet ist.

Doing Space by *Doing Migration*: Eine Zusammenführung der sozialkonstruktivistischen Perspektiven auf Raum und Migration

Wenn wir geographische Mobilität und Migration als soziale Herstellungsleistungen begreifen, sollten wir zunächst die Annahme kritisch prüfen, dass Migration in statischen geographischen Räumen stattfindet (Amelina 2017). Dabei sollten auch die essentialistischen Raum-Modelle in Frage gestellt werden, die von einer natürlichen Übereinstimmung der territorialen Räume und ihren sozialen Inhalten ausgehen. Einer solchen essentialistischen Raumkonzeptualisierung folgen z.B. Migrationsstudien, die soziale Beziehungen in einem geschlossenen Territorium eines (Immigrations-)Staates verorten. Diese als methodologischer Nationalismus bekannte Haltung wird in der Migrationsforschung mittlerweile in Frage gestellt (siehe oben, sowie Wimmer/Glick Schiller 2003; Amelina u.a. 2012, Amelina/Faist 2012). Die Kritik der essentialistischen Raumvorstellungen erfordert eine genauere Auseinandersetzung mit Raumkonzepten. Deshalb werden im Folgenden drei zentrale Elemente eines sozialkonstruktivistischen Raumkonzepts (Amelina 2017) vorgestellt und die analytische Beziehung zwischen Raum, Migration und Transnationalität erörtert.

Zunächst wird in Anschluss an die sozialgeographische Skalentheorie (*theory of scales*; siehe Brenner 1998, 2004; Leitner 2004; Swyngedouw 1997; Taylor 1982, 2004) auch *Raum* als soziale Herstellungsleistung begriffen. Sozialkonstruktivistisch ist diese Theorie insofern, als argumentiert wird, dass es sich bei *Räumen* nicht um statische, unveränderliche Kontexte sozialer Beziehungen handelt (Brenner 2004) sondern um historisch spezifische *sozial*räumliche Gebilde, die durch soziale Praktiken (und deren Wechselbeziehungen mit materiellen Artefakten) entstehen. Aus dieser Perspektive finden Migration und Mobilität nicht in entleerten geographischen Räumen statt, sondern sind als eigenständige soziale Praxis der Raum*konstitution*, als Praxis der Verräumlichung zu verstehen (Amelina 2017). So konstituieren die Wanderungsbewegungen zwischen Polen und Deutschland grenzüberschreitende soziale Beziehungsräume, die die in Deutschland und in Polen wohnhaften Freunde und Verwandte teilen.

Zweitens sind soziale Praktiken der Raumkonstruktion in spezifische *Deutungsmuster* und *Klassifikationssysteme* eingebettet (Amelina 2012, 2014, 2016). Dies impliziert, dass *Raum* zum einen durch die Wechselwirkungen sozialer Praktiken und materieller Artefakte, und zum anderen durch die jeweiligen Bedeutungskomplexe und Semantiken hervorgebracht wird, die den Kategorien wie *global/lokal, national/transnational* u.v.a. zugeschrieben werden. Beispielsweise wird die Kategorie des *Globalen* häufig als die Konfiguration der erdballumspannenden sozialen Beziehungen gedeutet. Und während die Kategorie *global* durch die Globalisierungskritiker*innen negativ belegt wird, wird sie häufig von den Vertreter*innen der Wirtschaftsunternehmen positiv mit dem ökonomischen Wachstum gleichgesetzt. In diesem Ansatz wird also die potentielle Bedeutungsvielfalt verschiedener raumspezifischer Kategorien berücksichtigt. Dabei werden raumspezifische Deutungsmuster (wie sie z.B. in Vorstellungen von Distanz und Nähe oder in Fremdheitserfahrungen zum Ausdruck kommen) in die konkreten sozialen Praktiken von Familien, Netzwerken, Organisationen und Institutionen inkorporiert. Mit anderen Worten: Migration und Mobilität sind nicht einfach als soziale Praxis, sondern als *Verräumlichungpraxis* zu verstehen, in die spezifische Deutungen, Interpretationen und Semantiken inkorporiert sind. Ein Beispiel für ein raumbezogenes Interpretationsmuster finden wir in der Forschung zu multilokalen Familien (siehe Kapitel vier). Deren grenzüberschreitende Care-Praktiken, Telefongespräche, Geldüberweisungen sind in spezifische Deutungsmuster eingelassen, die *Räume* zwischen den Emigrations- und Immigrationsländern als Landschaften zwischen einem *Hier* und einem *Dort* imaginieren und die grenzüberschreitende Praktiken häufig dramatisieren (siehe auch Amelina 2017).

Drittens wird *Raum* als ein aus mehreren (relational generierten) Ebenen (*scales*) bestehendes Gebilde analysiert, genauer gesagt als Konfiguration verschiedener sozialräumlicher Ebenen. Beispiele in diesem Zusammenhang sind die *lokale, globale, nationale* und *transnationale* sozialräumliche Ebene. Entscheidend ist, dass die (relationale) soziale Konstitution der sozialräumlichen Ebenen auf der Grundlage spezifischer Deutungsmuster und Klassifikationen des Räumlichen stattfindet. Beispielsweise wird die Kategorie der Globalität durch die Vorstellung einer planetaren Einheit erzeugt, während die Kategorie der Transnationalität durch die Metaphern des *Netzwerks*, des *Horizonts* und des *Milieus* generiert wird (siehe ausführlich Marston u.a. 2005: 420; auch Jonas 2006). Aus dieser Perspektive können wir *Transnationalität* als eine durch Deutungsmuster, Klassifikationen und soziale Praktiken hervorgebrachte Raumebene (neben anderen) definieren. Diese wird durch die spezifische multilokal organisierte Praxis der Migration[1] und durch die darin eingebetteten Interpretationsmuster (z.B. von der sozialen Distanz/Nähe, Familiensolidarität oder Fremdheitserfahrungen) erbracht (siehe Kapitel vier).

Diese Darstellung macht deutlich, dass sämtliche mit *Raum* im Zusammenhang stehenden sozialen Praktiken wie Migration, geographische (Im-)Mobilität, die Niederlassung von Migrant*innen im Ankunftsland u.v.m. als *Verräumlichungspraktiken* zu verstehen sind. Mit anderen Worten: Soziale Prozesse von *Doing Migration/Mobility* sind als Bestandteil der sozialen Prozesse von *Doing Space* zu fassen. In diesem Zusammenhang ist *Transnationalität* als eine Raumebene (neben der lokalen, der globalen und der nationalen Ebene) zu analysieren, die soziale Akteure (z.B. mobile Individuen selbst, Familien, Netzwerke oder (Migrant*innen-)Organisationen) durch die grenzüberschreitenden Wanderungsprozesse sozial herstellen (Amelina 2017).

Die Vorteile dieser sozialkonstruktivistischen, aber auch kultursoziologischen Lesart bestehen im Wesentlichen in der Hervorhebung der Eigentümlichkeit und relativen Zeithaftigkeit von sozialräumlicher Praxis. Darüber hinaus ermöglicht sie, die gegenseitige Beeinflussung und Formung von Migrationen als Raumherstellungsprozesse und Geschlechterbeziehungen zu analysieren. Anstatt Raum implizit mit einer statischen Vorstellung von gesellschaftlichen Kontexten zu assoziieren, erhalten wir ein Werkzeug, mit dem es möglich wird, eine Reihe von Bedingungen zu benennen, unter denen die soziale Praxis der Raumproduktion in spezifische Formen ungleicher sozialer Beziehungen umgewandelt wird. Die Kategorie *Raum* kann somit nunmehr als eine (potentielle) Dimension von Ungleichheit analysiert werden, und zwar sowohl separat als auch in ihrem Zusammenspiel mit Ungleichheitsachsen wie *Geschlecht, Klasse, Ethnizität/Race* und anderen Dimensionen sozialer Ungleichheit.

---

1 | Die multilokale Praxis der Mobilität und Migration setzt voraus, dass zwischen dem Sende- und dem Empfängerkontext (z.B. eines Staates oder einer Lokalität) soziale Kontakte aufrechterhalten werden.

3.3 Intersektionelle Theorieansätze: Zur Analyse des Zusammenspiels von Migration und Geschlecht

Die Intersektionalitätsforschung bietet nun eine Reihe der Theorieansätze an, die es ermöglichten, das Zusammenspiel zwischen sozialräumlicher Praxis der Migration auf einer und sozialer Herstellung gesellschaftlicher Geschlechterverhältnisse auf der anderen Seite aus der ungleichheitstheoretischen Perspektive zu analysieren. Obwohl die Intersektionalitätstheorien mit einer Vielzahl heterogener Begriffe operieren (siehe z.B. Anthias 2001; Crenshaw 1989; Klinger/Knapp 2005; Lutz u.a. 2011; McCall 2005; Walby 2009; Walgenbach 2010; Winker/Degele 2011), besagen sie im Wesentlichen, dass Ungleichheitsanalyse sich nicht auf eine der Dimensionen ungleicher sozialer Beziehungen (z.B. auf *Klasse* oder *Geschlecht*) beschränken darf. Stattdessen wird angenommen, dass mehrere einander beeinflussende Dimensionen bzw. Achsen ungleicher sozialer Beziehungen eine Rolle bei der Ungleichverteilung wertgeschätzter Ressourcen spielen, darunter Dimensionen wie *Klasse, Geschlecht, Ethnizität/Race, Sexualität, Alter/Generation, ›Behinderung‹* und, wie noch gezeigt werden wird, *Raum*.

Eine kurze Geschichte der Intersektionalitätsforschung

Die Intersektionalitätsperspektive wurde zuerst von Mitgliedern des 1974 in Boston von schwarzen, lesbischen Feministinnen gegründeten Combahee River Collective vertreten, einer Gruppe, die sich zum Ziel gesetzt hatte, die in der traditionellen feministischen Theorie verbreitete Vorstellung von der *Schwesternschaft der Frauen* (*female sisterhood*) infrage zu stellen (Lutz u.a. 2011:10ff.; Davis 2008). Die Mitglieder des Combahee River Collective kritisierten Feministinnen, die sich hauptsächlich mit der Lebenswelt von Frauen aus der weißen Mittelschicht beschäftigten, dabei jedoch vorgaben, »im Namen aller Frauen zu sprechen« (Anthias 2012: 107, eigene Übersetzung). Ihr Argument lautete, dass die traditionelle feministische Theorie jener Zeit sowohl die Unterordnungsverhältnisse innerhalb der Genusgruppe *Frau* als auch die Machtverhältnisse zwischen untergeordneten Männern und mächtigen Frauen außer Acht ließ. Abolitionist*innen wie Sojourner Truth (siehe ausführlich bell hooks 1981) können insofern als Vorläufer*innen des Combahee River Collective gelten, als sie die Ausübung der Sklaverei als Folge des Zusammenspiels vergeschlechtlichter, klassenbezogener und rassifizierter Ungleichheiten betrachteten.

Der Begriff *Intersektionalität* wurde erstmals von Kimberlé Crenshaw in ihrer Studie »Demarginalizing the Intersection of Race and Sex« (1989) verwendet, die sich mit den scheinbar unsichtbaren Unterdrückungsmechanismen zur Zeit der Massenentlassungen bei General Motors beschäftigte, einer Entlassungswelle, von der in erster Linie schwarze Arbeiterinnen betroffen waren (siehe auch Kapitel 1). Crenshaw (1994) zufolge gilt es, sich zu vergegenwärtigen, dass Erfahrungen schwarzer Frauen sich grundlegend von denen weißer Frauen unterscheiden (siehe auch Anthias 2012: 107; Collins 1986; King 1988). Die kritische Beschäftigung mit der besonderen sozioökonomischen Situation schwarzer Frauen in den USA gehörte zu den ersten Schritten, mit denen es kritischen Sozialwissenschaftler*innen möglich wurde, die Gleichzeitigkeit und wechselseitige Bedingtheit verschiedener Dimensionen sozialer Ungleichheit zu thematisieren und den besonderen Charakter der von diesen Interaktionen geprägten Erfahrungen herauszustellen. Diese intersektionelle Perspektive begann sich in der englischsprachigen Welt durchzusetzen und hat sich seit Anfang des Jahrhunderts auch im kontinentaleuropäischen Raum verbreitet (Lutz 2014: 4).

In jüngerer Zeit sind in der Fachliteratur mehrere Typologien intersektioneller Untersuchungen veröffentlicht worden (siehe etwa Anthias 2012; Walby u.a. 2012; Choo/Ferree 2010). Aus Platzgründen soll an dieser Stelle jedoch lediglich eine der prominentesten vorgestellt werden, und zwar die Typologie von Leslie McCall (2005), die zwischen (1) *interkategorialen,* (2) *intrakategorialen* und (3) *antikategorialen* Varianten der Intersektionalitätsforschung unterscheidet. (1) McCall zufolge befassen sich die Vertreter*innen der *interkategorialen Analyse* – zumeist quantitativ arbeitende Wissenschaftler*innen, zu denen auch McCall selbst gehört – schwerpunktmäßig mit den Wechselwirkungen zwischen einer begrenzten Anzahl von Differenzachsen. Diese Wissenschaftler*innen plädieren zwar nicht dafür, dass es eine ganz bestimmte Ungleichheitskategorie gäbe, die als eine Art übergeordnete Hauptkategorie fungiere, lassen jedoch die gesellschaftlich bedingte Herausbildung der infrage stehenden Differenzachsen außer Acht, da sie eine mehr oder weniger statische (und teilweise gar essentialistische) Perspektive auf intersektionelle Ungleichheiten einnehmen. (2) Die Vertreter*innen der *intrakategorialen*

Perspektive – meist qualitativ arbeitende Wissenschaftler*innen – gehen von der Annahme aus, dass Achsen der Differenz gesellschaftlich hervorgebracht werden. Diese Forscher*innen sind sich der Probleme, die durch die Essentialisierung in intersektionellen Analysen entstehen, zwar bewusst, argumentieren aber dennoch, dass Ungleichheitsdimensionen als (historisch hervorgebrachte) stabile *Kategorien* betrachtet werden sollten (siehe McCall 2005: 1774). (3) Die Vertreter*innen der *antikategorialen Perspektive* – von denen die meisten ebenfalls qualitativ arbeitende Wissenschaftler*innen sind – lassen keinen Zweifel daran, dass die Ungleichheitsachsen gesellschaftlich hervorgebracht werden. Ausgehend von poststrukturalistischen Ansätzen sind diese Forscher*innen sehr darum bemüht, Differenzkategorien zu denaturaliseren, die von ihnen als Legitimierung essentialisierter bzw. naturalisierter Ungleichheit entlarvt werden. Antikategorialist*innen lehnen daher eine statische Sicht auf die Ungleichheitskategorien letztlich ab – »im Grunde handelt es sich bei ihnen um vergleichsweise skeptische Intersektionalist*innen« (Lutz 2014: 5, eigene Übersetzung).

Welche Dimensionen sozialer Ungleichheit werden analysiert?

In der Analyse intersektioneller Ungleichheiten werden verschiedene Dimensionen sozialer Ungleichheit betrachtet. Begriffe, wie *Achsen der Differenz, Achsen der Ungleichheit, Kategorien der Ungleichheit* und *Dimensionen der Ungleichheit* werden hier und im Weiteren synonym gebraucht und als *Typen der ungleichen sozialen Beziehungen* (Walby u.a. 2012) verstanden, die ungleiche Lebenschancen (re-)produzieren. Als wichtigste *Differenzachsen* gelten dabei i.d.R. Dimensionen, wie *Geschlecht, Ethnizität/Race, Klasse, Sexualität, ›Behinderung‹/Gesundheit, Alter/Generation* und, wie noch später gezeigt wird, *Raum* (siehe Amelina 2017; Anthias 2001; Hearn 2011; Garland-Thomson 2002; Meekosha 1990; Hopkins/Pain 2007 und Williams 1989). Aus der Perspektive der intrakategorialen und antikategorialen Ansätze wird Prozessen sozialer Kategorisierung ein Primat in der Genese gesellschaftlicher Hierarchien zugeschrieben. D.h. wir gehen davon aus, dass kulturelle Klassifikationssysteme wie *männlich/weiblich, wir/andere, qualifiziert/nicht-qualifiziert* usw. durch wertende und hierarchisierende Attributionsprozesse eine ungleiche Verteilung sozialer Chancen und gesellschaftlich wertgeschätzter Ressourcen kanalisieren.

Diese Klassifikationssysteme sind in den Alltagspraxen, organisationalen und institutionellen Routinen sedimentiert, allerdings sind sie historisch-spezifisch, also veränderbar und nur auf Zeit gültig. Die nächsten Paragraphen bilden den aktuellen Stand der von der Intersektionalitätsforschung untersuchten Differenzachsen ab, allerdings wird hier kein Anspruch auf die abschließende Vollständigkeit der Darstellung erhoben (siehe auch Kapitel 1).

So wird die Ungleichheitsdimension *Geschlecht* durch die sozial konstruierten Unterscheidungen wie *männlich* versus *weiblich*, sowie *transgender* u.v.m. hergestellt. Dabei zielen diese Unterscheidungen auf die »Reproduktion von Geschlechterdifferenz und auf (die sozial konstruierte) biologische Reproduktion« (Anthias 2001: 377; eigene Übersetzung). Die Macheffekte geschlechtsspezifischer Kategorisierungen sind dann etwa anhand der zugeschriebenen Rollen im Haushalt oder im Bereich der hierarchisch organisierten Lohnarbeitsteilung beobachtbar. Als Konsequenz bleiben in vielen Fällen Frauen und Transgender in Berufen mit geringerem Status und monetärer Gratifikation beschäftigt. Demnach führt die soziale Schließung auf der Grundlage vergeschlechtlichter Unterscheidungen zu Einkommensunterschieden zwischen den sozial als Männer, Frauen und als Transgender identifizierten Personen.

Für die soziale Konstruktion der Ungleichheitsdimension *Ethnizität/Race* spielt oft der Prozess des *Othering* eine besondere Rolle. Dieser Prozess baut auf der sozialen Unterscheidung »Wir versus Andere« auf, die auf die »Reproduktion kollektiver, auf Herkunft oder kultureller Differenz beruhender solidarischer Bindungen« (Anthias 2001: 377; eigene Übersetzung) abzielt. Ethnisierende und rassialisierende Unterscheidungen sind nicht nur identitätsstiftend, sie beeinflussen auch den Zugang zu sozialen und politischen Rechten, die den gesellschaftlich Privilegierten zugestanden werden, aber die benachteiligte Andere ausschließen. Dies wird etwa an der Institution Schule evident, wo ethnisierende Prämissen ungleiche Bildungschancen begünstigen, wie etwa in Deutschland beim Übergang von der Grundschule zum Gymnasium (Gmolla/Radtke 2002).

Die Ungleichheitsdimension *Klasse* beruht z.B. auf der sozialen Unterscheidung in *Qualifizierte* versus *Nicht-qualifizierte* oder auf weiteren Kategorien wie *reich* und *arm*. Diese und ähnliche Unterscheidungen bauen auf habitusbezogenen Unterscheidungen (Bourdieu 1984) auf und stellen den Bezug zur »Reproduktion des wirtschaftlichen Lebens« (Anthias 2001: 377; eigene Übersetzung) her. Während die Dimension der

Ethnizität/Race Zugang zu politischen und sozialen Rechten verhindern kann, benachteiligen klassenbezogene Unterscheidungen marginalisierten Gruppen insbesondere im Hinblick auf den Zugang zu ökonomischen Ressourcen. Dies wird etwa in der Hierarchie von Positionen auf dem Arbeitsmarkt sichtbar, in der deutlich wird, »was als vermarktbar oder verkaufsfähige Qualifikation gilt« (Anthias 2001: 377; eigene Übersetzung).

Die Ungleichheitsdimension *Sexualität* verweist auf die soziale Reproduktion von Intimbeziehungen (Hearn 2011) und wird durch soziale Referenzen zur Prämisse der Heteronormativität hergestellt. Die soziale Unterscheidung in *heteronormativ* versus *homosexuell* spielt dabei eine wesentliche Rolle. Die andauernde (rechtliche) Benachteiligung nichtheterosexueller Beziehungen verstärkt die Vorstellung von bestimmten Formen der Intimbeziehungen als wünschenswert und degradiert andere Formen als problematisch. Daraus können Einschränkungen in Bezug auf den Zugang zu spezifischen Rechten resultieren etwa dem Recht der Adoption oder der Ehe in homosexuellen Partnerschaften.

Die Ungleichheitsdimension *›Behinderung‹/Gesundheit* konstruiert Körper als gesund oder krank, demnach beziehen sich die relevanten sozialen Unterscheidung auf die vermeintliche Verfasstheit des Körpers (Garland-Thomson 2002; Meekosha 1990). In der Praxis geht dies mit den Konstruktionen von Normalitätserwartungen und Körpernormen einher, die im selben Moment eine gesellschaftliche Rangordnung von Individuen bzw. Gruppen produziert. Diese sozialen Unterscheidungen, wie etwa *gesund* versus *krank* u.ä., sind so wirkungsmächtig, dass sie eine Stigmatisierung und/oder Exklusion der Betroffenen aus der Teilhabe an gesellschaftlichen Ressourcen begünstigen. Als Beispiel dafür können wir z.B. die Stratifikation des Bildungswesens in Deutschland entlang dieser Kategorisierung benennen (insb. Förderschulen).

Alter/Generation ist hier als eine weitere Ungleichheitsdimension zu nennen, die auf sozialen Unterscheidungen in Bezug auf die zeitliche Organisation des Lebens sowie des Lebensverlaufs beruht (Hopkins/Pain 2007). Die Herstellung der relevanten Differenz erfolgt demnach durch den Bezug auf sozial definierte Altersunterschiede, aber auch in Bezug auf die Kategorie *Generation* u.ä. Die altersbezogenen Unterscheidungen gehen dabei mit Zuschreibungen von Macht und Wohlstand einher. Als Konsequenz finden auf der Basis der altersspezifischen Unterscheidungen Prozesse sozialer Hierarchisierung statt, die sich z.B. in Bezug auf den Zugang zum Arbeitsmarkt oder in Bezug auf die familiären Altershierarchien entfalten können.

Auch raumbezogene (inkl. migrationsbezogene) soziale Klassifikationen können potentiell eine separate Differenzachse *Raum* konstituieren (siehe oben, auch Amelina 2017). Das zentrale Argument hier lautet, dass raumbezogene kategoriale Unterscheidungen (*global/lokal, national/transnational* usw.) unter der Voraussetzung, dass sie mit hierarchisierenden Deutungen verknüpft werden, die Entstehung sozialer Hierarchien herbeiführen. D.h., sobald in bestimmten sozialen Kontexten, wie in face-to-face-Interaktionen, sozialen Netzwerken, Familien, Organisationen und Institutionen, ein (diskursiver) Zusammenhang zwischen raumbezogenen Klassifikationen (z.B. *global*) und den hierarchisierenden Kategorisierungen (z.B. *Armut*) hergestellt wird, beginnt deren Umwandlung in verräumlichte Hierarchien (ein Beispiel in dem diese verräumtlichte Hierarchie explizit wird, sind die Programme zur »Bekämpfung der globalen Armut«).

Diese *verräumlichten Ungleichheiten* können in den ungleichen Lebenschancen (z.B. dem eingeschränkten Zugang zur Bildung oder zum Arbeitsmarkt durch die Immobilisierung bestimmter Kategorien von Personen) zum Ausdruck kommen. Transnational(isiert)e Ungleichheiten sind in dieser Lesart ein Subtypus verräumlichter Ungleichheiten, die durch nationalstaatenübergreifende und multilokale Praktiken hervorgebracht werden. Empirisch lassen sich solche Ungleichheitsmuster beispielsweise im Feld der EU-internen Mobilität nachweisen, wenn die grenzüberschreitende Mobilität spezifischer Kategorien von Personen, wie z.B. EU-Bürger*innen, privilegiert und anderer, z.B. Nicht-EU-Bürger*innen, eingeschränkt wird.

Um diese Konzeptualisierung des Raumes als eine Ungleichheitsachse zu veranschaulichen, soll hier eine Passage von Rachel Silvey zitiert werden:

»The rights of migrant domestic workers, for instance, can be framed as a ›global issue‹, a ›women's issue‹, or an issue that is primarily a result of the ›national economic needs‹ of low-income countries. [...] In discourses that consider migrants' rights primarily ›local‹ rather than ›global‹, abuse tends to be construed as the responsibility of an individual migrant, her family or her nation of origin. When migrants' issues are represented as global issues, the global stage may be opened up as an arena, a scale, and political space, through which to confront the migration issues that involve sending and receiving communities« (Silvey 2006: 74).

Silvey zufolge werden also die Lebenschancen von Migrantinnen, die im Care-Bereich arbeiten, durch die je spezifischen Verbindungen zwischen hierarchisierenden *raumbezogenen* Narrativen einerseits und der vergeschlechtlichten Organisation von Care-Arbeitsmärkten andererseits beeinflusst (siehe ausführlicher Kapitel vier).

Diese intersektionelle Lesart hat zwei Implikationen für die Konzeptualisierung des Raumes als einer der Dimensionen sozialer Ungleichheit. Erstens ist die wechselseitige Konstitution der Kategorien *global* und *lokal* sowie der Kategorien *national* und *transnational* zu berücksichtigen. Zweitens lassen sich durch die Berücksichtigung der Dimension *Raum* in intersektionalitätstheoretischen Studien Erkenntnisse bezüglich der komplexen Wechselbeziehungen zwischen dieser und anderen relevanten Ungleichheitsdimensionen wie *Geschlecht, Klasse, Ethnizität/Race* gewinnen. Legt man die zu Beginn dieses Kapitels vorgestellte intersektionalitätstheoretische Raster-Metapher, die die Komplexität des Zusammenspiels der multidimensionalen Ungleichheiten beschreibt zugrunde, so könnte man sagen, dass *Raum*, neben den Dimensionen *Geschlecht, Ethnizität/Race* und *Klasse* eine weitere Achse eines (vorübergehend stabilisierten) Hierarchierasters bildet. In dieser Lesart werden die raumbezogenen (inkl. migrationsbezogenen) sozialen Klassifikationen durch Kategorisierungsprozesse in ungleich verteilte Lebenschancen umgewandelt, und zwar, wenn die raumbezogenen Zuschreibungen und Hierarchisierungen in eins fallen. Der vorgestellte Ansatz macht es nunmehr möglich, *Raum* zu de-essentialisieren und somit als eine (potentielle) Dimension von Ungleichheit zu analysieren, und zwar sowohl separat als auch in ihrem Zusammenspiel mit *Geschlecht, Klasse, Ethnizität/Race* und anderen Dimensionen sozialer Ungleichheit.

Zur Analyse des Zusammenspiels einzelner Ungleichheitsdimensionen

Unter Intersektionalitätsforscher*innen besteht Einigkeit darüber, dass bei der Analyse des Zusammenspiels unterschiedlicher Ungleichheitsdimensionen auch gegenläufige und einander entgegengesetzte Prozesse berücksichtigt werden sollten. Dabei sind verschiedene Begriffe und metaphorische Umschreibungen zur Bezeichnung der wechselseitigen Beeinflussung und Prägung von Ungleichheitsachsen verwendet worden (siehe auch Kapitel eins), darunter etwa *multiple jeopardy* (King 1988), *interlocking system of oppression* (Collins 1990) und *matrix of domination* (Collins 1986) sowie *mutual shaping* (Walby u.a. 2012). Somit dominiert das Zusammenspiel verschiedener Ungleichheitsdimensionen die intersektionellen Analysen.

Welche Forschungsstrategien sind nun am besten geeignet, um den Prozess der gegenseitigen Beeinflussung und Prägung der Ungleichheitsachsen zu analysieren? Der zentrale Vorschlag lautet, dass im Forschungsprozess weder die konkreten Differenzachsen, noch die Beziehungen zwischen ihnen a priori bestimmt werden sollten (Lutz u.a. 2011; Matsuda 1991). Stattdessen sollten diese zum Gegenstand empirischer Untersuchungen gemacht werden. Beispielsweise ließe sich mit Blick auf die hier bereits mehrmals angesprochene Analyse ausbeuterischer Beziehungen im Kontext der von Migrantinnen verrichteten häuslichen Care-Arbeit sagen, dass die einzelnen Dimensionen sozialer Ungleichheit nicht a priori als dominant, oder als gleichwertig wichtig zu definieren sind. Beide, die Ungleichheitsachsen und die Verbindungen zwischen ihnen müssen vorerst auf der Grundlage empirischer Forschung betrachtet werden.

Dieser Vorgehensweise liegen drei Prinzipien zugrunde. Das erste besagt, dass die einzelnen Klassifikationen (wie etwa *männlich/weiblich*), die hierarchisierende Effekte produzieren, eben weil sie gesellschaftlich hervorgebracht werden, als historisch spezifische und kontingente gesehen werden sollten, auch wenn sie, trotz ihrer Fluidität, in die Routinen von Organisationen und Institutionen (vorläufig) sedimentiert sind. Das zweite Prinzip besagt, dass es sich bei dem Zusammenspiel der Ungleichheitsachsen wie *Geschlecht, Ethnizität/Race, Klasse* u.v.m. nicht um einen naturgegebenen Prozess handelt, sondern dass er sich in Abhängigkeit vom jeweiligen gesellschaftlichen und historischen Kontext vollzieht. Die Wechselbeziehungen zwischen den verschiedenen Ungleichheitsdimensionen folgen also keinem universell gültigen Muster. Das dritte Prinzip wiederum betont, dass die einzelnen Ungleichheitsdimensionen sich nicht analytisch aufeinander reduzieren lassen, obwohl sie sich gegenseitig beeinflussen und prägen.

Der wesentliche Vorteil einer solchen offenen Vorgehensweise liegt darin, dass die Analyse der Beziehungen zwischen den einzelnen Ungleichheitsachsen ein statisches und ahistorisches Verständnis vermeidet.

3.4 Migration und Geschlecht im Fokus von Intersektionalität: Illustration am Beispiel der aktuellen Forschung zur Migration und Mobilität in Europa

Wie genau lässt sich die intersektionelle Perspektive auf die Analyse des Zusammenspiels zwischen Geschlechterbeziehungen und Migrationsprozessen anwenden? Die Antwort auf diese Frage liefern Migrationsstudien, die sich mit aktuellen Wanderungsprozessen in Europa im Kontext der EU-Erweiterungen befassen (siehe z.B. Anthias u.a. 2013; Favell 2008; Lutz/Palenga-Möllenbeck 2011a, 2011b). Dabei ist die jüngste Geschichte der Wanderungsbewegungen in Europa sehr dynamisch. Der Zusammenbruch der sozialistischen Regime in Ost- und Mitteleuropa und das Aufheben des Eisernen Vorhangs Ende der 1980er Jahre förderte die Massenauswanderung aus den ehemaligen sozialistischen in die westeuropäischen Staaten (Wallace 2002). Doch Mitte der 1990er Jahre ging die Emigration aus ost- und mitteleuropäischen Ländern langsam zurück und nach der Osterweiterung der Europäischen Union in den Jahren 2004 und 2007 hat sie sich kontinuierlich verringert. Die permanente Auswanderung wurde schrittweise ergänzt durch temporäre und zirkuläre Migrationsmuster (Dietz 2007; Leon-Ledesma/Piracha 2001; Wallace 2002).

Insbesondere die gendersensiblen Migrationsstudien, die sich mit der Analyse der innereuropäischen Wanderungsprozesse befassen, folgen einer intersektionellen, ungleichheitssoziologischen Perspektive und präferieren eine transnational(isiert)e Perspektive auf Migrations- und Mobilitätsprozesse, indem sie ihren Fokus nicht nur auf die mobilen Individuen im Ankunftskontext, sondern auch auf deren signifikante Andere im Herkunftskontext wie Verwandte oder Freund*innen legen; darüber hinaus berücksichtigen sie auch die Bedeutung der immobilen Akteur*innen im Ankunftskontext, i.d.R. Arbeitgeber*innen. Diese Studien verweisen darauf, dass transnationale, grenzüberschreitende Praktiken mit Hierarchisierungsprozessen verbunden sind: Als ein Element der Ungleichheitsdimension *Raum* generieren Migrationsprozesse *transnational verräumlichte Ungleichheiten* innerhalb des erweiterten Europas.

Auf der Grundlage der aktuellen Studien lassen sich folgende wesentliche (Ungleichheits-)Kategorien herausstellen:

- migrantische Care-Arbeiterinnen, deren Position durch das Zusammenspiel der vergeschlechtlichten, ethnischen und klassenbezogenen Kategorisierungen hervorgebracht wird;
- die Kategorie der *hochqualifizierten Migrant*innen*, die durch die Intersektion von *Klasse* und *Geschlecht* hergestellt wird;
- immobile Andere im Emigrationskontext: Kinder und ältere Menschen als problematisierte Kategorien;
- immobile Andere im Einwanderungskontext, die entweder als Diaspora-Kosmopolit*innen oder als Profiteur*innen ethnisierter/rassialisierter Ausbeutungsverhältnisse beschrieben werden.

Um die intersektionelle Perspektive auf die Analyse von Migration und Geschlechterverhältnissen zu illustrieren, stellen die nächsten Paragraphen relevante Studien zu den genannten Kategorien im Einzelnen vor.

Migrantische Care-Arbeiterinnen an Intersektionen vergeschlechtlichter, ethnisierter und klassenspezifischer Kategorisierungen

Aktuellsten intersektionellen Studien zufolge zählen Frauen, die in Pflege-, Erziehungs- und Betreuungsberufen arbeiten, sowie Frauen, die in haushaltsnahen Berufen und im Bereich der Sexarbeit tätig sind, zu einer der prekärsten Arbeitnehmerinnenkategorien im Kontext gegenwärtiger europäischer Wanderungsbewegungen (Anthias u.a. 2013; Lutz 2007, 2008, 2010b, 2016a) (siehe für Details Kapitel vier). Zu dieser Kategorie gehören zudem unter anderem auch Migrantinnen aus den neuen EU-Mitgliedsländern und aus den Nicht-EU-Ländern entlang der Grenzen der Europäischen Union. Infolge von Deskillingprozessen und der vergeschlechtlichten Struktur der Arbeitsmärkte in den Ankunftsländern sehen sich Angehörige dieser Kategorie gezwungen, verhältnismäßig prekäre Beschäftigungsverhältnisse in der formellen oder der informellen Wirtschaft einzugehen und in den Bereichen der Hausarbeit, der Pflege, Erziehung und Betreuung sowie in der Sexbranche zu arbeiten (Dumont/Isoppo 2005).

Hochqualifizierte Migrant*innen zwischen Deskilling, sichtbaren Männlichkeiten und unsichtbaren Weiblichkeiten

Die Forschung zur Migration junger qualifizierter Arbeitskräfte, die in die *alten* EU-Staaten aus den neuen EU-Mitgliedsländern sowie aus den europäischen Nicht-EU-Staaten einwandern, erfahren häufig eine institutionelle Abwertung ihrer Bildungsabschlüsse (sog. Deskillingprozesse) (Favell 2008; Nowicka 2014; Trevena 2013; Currie 2008). Der Großteil dieser Studien analysiert die soziale Mobilität dieser Migrant*innen ohne jedoch eine explizit auf Geschlechterverhältnisse gerichtete Perspektive einzunehmen und betrachtet diese *Arbeitsmigrant*innen* stattdessen implizit als homogene Kategorie (Galgoczi u.a. 2009). Andere, auf einem methodologischen Individualismus beruhende Studien wiederum legen den Schwerpunkt auf die Lebensentwürfe einzelner Migranten, wobei zumeist impliziert wird, dass es sich bei diesen Personen ausschließlich um Männer handelt (siehe z.B. Salt 1988). Eleonore Kofman (2000a) zufolge wird in einigen Studien zur Migration und Mobilität von Frauen der Anteil Ungelernter überbetont.[2] Deshalb empfiehlt es sich aus meiner Sicht, das Augenmerk zusätzlich auf den (eine klassenbezogene Kategorisierung implizierenden) Begriff *Qualifizierung* und auf in Deskillingprozesse eingebettete Vergeschlechtlichungs- und Ethnisierungsprozesse zu richten. Dabei lassen sich immerhin einige hierarchische Positionen unterscheiden:

- Einigen mobilen Männern (gleich ob mit oder ohne EU-Staatsbürgerschaft) gelingt es, ihre Bildungsabschlüsse gemäß den Anforderungen der Arbeitsmärkte in den Ankunftsländern in persönliches Kapital zu konvertieren (Kahanec u.a. 2013).
- Der größte Teil der männlichen Migranten jedoch ist von Deskilling betroffen, da Bildungsabschlüsse entweder gar nicht oder nur teilweise anerkannt werden, wobei selbst solche Migranten, deren Abschlüsse anerkannt werden, als Folge von (Selbst-)Ethnisierungen soziale Abwärtsmobilität erfahren (Nowicka 2014; Kilkey 2014).

---

2 | Kofman (2000a) etwa weist darauf hin, dass »Sassen (1991) bedauerlicherweise den Eindruck verstärkt hat, dass Frauen ausschließlich als ungelernte Migrantinnen in Sweatshops, Haushalten und im informellen Dienstleistungssektor tätig wären« (ebd.: 54, eigene Übersetzung).

- Diejenigen, die lediglich eine Grundschulbildung genossen haben, sind gezwungen, im formellen und/oder im informellen Bereich der Arbeitsmärkte ungelernten Tätigkeiten nachzugehen, beispielsweise als Gärtner, Putzkräfte, Taxifahrer oder Tapezierer. Die Mobilität der Angehörigen dieser Kategorie kann sowohl temporärer als auch permanenter Natur sein (Palenga-Möllenbeck 2013a, b).
- In den öffentlichen Diskursen der Einwanderungsländer werden diese Männer nicht selten mit negativen (ethnisierten) Vorstellungen von Maskulinität wie etwa »machohafter Patriarch« oder »homophober Anderer« in Verbindung gebracht (Scheibelhofer 2016).

Wie bereits angedeutet, wäre es falsch, mobile Frauen bei der Betrachtung der Kategorie *hochqualifizierter Migranten* außer Acht zu lassen. Migrantinnen werden in der Regel von dieser Kategorie ausgenommen, weil zum Anteil hochqualifizierter Frauen und zu Prozessen institutionellen und institutionalisierten Deskillings (engl. auch *brain waste*) kaum empirische Daten vorliegen. Aus neueren Untersuchungen geht jedoch hervor, dass mobile Frauen häufiger von Deskilling betroffen sind als mobile Männer. Kofman und Raghuram argumentieren in Anlehnung an Dumont und Liebig, dass »Frauen häufiger überqualifiziert für ihre Jobs sind als Männer« (Kofman/Raghuram 2009: 6). Die beiden Autorinnen kommen in ihren Studien zu dem Schluss, dass diese Frauen innerhalb der Kategorie der *hochqualifizierten* Migranten *unsichtbar* seien (vgl. Kofman 2000; Kofman/Raghuram 2006).

Um nun diesen Frauen zu größerer Sichtbarkeit zu verhelfen, wäre zu unterscheiden zwischen:

- (hoch-)qualifizierten Frauen, denen es gelungen ist, ihre in ihrem Herkunftsland erworbenen Bildungsabschlüsse in Formen von Kapital umzuwandeln, die ihnen in den Arbeitsmärkten der Einwanderungsländer Vorteile verschaffen (Kofman 2000a; Kofman/Raghuram 2006), und
- (hoch-)qualifizierten Frauen, deren Bildungsabschlüsse nach der Migration entweder gar nicht oder nur teilweise anerkannt worden sind und die in diesem Zusammenhang eine Abwertung ihrer formellen Abschlüsse erfahren haben (Lutz 2010b, 2016a).

Anthias u.a. (2013) und Lutz (2010b) zufolge sind bei den Angehörigen dieser Kategorie sowohl permanente Migration als auch Formen temporärer Migration zu beobachten.

Immobile Andere im Emigrationskontext: Kinder und ältere Menschen als problematisierte Kategorien

Während zu den ungleichen Lebenschancen von mobilen Frauen und Männern bereits zahlreiche empirische Studien existieren, steht die Erforschung der transnational(isiert)en Lebenschancen nichtmobiler signifikanter Anderer in den Herkunftsländern noch am Anfang, und nur wenige qualitative Studien haben bisher Erkenntnisse zu diesem Thema geliefert. Aus einigen dieser Studien geht hervor, dass sich innerhalb der Kategorie der nichtmobilen Personen in Auswanderungskontexten neue soziale Stratifikationen herausbilden, und zwar entsprechend der jeweiligen sozialen Stellung ihrer mobilen signifikanten Anderen in den Einwanderungskontexten, die wiederum zumeist von deren Erfolg auf dem Arbeitsmarkt und deren Erfolgschancen abhängt, ihre Bildungsabschlüsse im Einwanderungsland in nutzbares Kapital umzuwandeln (siehe z.B. Amelina 2011; Sienkievicz/Sadovskaya/Amelina 2015). Studien zu multilokalen Familien (Bryceson/Vourela 2002; Baldassar/Merla 2014a) und transnational(isiert)er Mutterschaft haben gezeigt, dass in letzter Zeit in den Medien eine diskursive Vorstellung von ›Euro-Waisen‹ (*Euro-orphans*) entstanden ist (siehe ausführlicher Kapitel vier, resp. Lutz 2010b), die suggeriert, dass die Kinder der mobilen Mütter in der transnational(isiert)en sozialen Landschaft im Hinblick auf den Zugang zu Lebenschancen am meisten benachteiligt wären. Eine weitere Gruppe von Studien hat darauf hingewiesen, dass ältere Menschen, die im Herkunftsland verbleiben, bisweilen als Angehörige der sozial konstruierten Kategorie der Hilf- und Schutzlosen gesehen werden (siehe etwa Vullnetari/King 2008; Piperno 2012). Studien, die sich schwerpunktmäßig mit den Mobilitätspraktiken mobiler Großmütter beschäftigen, schreiben diesen Frauen eine sehr wichtige Rolle bei der Reproduktion ethnisierter und vergeschlechtlichter Kategorisierungen innerhalb multilokaler Familien im Kontext der Migration ihrer erwachsenen Kinder zu (siehe Barglowski u.a. 2015b). Da sich ihr Hauptwohnsitz im Auswanderungsland ihrer erwachsenen Kinder befindet, halten sie nicht nur transnational(isiert)e Verbindungen zu ihren Kindern aufrecht, sondern sie werden auch selbst temporär mobil.

Da zu den Auswirkungen einer Unionsbürgerschaft auf die mobilen Lebenswelten dieser Großmütter noch keine wissenschaftlichen Erkenntnisse vorliegen, lässt sich nur vermuten, aber nicht nachweisen, dass Großmütter eher dazu neigen, im Kontext der EU-internen Migration temporär oder zirkulär mobil zu werden (zu mobilen Großvätern liegen im Übrigen noch überhaupt keine Forschungsergebnisse vor).

Immobile Andere im Einwanderungskontext: »Diaspora-Kosmopolit*innen« oder »Profiteur*innen ethnisierter/rassialisierter Ausbeutung«?

Auch Studien zum Zusammenhang zwischen Migration und sozialen Ungleichheiten beschäftigen sich kaum mit den Beziehungen zwischen Migrant*innen und ihren nichtmobilen signifikanten Anderen in Ankunftsländerkontexten. Nichtsdestotrotz lassen sich hier zwei Kategorien von Studien unterscheiden. Zur ersten Kategorie gehören empirische Studien zum sog. diasporischen Kosmopolitismus, die die gegenseitige Anerkennung von Migrant*innen und Nichtmigrant*innen sowie die Herausbildung enger persönlicher Bildungen zwischen diesen beiden Gruppen hervorheben, wie sie sich in Form bestimmter Arbeits- und Familienverhältnisse im Kontext urbaner Wohngegenden manifestieren (siehe z.B. Nowicka 2006). Studien der zweiten Kategorie stellen eine derart optimistische Betrachtungsweise infrage und stellen auf vergeschlechtlichten und ethnisierten Kategorisierungsformen beruhende Unterordnungserfahrungen von Migrant*innen in den Mittelpunkt der Untersuchung. Eine von Katarzyna Wolanik Boström und Magnus Öhlander (2012) veröffentlichte Studie hat gezeigt, dass in Schweden lebende und arbeitende hochqualifizierte polnische Ärzte in Krankenhäusern Unterordnungserfahrungen machen, und Studien mit dem Schwerpunkt Migrant*innen in Pflege-, Erziehungs- und Betreuungsberufen haben sich mit der ethnisierten/rassifizierten und vergeschlechtlichten Sprache beschäftigt, derer sich Arbeitgeber*innen im Umgang mit migrantischen Arbeitskräften bedienen (siehe z.B. Lutz 2007). Während Studien, die zur ersten Kategorie gehören, eher allgemeine Aussagen über die nichtmobilen signifikanten Anderen treffen, geht es in Studien der zweiten Kategorie zumeist um Ausbeutungsverhältnisse zwischen migrantischen Arbeitskräften und ihren Arbeitgeber*innen (siehe auch Anderson u.a. 2006; Janta u.a. 2011).

Zusammenfassend sollte hervorgehoben werden, dass dieser Überblick durchaus über die Folgen gewisser Kategorisierungsprozesse Aufschluss gibt, auch wenn die zitierten Studien nicht sämtliche zuvor zitierten Achsen der Differenz, sondern nur die ausgewählten Dimensionen sozialer Ungleichheit betrachten. Entscheidend ist, dass die raumbezogenen Unterscheidungen, wie z.B. *Mobil-Sein* vs. *Immobil-Sein*, *grenzüberschreitend vernetzt* vs. *ohne grenzüberschreitende Vernetzung* selbst zu einem Differenzmoment werden, der (in der Intersektion mit vielfältigen Differenzachsen) Lebenschancen und Lebensbedingungen beeinflusst.

3.5 Zusammenfassung und Ausblick

Dieses Kapitel beschäftigte sich mit der Darstellung sozialkonstruktivistisch orientierter Ansätze der Migrationsforschung auf der einen und der Darstellung einer intersektionellen Perspektive auf Migration und Geschlechterbeziehungen auf der anderen Seite.

Insbesondere die sozialkonstruktivistische Lesart macht die Migrationsforschung anschlussfähig an die sozialkonstruktivistischen Konzepte der Geschlechterforschung (siehe Kapitel eins). Gezeigt wurde u.a. die Anschlussfähigkeit zwischen sozialkonstruktivistischer Migrationsforschung und intersektioneller Geschlechterforschung. Neu eingeführt wurde die Kategorie *Raum* als eine spezifische *Achse der Differenz*. Mithilfe einer intersektionellen Perspektive können soziale Hierarchien, die im Kontext der Migrationsprozesse entstehen, als multidimensionale Stratifikationen betrachtet werden, die verschiedene Typen von Ungleichheitsbeziehungen generieren. Dabei wurde auch die Prozesshaftigkeit und Veränderbarkeit der intersektionellen Kategorisierungen hervorgehoben, womit naturalisierende Vorstellungen von *Geschlecht*, *Ethnizität/Race*, *Klasse* und *Raum* obsolet werden. Vorteile der offenen Herangehensweise an die Analyse der Intersektionen von *Differenzachsen* bestehen darin, dass weder die Anzahl der Ungleichheitsdimensionen noch die Art der Beziehungen zwischen diesen a priori vor der Durchführung der empirischen Forschung feststehen.

(Anna Amelina)

4. Care

Eine intersektionelle Analyse transnationaler Care-Arbeit und transnationaler Familien

4.1 Care als (un-)bezahlte Arbeit

In diesem Kapitel geht es um die Arbeitsbedingungen und -verhältnisse der Care-Arbeit, dem aktuell wichtigsten Arbeitsmarkt für Migrant*innen weltweit; damit sind die Betreuung und Versorgung von Kindern, alten und pflegebedürftigen Menschen sowie Haushalts- und Versorgungstätigkeiten in Privathaushalten gemeint. Dieser Arbeitsbereich wird international als ›*domestic and care work*‹ bezeichnet; im Deutschen wird entweder mit einem aus der marxistischen Theorie abgeleiteter Terminus von *Reproduktionsarbeit* gesprochen oder von *Sorge-/Fürsorge-Arbeit.* Für die Verwendung des Reproduktionsbegriffs spricht die Tatsache, dass bereits seit mehr als 100 Jahren eine Debatte über die ungleichen und doch voneinander abhängigen ›Geschwister‹ *produktive* und *reproduktive* Arbeit stattfindet. Um die Wende vom 19. zum 20. Jahrhundert plädierten Sozialist*innen und Sozialutopist*innen für die Freistellung der Frau von der ›Sklavenarbeit im Haushalt‹ und kämpften für ihren Zugang zur ›produktiven‹ Erwerbsarbeit nicht nur in der (kollektivierten) Landwirtschaft, sondern auch in Fabriken und Büros (siehe Engels 1974 [1884]; Federici 2012). Männer und Frauen sollten nach dieser Vorstellung Seite an Seite Erwerbsarbeit zum Wohle der Gemeinschaft leisten. Die Reproduktionsarbeit sollte mit der Schaffung kollektiver Infrastruktur (Ganztagskrippen und -kindergärten, Kantinen, Wäschereien, Putzkolonnen etc.) aus dem Privathaushalt ausgelagert und erleichtert werden. Nicht nur für die marxistische Theorie gilt das Abhängigkeitsverhältnis zwischen produktiver und reproduktive Arbeit als Grundlage der Arbeitsgesellschaft: ohne

Reproduktion keine Produktion und umgekehrt. Friedrich Engels wies in seinem erstmals 1884 erschienenen Werk »Der Ursprung der Familie, des Privateigentums und des Staats« darauf hin, dass die beiden Bereiche erst mit der Entstehung des Privateigentums hierarchisch vergeschlechtlicht wurden. Die bürgerliche Gesellschaft, so Engels, zementierte die Herrschaft des Mannes:

»Die Hausarbeit der Frau verschwand jetzt neben der Erwerbsarbeit des Mannes; diese war alles, jene eine unbedeutende Beigabe. .... Die Befreiung der Frau wird erst möglich, sobald diese auf großem gesellschaftlichem Maßstab an der Produktion sich beteiligen kann und die häusliche Arbeit sie nur noch in unbedeutendem Maß in Anspruch nimmt.« (Engels 1974: 181/182)

Diese Vision weiblicher Erwerbsbeteiligung wurde in der Tat später vor allem in den Staaten des sozialistisch-kommunistischen Blocks umgesetzt und führte dazu, dass der Anteil der vollerwerbstätigen Frauen in den staatssozialistischen Ländern kaum unter 75 Prozent lag. Allerdings erreichte diese Revolution nie den Privathaushalt, in dem der Löwenanteil der Reproduktionsarbeit weiterhin in weiblichen Händen lag.

Weder im Kapitalismus noch im Sozialismus verschwand die asymmetrische Bewertung und Charakterisierung der Reproduktion als weiblich und der Produktion als männlich;[1] gleiches gilt für die Trennung von ›bezahlter‹ und ›unbezahlter‹ Arbeit, wobei auch heute noch Frauen mehrheitlich unbezahlte Reproduktionsarbeit übernehmen. Für Wohlfahrtsstaaten westlicher Prägung genauso wie für die (schon immer) deregulierten *liberalen* Marktsysteme (etwa die USA), aber auch für die system-transformierten post-sozialistischen Länder gilt, dass dort, wo Sorge- und Fürsorgearbeit – im Kontext staatlicher sozialer Sicherung und Unterstützung als auch kommerziell – (voll-)beruflich und entlohnt erbracht wird, diese Sektoren feminisiert sind, d.h. in der Regel als ›Frauenberuf‹ charakterisiert und schlechter entlohnt werden.

In diesem Band wird (siehe auch Kapitel eins) nicht von Sorge- bzw. Fürsorgearbeit gesprochen, sondern aus folgenden Gründen der englische Begriff *Care* benutzt: Zum einen, weil damit der Anschluss an die internationale Diskussion über Care erleichtert wird, zum anderen, weil

1 | Alison Jaggar und William McBride (1989) bezeichnen dies als »männliche Ideologie«.

Care breiter gefasst ist und die Vielzahl von Erziehungs-, Betreuungs- und Versorgungstätigkeiten subsumieren kann, die im Rahmen der beruflichen, institutionalisierten, sozialen Erziehungs-, Betreuungs- und Bildungsarbeit erfolgen, d.h. z.B. in der Jugend- und Familienhilfe, in Kindergärten, Krankenhäusern, in der Altenpflege und der Unterstützung von Menschen mit ›Behinderung‹. Gleichzeitig schließt Care die Verrichtung dieser Tätigkeiten im Privathaushalt ein.

Im Übergang zum 21. Jahrhundert sind als Folge gestiegener Bildungsniveaus eine steigende Anzahl von Frauen auch in den (post-)industriellen Staaten in die bezahlte Erwerbsarbeit integriert worden, ohne dass eine entsprechende Umverteilung der Care-Arbeit im Haushalt zwischen den Geschlechtern oder ein umfangreicher Ausbau von entlastenden Care-Infrastrukturen durch den Staat stattgefunden hätte.[2] Stattdessen hat sich ein transnationaler Markt herausgebildet, der insbesondere Mittelschichtsangehörigen ermöglicht, die Care-Arbeit im Haushalt weiterzugeben an Migrantinnen und – soweit es Handwerks- und Gartenarbeiten betrifft – auch an männliche Migranten.

In diesem Kapitel geht es primär um die Care-Arbeitsverhältnisse, mit denen sich Migrant*innen, die im Privathaushalt tätig sind, auseinandersetzen müssen.[3] Im Zentrum steht die Analyse des Spannungsfeldes zwischen der transnational erbrachten Arbeit und der Transnationalisierung von Familien im Kontext von Migrationsprozessen aus geschlechtersoziologischer Perspektive. Gefragt wird in diesem Kapitel nicht nur, wie sich in dem Bereich transnationaler Dienstleistungen soziale Ungleichheiten neu, nämlich transnational strukturieren, sondern auch, wie und mithilfe welcher Theorien dieses Phänomen zu erklären ist.

2 | Ausnahme ist allerdings der Ausbau von Kinderbetreuung.

3 | Gleichzeitig sind Migrantinnen auch in staatlich bzw. privat geführten Care-Institutionen zu finden.

4.2 Care als Erwerbsarbeit

Care als Beruf: Dienstmädchen

Es wird heute oft darauf hingewiesen, dass die Anwesenheit von Kinderbetreuerinnen oder Altenpflegerinnen im Privathaushalt kein neues Phänomen sei, sondern bereits zur Dienstbotengesellschaft des 18. und 19. Jahrhunderts gehörte. In jener Zeit wurden Dienstleistungen im bürgerlichen Haushalt zu einem Beruf erhoben, zu dessen Merkmalen Unterwürfigkeit und Abhängigkeit gehörte, wie auch um die Jahrhundertwende zum 20. Jahrhundert der Kampf für kollektive und individuelle Arbeitnehmerrechte, die im Laufe der Zeit die Willkür der *Herrschaft* zu einem gewissen Grad einschränkten. Die Verfügung über Hauspersonal, das die ›niederen‹, aber notwendigen Arbeiten im Haushalt verrichten musste, galt als Privileg der bürgerlichen Familie. Hauspersonal erhöhte nicht nur den sozialen Status, sondern ermöglichte auch die Ausübung sozialer Herrschaft; zutreffend beschrieb Trutz von Trotha am Beispiel der Kolonialfamilie, dass in der Verfügung über schwarze Dienstboten vor aller Augen »die Eroberer sichtbar zur Herrschaftsschicht« wurden (von Trotha 1994: 216).

In Europa hatte sich der Dienstbotenberuf im 19. Jahrhundert feminisiert und im deutschen Kaiserreich waren um die Jahrhundertwende etwa eine Million Frauen als Dienstmädchen tätig. Besonders in den schnell wachsenden urbanen Zentren fanden junge Frauen aus armen Familien oder aus Waisenhäusern, viele, die vom Land in die schnell wachsenden Städte zogen, eine Anstellung als Dienstmädchen; als Anlernberuf war keine hohe Bildung erforderlich und daher war diese Tätigkeit auch für junge Frauen ohne Bildungskapital zugänglich. Geschlechter- und Klassenzugehörigkeit sowie die Land-Stadt-Wanderung überkreuzten sich in diesem Berufsbild. Im Kontext der Kolonien war ebenfalls die Zugehörigkeit zu einer, wie sie damals genannt wurde, ›dienenden Rasse‹ als Differenzlinie virulent.

Auch Migration ist in diesem Tätigkeitsfeld nicht neu: Am Anfang des 20. Jahrhunderts wurden junge deutsche Frauen verstärkt ins Ausland rekrutiert etwa in die Niederlande oder nach Frankreich, aber vor allem nach Kanada und in die USA. Diesen Frauen ermöglichte die Tätigkeit den Einstieg in ein Emigrationsprojekt. In vielen Einwanderungsländern wurden weiße (Ehe-)Frauen für weiße Siedler gesucht (Harzig 1997); gleiches galt auch für die deutschen Kolonien, wo aus Furcht vor der sog. ›Rassenvermischung‹ oder/und sexuellen ›Verwahrlosung‹ männlicher Kolonisten der Bedarf an weißen Dienstmädchen-Ehefrauen groß war (vgl. Walgenbach 2005).

Im deutschen Faschismus schließlich wurde mit der Anrufung der deutschen Frau als Herrin im eigenen Haus – statt als Dienerin in einem fremden Haushalt – eine Diskursfigur des Kolonialismus reaktiviert. Ein interessantes Beispiel dafür ist die im Jahr 1938 von der deutschen Regierung veranlasste ›Dienstmädchenheimschaffung‹ aus den Niederlanden, bei der Sonderzüge zur Rückführung deutscher Dienstmädchen ›heim ins Reich‹ zum Einsatz kamen. Gleichzeitig entstand mit der faschistischen Konstruktion einer ›slawischen Arbeitsrasse‹ eine Legitimationsdiskurs dafür, dass die deutsche Armee im Zweiten Weltkriegs insgesamt 500.000 Frauen und Mädchen zwischen 15 und 35 Jahren aus den besetzten Ostgebieten (Russland, Polen, Ukraine, Tschechien etc.) deportieren und zwangsrekrutieren konnte, von denen eine geschätzte Zahl von 100.000 in deutschen Privathaushalten eingesetzt wurden, um *Zwangsarbeit im Kinderzimmer* zu leisten (Mendel 1993; Winkler 2000). Interessanterweise wurden die Überlebenden dieser Gruppe zunächst im Zuge der Entschädigungsverhandlungen, die ab dem Jahre 2000 stattfanden, von Kompensationszahlungen für Zwangsarbeit im deutschen Privathaushalt ausgenommen. Der Deutsche Bundestag begründete diese Ablehnung mit dem Hinweis auf die Unproduktivität dieser Arbeit (Leuther 2000; Deutscher Bundestag 2008), während Zwangsarbeit in der Landwirtschaft und in Fabriken als entschädigungswürdig betrachtet wurde. Darin spiegelt sich das weiterhin aktuelle Verständnis eines Bewertungsunterschieds in Bezug auf ›produktive‹ und ›unproduktive‹ Arbeit.

Nach dem zweiten Weltkrieg fanden sich Dienstmädchen in den westlichen Industrieländern lediglich in großbürgerlichen Haushalten der Bestverdiener. Die zweite Hälfte des zwanzigsten Jahrhundert gilt als Hochzeit des männlichen Ernährermodells, in dem sich selbst unter Facharbeitern das bürgerliche Ideal der so genannten Hausfrauenehe für breite Bevölkerungsschichten materialisierte, das im 19. Jahrhundert dem gehobenen Bürgertum vorbehalten war. Dass Millionen von Ehefrauen bereit waren, ›dienende Hintergrundarbeit‹ zu leisten, veranlasste den Ökonomen Kenneth Galbraith (1973: 33) zu der zynischen Bemerkung, diese »ökonomische Leistung ersten Ranges [aus dem Englischen; eigene Übersetzung]« bestehe darin, dass dienstbare Hausfrauen ohne sichtbaren Zwang fast der gesamten männlichen Bevölkerung zur Verfügung stünden. Allmählich jedoch veränderte sich diese Situation auch in den westlichen Industrieländern, die mittlerweile als ›Globaler Norden‹ gekennzeichnet werden: In Wohlfahrtsstaaten europäischer Prägung etwa wurde ein Teil der ›dienenden Hintergrundarbeit‹ mithilfe von sozialstaatlich organisierter Infrastruktur aus den Haushalten ausgelagert und verberuflicht (etwa durch die Schaffung von Krippen, Kindergärten, Pflegeheimen etc.) und über gesetzlich regulierte Sozialversicherung und Transferleistungen abgesichert (siehe unten).

Care als Beruf: Die globalisierten Dienstmädchen

Zu Beginn des 21. Jahrhunderts ist die Nachfrage nach Care-Arbeiterinnen sowohl in den Industrieländern der westlichen Welt als auch in den Mittelschicht- und Oberschichthaushalten Asiens (Indien, Singapur, Hongkong etc.), des Mittleren Ostens (Saudi-Arabien, Libanon, Ägypten etc.) wie auch Mittel- und Lateinamerikas in der letzten Dekade exponentiell gestiegen. Die Internationale Arbeitsorganisation geht von vorsichtigen Schätzungen aus und beziffert die Anzahl der im Haushalt tätigen Migrant*innen auf 53 Millionen, bemerkt aber, dass die Dunkelziffer hoch sei, dass vermutlich 100 Millionen Menschen von dieser Arbeit leben, davon 83 Prozent weiblich (ILO 2013: 19).

Neben Regionen und Staaten, die die Anwerbung von migrantischen Care-Arbeiterinnen, mit deren Hilfe die Berufstätigkeit einheimischer Frauen ermöglicht werden soll, offiziell als Kernelement nationaler Arbeitsmarktpolitik betrachten, wie etwa in Singapur (Teo 2014) oder weniger explizit in den USA und Kanada (Michel/Peng 2012), wird in anderen Regionen das klassische bürgerliche Konzept der Übertragung von Haus- und Versorgungsarbeit an Dienstpersonal weitergeführt (wie etwa in Lateinamerika und Teilen Asiens und Afrikas). In der EU haben sich wohlfahrtsstaatliche Politiken dahingehend verändert, dass mittels neoliberaler Interventionen die Umverteilung von Versorgungsleistungen zwischen Staat, Familie und Markt neu justiert wird, indem sich der Staat aus der institutionell bereitgestellten Versorgung zurückzieht und insbesondere im Bereich der Versorgung von alten, kranken und Menschen mit ›Behinderung‹ *Cash-for-Care*-Politiken einführt. Damit verbleibt die Versorgung in den Privathaushalten, oder wird in sie hinein verlagert, nun allerdings unter dem Vorzeichen der privatisierten Arbeitgeberschaft, die

– vergleichbar mit der Situation Ende des 19. Jahrhunderts – kaum staatlich kontrolliert wird (Williams 2010).

In China und vielen afrikanischen Staaten finden sich in diesem Arbeitsmarkt vor allem Frauen, die vom Land in die Stadt migrieren, weltweit steigt jedoch die Zahl derjenigen, die nationale Grenzen überschreiten. So sind etwa Philippininnen in asiatischen, arabischen, israelischen, nordamerikanischen und vielen europäischen Haushalten tätig, Latinas in den USA, Spanien, Italien oder Deutschland, aber auch in jeweils wohlhabenderen Nachbarländern Lateinamerikas, z.B. (indigene) Bolivianerinnen und Ecuadorianerinnen in Argentinien und Chile.

Der überwiegende Teil der Care-Migrant*innen im ›alten‹ Europa stammt aus Osteuropa, womit ein Ost-West-Migrationstrend beschrieben ist, der zudem eine Ost-Ost-Bewegung und Differenzierung innerhalb Osteuropas erkennen lässt: So arbeiten moldawische, georgische und vor allem ukrainische und weißrussische Frauen in den reichen großstädtischen Haushalten Polens und Tschechiens, während zugleich Polinnen aus ländlichen und strukturschwachen Gebieten Polens in Deutschland, den Niederlanden, Großbritannien oder Österreich beschäftigt werden.

Der global zu verzeichnende Trend hat also viele Facetten, unterschiedliche Ursachen und er lässt sich nicht mehr auf eine Wanderungsbewegungsrichtung – vom ›Globalen Süden‹ in den (post-)industriellen ›Globalen Norden‹ – reduzieren, sondern das Phänomen umfasst eine Vielzahl von sowohl innerstaatlichen als auch grenzüberschreitenden Migrationen: Süd-Süd-Migrationen in Asien, Afrika oder Lateinamerika ebenso wie Ost-West-/Ost-Ost-Migrationen in Europa. Angesichts dieser Bewegungsvielfalt scheint der Begriff ›Globaler Süden‹ im Zusammenhang mit Care-Arbeit wenig hilfreich. Vielmehr geht es bei der Analyse des Phänomens darum, die jeweiligen komplexen Bedingungen der Konstituierung und Verstetigung von Care-Work im Kontext von Gender, Migrations- und Wohlfahrtsregimen zu beschreiben (Lutz/Palenga-Möllenbeck 2014; siehe unten). Gemeinsam ist allen Care-Arbeits-Migrationen jedoch die Ausgangssituation: Frauen (zu Männern später noch mehr) aus strukturschwachen, relativ armen Ländern bewegen sich – zeitweise oder permanent, legal oder illegal – in einem weltweiten Arbeitsmarkt kommodifizierter Haus- und Pflegearbeit.

Win-win?

Im Gegensatz zu ihren historischen Vorgängerinnen sind die Migrant*innen in der Regel qualifiziert, oft akademisch gebildet, allerdings häufig nicht in ihren erlernten Berufen tätig; damit verbindet sich nicht nur sozialer Abstieg im Feld der Berufshierarchie, sondern auch ein sog. *Brain-Drain*, der Verlust von Bildungskapital im Herkunftsland. In den Empfängerländern werden die Frauen unterhalb des jeweiligen nationalen Lohnniveau bezahlt, was angesichts der asymmetrischen sozio-ökonomischen Bedingungen dennoch von den betroffenen Migrant*innen als eine bessere Alternative betrachtet wird als Arbeitslosigkeit oder die niedrigen Löhne im Herkunftsland (siehe Lutz 2008; Amelina 2010; siehe unten das Beispiel von Halina).

Die globale Care-Migration wird vor allem von denjenigen, die die Kommerzialisierung von Haus- und Care-Arbeit befürworten, als Win-Win-Situation (Gewinner auf beiden Seiten) bezeichnet, da sie sowohl die wirtschaftliche Aufwärtsmobilität der Migrant*innen und ihrer Angehörigen fördere, als auch die Reduktion des Care-Defizits in den Zielländern. Diese Position ist aus sozialer Ungleichheitsperspektive zu kritisieren. Überzeugend weisen Forschungen darauf hin, dass die Position von transnationalen Care-Arbeiterinnen angemessener als diachroner, widersprüchlicher Modus sozialer Mobilität charakterisiert werden muss, denn in der Tat verbessern oder erhalten die Frauen als Angehörige der Mittelschicht mithilfe der Remissionen/Rücküberweisungen ihren Sozialstatus in ihrem Herkunftsland, was z.B. am Eigenheimerwerb, der Ausstattung von Haushalten mit elektronischen Geräten sowie an den mit Konsumgütern ausgestatteten Kindern sichtbar wird (siehe Kapitel drei; Amelina 2017). Doch nehmen sie dafür einen z.T. ungeheuren sozialen Statusverlust im Zielland in Kauf, da sie in prekären Arbeitsverhältnissen tätig sind (z.B. als 24-Stunden-Live-in im Haushalt der betreuten Care-Empfänger*innen) und mit vielfältigen Formen (institutioneller) Diskriminierung konfrontiert sind, wie etwa fehlender Anerkennung von Hochschulabschlüssen, fehlender Arbeitserlaubnis, prekärem Aufenthaltsrecht, Verlust von sozialen und Staatsbürgerschaftsrechten etc. (siehe auch Kapitel drei und fünf).

Ein weiterer Aspekt, der gegen die Win-Win-Position spricht, ist die Tatsache, dass bei Care-Migrant*innen der Ort der Erwerbsarbeit und der Aufenthaltsort der Familie extrem disparat sind und über längere Zeiträume physische Trennungen zwischen Müttern und ihren Kindern und Partnern als auch zwischen Töchtern und pflegebedürftigen Eltern entstehen. Als prominentestes Konzept, das versucht, dieses Phänomen theoretisch zu erfassen, gilt das der *Globalen Versorgungsketten* (*Global Care Chains*), das mit einem Beispiel eingeführt wird. Es illustriert, wie transnational(isiert)e, mobile Familienbeziehungen entstehen.

4.3 Globale Versorgungsketten – Transnationale Mutterschaft und Care-Zirkulation

Als Halina im Jahre 2003 zum ersten Mal nach Deutschland zur Arbeit fährt, ist sie bereits 42 Jahre alt. Die Entscheidung, aus Polen nach Deutschland zu migrieren, fiel ihr schwer; ihr Vater, ein Auschwitz-Überlebender, versuchte sie zurückzuhalten. Zu diesem Zeitpunkt war Halina bereits seit sieben Jahren Witwe und versuchte, sich und ihre drei Kinder mit einem sehr geringen Einkommen als Lohnbuchhalterin zu ernähren; zudem hatte ihr Mann hohe Schulden hinterlassen, die sie abzahlen musste. Trotz eines MA-Abschlusses in Europäischem Verwaltungsrecht war es ihr nicht gelungen, eine angemessene Stelle zu finden. In den nächsten vier Jahren betreut sie in Deutschland alte, kranke Menschen, verbleibt jeweils für zwei bis drei Monate bei den Pflegeempfänger*innen im Modus der 24-Stunden-Abrufbereitschaft; zunächst arbeitet sie illegal, später über eine Vermittlungsagentur, die einen Teil ihres Einkommens einbehält. Ihr Monatslohn beträgt 1000€, wovon Sozialleistungen in Polen zu entrichten sind. Wie alle anderen Care-Migrant*innen kehrt sie regelmäßig für einige Wochen in ihren Heimatort zurück, um die Kinder zu sehen und ihren eigenen Haushalt zu organisieren; in dieser Zeit wird sie am Arbeitsort von einer anderen Migrant*in ersetzt. In vier Jahren wechselt sie sieben Mal den Haushalt bzw. die Arbeitgeber*innen, da ihre Pflegebedürftigen sterben oder auf Wunsch der Angehörigen in ein Pflegeheim überführt werden. Halina übernimmt in einigen Fällen die Sterbebegleitung, wofür sie nicht ausgebildet ist und obwohl ihre Sprachkompetenzen dafür kaum ausreichen. Ihre jüngste Tochter ist zum Zeitpunkt der ersten Arbeitsaufnahme sechseinhalb, ihr Sohn, der Lernprobleme hat, ist sechzehn Jahre alt. Die zurückbleibenden Kinder werden abwechselnd zunächst von der ältesten Tochter, die allerdings nach abgeschlossenem Abitur ins Ausland geht, dann von verschiedenen Verwandten und von einer Freundin betreut. Es gelingt Halina ihre monatliche Wohnungsmiete zu zahlen, ihre kranken Eltern und ihre Kinder zu unterstützen; allerdings leidet sie unter der Isolation am Arbeitsort, der psychischen Belastung durch die Pflege von Schwerstkranken (Krebs, Alzheimer) und an der Trennung von ihren Kindern. Nach vier Jahren kehrt sie vor allem wegen der prekären Betreuungssituation ihrer jüngsten Tochter nach Polen zurück, wo ihre Zukunft auf dem Arbeitsmarkt allerdings schlecht bleibt.[4]

Der Begriff *global care chains* wurde von den amerikanischen Soziologinnen Arlie Hochschild (2000) und Rhacel Parreñas (2001) geprägt und gilt heute als wichtigste Analysekategorie für das Verständnis der feminisierten Care-Migration.

Das Care-Chain-Konzept beschreibt zunächst diese im globalen Ausmaß entstandenen personalisierten Beziehungen im Care-Arbeitsmarkt. Globale Versorgungsketten sind einerseits gekennzeichnet durch einen Versorgungsabzug (*care drain*) der migrierenden Frauen aus ihren Familien im Heimatland und der daraus entstehenden Versorgungslücke, und andererseits dem Versorgungsgewinn (*care gain*) in den Familien der Zielländer; letztere profitieren davon, dass diese Gruppe von Arbeitnehmerinnen äußerst flexibel und kostengünstig ist (siehe auch Lutz 2008). Der Begriff *Care-Chains* konturiert somit das Zusammenwirken zwischen Weitergabe von Care-Arbeit, postfordistischen Arbeitsverhältnissen und neuer sozialer Ungleichheit im Weltmaßstab. Die kaufkräftigen Familien am oberen Ende der globalen Versorgungskette, die auch vom »emotionalen Mehrwert« der personenbezogenen Arbeit profitieren können, charakterisiert Arlie Hochschild als Gewinner der ›Kette‹, die in den Herkunftsländern zurückbleibenden Familienangehörigen dagegen als Verlierer, da sie den sozialen und emotionalen Preis für die Migration der Mütter bezahlen müssen (Hochschild 2003). Hochschild wendet sich mit dieser kritischen feministischen Bewertung gegen die Position von Makro-Ökonomen mächtiger, globaler Institutionen wie der Weltbank, die die Remissionen von Migrant*innen in ihre Heimatländer als wichtigsten Motor für die Entwicklung ihrer Herkunftsregionen betrachtet (vgl. z.B. den OECD-Bericht von Dayton-Johnson/Katseli/Xenogiani 2007). Diese Einschätzungen tragen zwar der Tatsache Rechnung, dass der durch migrantische Überweisungen erbrachte Devisenimport vielen Volkswirt-

4 | Dieses Fallbeispiel stammt aus der Forschungsstudie »Landscapes of Care-Drain: Care-Provision and Care Chains from the Ukraine to Poland and from Poland to Germany« (2007-2010) gefördert von der Deutschen Forschungsgemeinschaft.

schaften als wichtigste Einnahmeressource im nationalen Haushaltsbudget gilt, allerdings werden dabei wie bereits oben angedeutet, die sozialen Kosten für die beteiligten Personen, die Migrant*innen und ihre Familien, vernachlässigt. Eine dritte, konservative Position zur *Care Chain*, die sowohl in den Entsende- als auch in den Aufnahmeländern zu finden ist, besteht in der Erwartung an Frauen, dass sie über ihre Berufsarbeit ihre traditionellen Aufgaben als Mütter und Ehefrauen nicht vernachlässigen und diese letztendlich zugunsten ihrer Familie aufgeben sollten.

Für die Analyse der globalen Versorgungsketten ist die Debatte über transnationale Lebensstile, die sich auch als neue Formen grenzüberschreitender Mutterschaft bzw. transnationaler Elternschaft manifestieren, zentral.

Transnationale Mutterschaft

Das Fallbeispiel von Halina zeigt exemplarisch, dass die Migrationsentscheidung von Müttern oft mit dem Wunsch verbunden ist, die Bildungschancen ihrer Kinder zu verbessern und ihnen gleichzeitig das Zuhause zu erhalten: »Sesshaftigkeit in der Mobilität« bzw. »Gehen, um bleiben zu können« nennt Mirjana Morokvasic (2004) diese Motivation zutreffend.

Der überwiegende Teil der Care-Arbeiterinnen hat bereits eine eigene Familie gegründet und auf diese Weise entstehen zunehmend transnationale Haushalte und neue Mutterschaftsarrangements (Hondagneu-Sotelo/Avila 1997).

Insbesondere der Rekurs auf Mutterschaft und die sehr unterschiedliche Bewertung der Situation zurückgelassener Kinder führt nach wie vor zu kontroversen Debatten bei der Erforschung von Care-Migration. Aus der neueren Forschung zu diesem Phänomen ergibt sich kein eindeutiges Bild: Transnationale Mutterschaft lässt sich weder als ausschließlich negativ noch als ausschließlich positiv charakterisieren. Vielmehr müssen seriöse Bewertungen eine Reihe von Faktoren berücksichtigen:

a) den Zusammenhang zwischen den vor Ort organisierten Betreuungsarrangements und den damit verbundenen Effekten für die Kinder transnationaler Familien;
b) die Geschlechterbeziehungen, die bei diesen Arrangements eine zentrale Rolle spielen;
c) die intra- und extrafamiliäre Verteilung der Care-Arbeit;

d) die Frequenz und Qualität der Kontakte zwischen Müttern und Kindern vor allem mithilfe von digitalen Medien.

Zu a) Durch alle Studien zieht sich die Beobachtung, dass die Abwesenheit von Müttern dort am besten kompensiert wird, wo eine signifikante Betreuungsperson im Zeitraum der Abwesenheit für die innerfamiliäre Aufgabenverteilung und/oder die Kontrolle der Haushaltskasse zuständig ist und Kinder sowie alte und kranke Familienangehörige verlässlich betreuen kann. Nach ihrer Rückkehr erledigen Mütter in der Regel vernachlässigte Aufgaben im Haushalt und versuchen, die durch die vorangegangene Absenz entstandenen emotionalen Defizite bei den Kindern zu kompensieren. Heimataufenthalte sind daher oft mit einer doppelten Belastung verbunden.

Wie bereits gesagt bevorzugen transnationale Mütter aus Osteuropa ein Rotationssystem im Dreimonatsrhythmus, das ihnen ermöglicht, regelmäßig zu ihren Familien zurückzukehren. Damit geht der Versuch einher, ein Gleichgewicht zwischen der Häufigkeit und der Qualität ihrer Anwesenheit in der Familie und ihrem ›Ersatz‹ herzustellen. Da jedoch die Entfernungen zwischen Familie und Arbeitsort zu groß sind, ist die Mehrheit der transnationalen Mütter im globalen Kontext nicht in der Lage mehrmals jährlich zu reisen und physischen Kontakt zu den Kindern aufrechtzuerhalten, sondern nutzt IP-Telefonie, Chat-Dienste oder die Videokonferenzsoftware der sozialen Medien, um mit ihren Kindern und deren Betreuerinnen in Kontakt zu bleiben (siehe auch d).

Gut funktionierende Betreuungsarrangements zeichnen sich in allen Fällen durch eine umfassende Organisation des Alltags der Kinder und klare Zuständigkeitsregelungen aus. Während in bestimmten Weltregionen einzig die biologische Mutter als ›Mutternorm‹ betrachtet wird, ist nicht-biologische Mutter-/Elternschaft – womit soziale Mütter/Väter aus dem Familien- oder Freundschaftsnetzwerk gemeint sind – in afrikanischen Ländern und in der Karibik als Familienform sozialer Elternschaft durchaus akzeptiert und nicht stigmatisiert. So zeigt Valentina Mazzucato (2013) in ihrer Studie über zurückbleibende Kinder ghanaischer Transmigrant*innen, dass Kinder die Abwesenheit ihrer Mütter/Eltern nicht als Versagen betrachten, sondern als eine Form des Caring (siehe Poeze/Mazzucato 2014).

Auch in der Karibik kann, wie Karen Fog Olwig (2014) beschreibt, eine über Generationen ausgeprägte Kultur der transnationalen Migration nur mithilfe von Ersatzmüttern aus dem Familiennetzwerk kontinuiert werden:

»[...] the migration of single mothers for care work abroad is not viewed as an aberration or a challenge to the family, as long as they arrange adequate everyday care for their children and other dependants left behind, send generous support and remain in regular contact through letters, phone calls and/or visits« (Olwig 2014: 147).

Dagegen etabliert sich eine die migrierenden Mütter stigmatisierende öffentliche Debatte in vielen Entsendeländern Osteuropas, wo zurückbleibende Kinder von Migrantinnen als ›Euro-Waisen‹ bezeichnet werden und den Müttern vorgeworfen wird, ihre Kinder im Stich zu lassen (siehe Lutz 2016b; Lutz/Palenga-Möllenbeck 2011b).

Zu b) Allen Forschungen gemeinsam ist die Feststellung, dass an migrierende Väter und Mütter unterschiedliche Anforderungen gestellt werden; dabei handelt es sich um Geschlechternormen und -ideologien, die in direktem Zusammenhang mit vergeschlechtlichter Arbeitsverteilung stehen und in den jeweiligen Entsendeländern für die Betreuungsarrangements in transnationalen Familien von großer Bedeutung sind. Von Vätern wird erwartet, dass sie finanzielle Unterstützung leisten, von Müttern in erster Linie emotionale, d.h. unmittelbare physische und psychische Sorge. Rhacel Parreñas (2005) beschreibt die Reaktion zurückbleibender Kinder auf die Migration ihrer Mütter folgendermaßen: Die Abwesenheit der Mütter wird als emotionale Vernachlässigung wahrgenommen; allerdings wird sie kompensiert durch teure Geschenke, die Kinder zwar im Vergleich zu ihren Freunden und Gleichaltrigen privilegierten, von ihnen jedoch als schwacher Ersatz für fehlende Anwesenheit betrachtet werden. Eine andere Version spricht allerdings aus dem einfühlsamen ethnographischen Dokumentarfilm »Promise and Unrest« von Allan Grossman und Aine O'Brien (2011), der das Zusammenleben einer philippinischen in Dublin arbeitenden Care-Migrantin mit ihrer Tochter, die seit ihrer Geburt 14 Jahre lang in den Philippinen von ihren Großeltern erzogen wird und dann ihrer Mutter nach Irland folgt, aufzeichnet. Die Tochter evaluierte das Migrationsprojekt der Mutter im Rückblick zunächst als komplizierte Beziehung zu einer fremden Frau, die in ihrem Alltag in den Philippinen keine Rolle spielte, die sie auch bei den jährlichen Heimatbesuchen kaum kennenlernte und gegen deren Entscheidung, sie nach

Dublin zu holen, sie rebelliert. Nachdem sie jedoch einige Jahre mit ihrer Mutter in einer winzigen Wohnung verbracht hat, resümiert sie dieses Handeln als eine aufopfernde mütterliche Leistung, mit deren Hilfe die Tochter ihre Lebens- und Bildungschancen nachhaltig verbessern konnte.

Bei der in diesem Dokumentarfilm portraitierten Familie war die Mutter von Beginn an die Alleinernährerin, die mit ihren Remissionen den Lebensunterhalt für ihre in den Philippinen zurückbleibenden Eltern, ihre Schwester und ihre beiden Kinder finanziert. Bei Migrant*innen in ihrer Situation ist bekanntermaßen die Migrationsmotivation besonders hoch; bei solchen alleinerziehenden Müttern erübrigt sich in der Regel die Frage nach der Neuverteilung von geschlechtsspezifischen Arbeiten im Haushalt zwischen Eheleuten, die im Folgenden Abschnitt behandelt wird.

Zu c) Viele Migrations- und Genderforscher*innen waren lange Zeit davon ausgegangen, dass mit einem Wechsel der Ernährerrolle und der damit einhergehenden innerfamiliären Verschiebung von Machtverhältnissen automatisch eine Aufgabenumverteilung einhergehen und Väter an die Stelle der migrierten Mütter treten würden (Sassen 1998). Im Verlauf der letzten 15 Jahre stellte sich jedoch heraus, dass Geschlechterordnungen keineswegs der ›Macht des Faktischen‹ folgen und sich umgehend transformieren, sondern es zeigte sich eher ihre Dauerhaftigkeit. So stellen Lutz und Palenga-Möllenbeck (2011b, 2014) in ihrer Studie zur Übernahme von Care in den Familien von polnischen und ukrainischen Migrant*innen fest, dass zurückbleibende Väter in der Regel ihre Erwerbsarbeit nicht aufgeben, wenn die Frauen migrieren, selbst wenn sie damit einen Bruchteil des Einkommens ihrer Ehefrauen verdienen. Dagegen verlassen die Ehefrauen migrierter Ehemänner den Arbeitsmarkt, werden *Hausfrauen* und etablieren damit ein Modell, das neu ist, da es in dieser Form im Staatssozialismus nicht existierte. Zurückbleibende Väter bevorzugen eine innerfamiliäre Aufgabenverteilung der Care-Arbeit bei der die Großmütter sowohl die Rolle der Ersatzmütter als auch die alltägliche Versorgung der Väter – ihrer (Schwieger-)Söhne – übernehmen. Dort, wo Großmütter nicht zur Verfügung stehen, übernehmen ältere Töchter, Tanten sowie schließlich auch Mitglieder des extra-familialen Netzwerks, etwa Freundinnen oder Nachbarinnen die tägliche Betreuung, wofür sie entweder direkt (Bargeld) oder indirekt (mit Konsumgütern als Geschenke, oder mit der Übernahme von Miet- und anderen Schulden) bezahlt werden. Auffällig an der Debatte über die innerfamiliäre Umverteilung von Care-Arbeit ist die Beobachtung, dass Väter, die die alltägliche mütterliche Versorgung der Kinder übernehmen, in der Minderheit sind; sie erhalten dafür auch wenig soziale Anerkennung. Mit dem Festhalten an der Ausübung von Erwerbsarbeit wird stattdessen der Versuch unternommen, dem hegemonialen Vaterschaftsideal auch dann noch zu entsprechen, wenn dieses erodiert, also finanziell nicht mehr opportun ist; sie verharren damit im Modell eines *Alleinverdieners*, das sich unter den gegebenen wirtschaftlichen Bedingungen nicht einlösen lässt; Irina Koshulap (2007: 371) bezeichnet dieses Phänomen als »breadwinners despite themselves«.

Insgesamt ist das Thema »Mutter-Ersatz durch Väter« noch wenig untersucht. Vieles deutet darauf hin, dass eine Transformation der klassischen Geschlechterordnung auch unter den Bedingungen der Migration der Mütter kaum stattfindet, da genauso wie in den Zielländern auch in den Herkunftsländern für die Vaterschaft von »*mothering fathers*« die maskuline Dividende fehlt (siehe Palenga-Möllenbeck/Lutz 2016).

Zu d) Die Kontakte zwischen Müttern und Kindern können zu Beginn des 21. Jahrhunderts in neuer Form gestaltet werden: Anstelle von Briefen und Videoaufnahmen treten nun hochentwickelte digitalen Medien wie SMS-Text- und Bildbotschaften (Emoticons) bzw. tägliche IT-Konferenzen (Skype, WhatsApp etc.). Diese neuen Medien ermöglichen eine Form von Ko-Präsenz, die vor Kurzem noch kaum vorstellbar war. Mirca Madianou und Daniel Miller (2011) erforschen in ihrer Studie über Kinder transnationaler Familien in den Philippinen, welchen Einfluss diese neuen Medien haben. Sie beschreiben den Boom der Mobiltelefonanbieter, der in dem Inselstaat an die Stelle von Festnetzen getreten ist. Die Philippinen gelten heute als ›SMS-Hauptstadt der Welt‹; die ökonomisch starken und einflussreichen Telefonanbieter loben jährlich mehrere Preise aus, z.B. einen für die besten »Domestic/Care Worker of the Year« oder »Migrant of the Year«.

Mobiltelefone sehen Madianou und Miller als Katalysatoren einer neuen Entwicklung in der Familienkommunikation, bei der die Mütter allerdings diejenigen sind, die den Telefonverkehr kontrollieren und auf diese Weise eine starke Form von Supervision des Tagesablaufs ihrer Kinder praktizieren (insbesondere Kinder in der Adoleszenz finden diese Kontrolle lästig). Die SIM-Karte der Kinder wird von den Müttern bezahlt, die damit gleichzeitig über ein Überwachungsinstrument verfügen. Madianou und Miller (ebd.) kommen zu dem Fazit, dass Mobiltelefone eine Möglichkeit bieten, Nähe und Verbundenheit zwischen Müttern und Kindern aufrechtzuerhalten. Die mobile Kommunikation stellt eine Lösung für die migrierten Mütter dar, über geographische Distanz hinweg Sorge für ihre Kinder zu tragen und sie im Alltag zu begleiten; sie verringert die Kosten der Migration, hilft allerdings vor allem den Müttern, ihre Ambivalenzen und Schuldgefühle zu bewältigen und ist für Kinder nicht immer ein ungetrübtes Glück (ebd.).

Lutz und Palenga-Möllenbeck (2011b) machten in ihrer Studie über polnische Care-Arbeiterinnen und ihre Kinder vergleichbare Entdeckungen: Sie bezeichnen die internetbasierte tägliche Kommunikation als *Skype-Mothering* – eine Form der mütterlichen Sorgetätigkeit, die eine sensible Kombination und Koordination des Emotionsmanagement darstellt. Mütter sprechen mit ihren Kindern, Müttern und Ehemännern ausführlich über Belange des Alltagslebens, werden stets über Angelegenheiten im Herkunftshaushalt informiert, und Kinder können ihre Mütter selbstgeleitet kontaktieren – obgleich die Mütter nicht immer in der Lage sind, darauf unmittelbar zu reagieren. So gelingt es Familienmitgliedern, trotz räumlicher Trennung ihre jeweiligen Befindlichkeiten und Emotionen auszudrücken. Paare schicken einander ›Liebesbotschaften‹, Frauen ermöglichen ihrem zurück gebliebenen Ehemann seine Beschützerrolle zu inszenieren, indem sie ihn per SMS wissen lassen, dass sie ihren Zielort sicher erreicht haben; Kinder und Mütter beteuern sich gegenseitig, dass sie einander vermissen; selbst Hausaufgaben der Kinder werden per Skype supervisiert und kontrolliert. Diese Beispiele zeigen, dass und wie durch transnationale Mutterschaft eine Praxis des Doing Gender/Doing Family über das Internet im Alltagsleben entsteht (siehe unten).

Allerdings stoßen solche Fernkontakte an ihre Grenzen, selbst wenn alle Beteiligten in dieser Form der Telekommunikation sozialisiert sind. Denn obwohl die Anrufe häufig stattfinden und sich beide Seiten an sie gewöhnen, betrachtete keine der interviewten Personen virtuelle Kontakte als einen gleichwertigen Ersatz für physische Anwesenheit und Nähe: Kinder betonten, wie gern sie die Mutter bei sich hätten – die Virtualität des Kontakts wird als ›Ersatz‹ gewürdigt und in gewisser Weise normalisiert, nicht aber als gewünschter Zustand betrachtet. Für sehr kleine Kinder sind Telefongespräche keine Option, und für introvertiertere Kinder kann der Kontakt via Internet oder Telefon sehr schwierig sein, wenn expressive Kommunikationskompetenzen fehlen. Außerdem ermöglichen, ja vielleicht erfordern virtuelle Fernkontakte von den Beteiligten auf beiden Seiten, ihre Gefühle oder das, was sie bewegt, zu verbergen: Kinder lernen, ihren Müttern schlechte Nachrichten aus der Schule oder familiäre Probleme zu verschweigen, und Erwachsene und Kinder (müssen) lernen, sich gegenseitig vor Nachrichten zu schonen, die die andere Seite in Sorge und Aufregung versetzen würde. Dabei spielt die geographische Entfernung immer eine Rolle, weil antizipiert wird, dass eine direkte Lösung ohne die jeweilige persönliche Anwesenheit nicht möglich ist. Schließlich ist auch zu konstatieren, dass nicht allen Migrantinnen unbegrenzte Telefonnutzung möglich ist. Zum einen sind in vielen (ländlichen) Regionen der Entsendeländer noch keine Telefonverbindungen und/oder Internetserver vorhanden, wodurch virtueller Kontakt entfällt, zum anderen fühlen sich Arbeitgeber*innen (Pflegeempfänger*innen oder Familienangehörige) der Care-Arbeiter*innen gestört von Anrufen ihrer Pflegerinnen in Sprachen, die sie nicht verstehen, und untersagen ihnen (zu bestimmten Zeiten) überhaupt anzurufen (Lutz/Palenga-Möllenbeck 2010).

Care-Zirkulation

In jüngster Zeit wird das Konzept der *Care-Chain* als rigide und einseitig kritisiert: In vielen Forschungsarbeiten, so die Kritiker*innen, dominiere die dichotome Vorstellung, dass Migrant*innen in eine Richtung wandern, um Geld zu verdienen (vom Süden in den Norden) und ihre Einkünfte dann in die Gegenrichtung zurückschicken, wobei die Beziehung zwischen den Polen statisch bleibe. Das Konzept der Versorgungskette, so wird betont, berücksichtige nicht ausreichend die verschiedenen an dem Care-Austausch partizipierenden Mitglieder eines Netzwerks, sondern konzentriere sich einseitig auf die bilaterale Fürsorgebeziehung zwischen Müttern als Gebenden und zurückbleibenden Familienangehörigen als Nehmende (siehe Kofman 2012). In ähnlicher Weise kommentieren auch Loretta Baldassar und Laura Merla (2014b: 29) die Ketten-Metapher:

> »Thus we argue that the idea of a ›chain‹ is not the most suitable way of portraying the mobilities of care from a family perspective. The ›chain‹ metaphor tends to limit these mobilities to back and forth movements between two nodes of a chain, where migrant and non-migrant exchange various types of support, thus reinforcing the distinction between the two sets of actors«.

Weiterhin kritisieren sie, dass Care in dieser Vorstellung durch die Person der Migrant*in verkörpert werde, wodurch der Eindruck entstehe, Care sei das inkorporierte Kapital derselben. Dies treffe jedoch nur dann zu, wenn der Fokus auf die Arbeitsmarktperspektive reduziert werde, die in der Tat eine physische Trennung zwischen Familienmitgliedern kreiere; dagegen werde durch die Einbeziehung des Konzepts der moralischen Familienökonomie (*moral economy of families*) eine andere Perspektive ermöglicht, die den bilateralen Fluss virtueller Formen von Care sichtbar macht (ebd.). Deshalb schlagen Baldassar und Merla vor, von Care-Zirkulation zu sprechen, da Care-Zirkulation in der Lage sei, die Mobilität von Care als multi-direktional, simultan und diachron zu betrachten, sowie den Care-Austausch nicht auf den zwischen Migrant*in und zurückbleibenden Familienmitgliedern beschränkt, sondern ihn als Teil eines umfangreichen Netzes von Care-Austauschbeziehungen zu konzeptualisiert (ebd.). Die Autorinnen betonen ebenfalls, dass Care-Bewegungen keineswegs symmetrisch seien, sondern asymmetrisch reziprok; als Ressource sei Care ungleich verteilt innerhalb und zwischen Familien (Badassar/Merla 2014b: 30/31).

Das Konzept der Care-Zirkulation greift somit die Debatten über Transmigration (siehe oben) auf und erweitert sie.

Diese Kritik an der Metapher der Kette ist zunächst nachvollziehbar, denn Ketten knebeln Menschen im Gefängnis oder Sklaven in Schiffen etc. Als Halsketten sind sie jedoch rund, womit eine Verbindung jedes einzelnen Teils mit jedem impliziert ist. Richtig an der Kritik ist der Hinweis darauf, dass Netzwerkbeziehungen bedeutend komplexer sind als der Austausch zwischen zwei Enden (siehe dazu auch Kapitel zwei und drei). Auch ist der Hinweis darauf, dass Sozialbeziehungen in der Migration nicht auf die Arbeitsmarktperspektive verkürzt werden sollen, völlig richtig. Zurecht wird von den Vertreterinnen der Care-Zirkulation betont, dass das transformative Potential von Migration nur dann in den Blick genommen werden kann, wenn die sog. moralische Familienökonomie miteinbezogen wird, was bedeutet, dass die moralischen Verpflichtungen von Familienmitgliedern untereinander als Teil einer Familienökonomie einbezogen werden müssen.

Dennoch kann aus Sicht der Ungleichheitsforschung nicht übersehen werden, dass die asymmetrischen Verhältnisse zwischen Care-Gebern/Empfängern eine Reziprozität erschweren bzw. verhindern: Weder die schlechten Arbeitsbedingungen noch die fehlenden Rechte vieler Care-Migrant*innen (insbesondere die Möglichkeit mit der Familie zusammenleben zu können) wird im Konzept der Care-Zirkulation aufgegriffen. Vergleichbar mit der Debatte über die Zirkulation von Bildungskapital (*brain circulation*, siehe Kapitel drei), die sich als Gegenmodell zum dichotomischen *Brain-Drain* und *Brain-Gain* versteht, vernachlässigt dieser

Fokus erstens die sozialen Kosten der Migration, die etwa als ›emotionale Ungleichheiten‹ (Yeates 2009) virulent werden und läuft zweitens Gefahr, neoliberale Ausbeutungsverhältnisse im Weltmaßstab zu ignorieren; damit droht die Frage unterzugehen, wie sich im globalen Rahmen soziale Ungleichheiten neu kalibrieren.

Weiterführend ist allerdings der dem Begriff Care-Zirkulation zugrunde liegende Hinweis darauf, dass die Charakterisierung von transnationalen Familien als Abweichung von der als ›natürlich‹ geltenden sedentarischen (durch Sesshaftigkeit gekennzeichneten) Familie im 21. Jahrhundert überholt ist (siehe Kapitel drei).

4.4 Transnationale Familien zwischen Stigma und Anerkennung

Migrationsbewegungen sind Auslöser für die Entstehung von transnationalen Familien, indem sie räumliche Distanz zwischen Familienmitgliedern erzeugen; oft wird angenommen, dass räumliche Trennung langfristig zu emotionaler Distanz, zu Familienfragmentierung und -zerfall führt – eine Lebensweise, die als ›unvollständige Familie‹ bezeichnet wird. Die zeitweise Abwesenheit eines Elternteils, in der Regel des Vaters, wurde und wird in vielen Regionen der Welt im Zusammenhang mit Ausnahmeberufen akzeptiert; das klassische Beispiel dafür sind Seeleute, Berufsmilitärs, Handelsreisende, Künstler und Saisonarbeiter. Nun weist die neuere Familienforschung darauf hin, dass im Übergang zum 21. Jahrhundert nur ein Teil der aktuell gelebten Familienformen dem klassischen Modell der Kleinfamilie entspricht; im Kontext von gesteigerten beruflichen Mobilitätsanforderungen müssen Familien zunehmend für einen bestimmten Zeitraum auf einen Elternteil – meist den Vater – verzichten (Schneider 2014). Zu konstatieren ist also heute eher eine »Diversität der Familienformen« (Stacey 1991), die sich durch eine Diversifikation an Haushaltsformen sowie durch sehr unterschiedliche soziale Arrangements und Beziehungen auszeichnet, die gleichzeitig und multi-lokal existieren (Familien mit einem alleinerziehenden Elternteil, Patchworkfamilien und Familien mit mehreren mobilen Elternteilen). Aktuelle Forschungen plädieren daher für die Etablierung eines dynamischen Konzepts von Familie, das sich nicht mehr auf die klassische bürgerliche Kernfamilie als Referenzkategorie bezieht (vgl. Schmidt 2002: 16). Die transnationale Familie, obgleich in dominanten Diskursen immer noch als Ausnahme bzw. als ›deviant‹ charakterisiert, passt zunächst einmal in das Schema der Diversifikation von Familienformen; sie zeichnet sich dadurch aus, dass Haushalt und Familie nicht zusammenfallen, sondern über verschiedene Länder verteilt und miteinander verbunden sind. Die Herstellung und Instandhaltung dieser Verbindung ist eine Konstruktionsaufgabe, die von allen Familienmitgliedern aktiv geleistet werden muss. In diesen Konstellationen finden sich keineswegs nur biologische Verwandte, sondern auch andere *signifikante Dritte* (Freund*innen der Eltern, Betreuer*innen der Kinder), die Care-Verpflichtungen übernehmen. Dafür ist dann allerdings ein neuer Familienbegriff notwendig, der die biologische Grundlage von Bindung nicht vernachlässigt, sie jedoch kontextualisiert und die Verknüpfung zwischen biologischer und sozialer Einheit zum Ausdruck bringt. Selbst wenn Menschen in der Regel davon ausgehen, dass Familien aus ›natürlichen‹ und nicht aus gewählten Beziehungen bestehen, so ist doch die Zugehörigkeit, vergleichbar mit der Zugehörigkeit zu einer Nation oder zu einer ethnischen Gruppe, nicht selbstverständlich, sondern das Ergebnis sozialer Aushandlungsprozesse (Bryceson/Vuorela 2002: 10). James Holstein und Jaber Gubrium (1995) weisen darauf hin, dass der gängige Familienbegriff problematisch ist, weil er ein juristisches, moralisches und biologisches Verwandtschaftskonzept festschreibt, das gerade nicht die Aspekte berücksichtigt, die im Alltag von Menschen am Wichtigsten sind, nämlich Verbindlichkeit, Engagement, Loyalität, Sorge und Selbstverpflichtung. In ihrem konstruktivistischen Familienansatz gehen sie davon aus, dass nicht die Biologie, sondern Interaktionen, öffentliche Diskurse und Interpretationen die häusliche Ordnung produzieren. Die relevante Frage für die Erforschung der empirischen Alltagsorganisation von Familien sei, so die Autoren, wer oder was die Substanz und Organisation des häuslichen Lebens definiert und wie die Parameter der Bedeutung von Familie etabliert werden. Familie muss demnach als eine Konstellation von Ideen, Bildern oder Terminologien gesehen werden, die dazu dienen, den Aspekten des täglichen Lebens häusliche Bedeutung zuzuordnen.

Auf den ersten Blick scheint dies eine komplizierte Vorstellung; dennoch ist sie mit den bereits in Kapitel eins und drei beschriebenen Doing-Gender- und Doing-Ethnicity-Ansätzen vergleichbar: Familie wird auf der *Ebene des Alltäglichen handelnd* hergestellt. Dass diese These des Doing Family keineswegs abwegig ist, zeigen Studien über Migrant*innen, die von ihren Arbeitgeber*innen als ›Familienmitglied‹ bezeichnet werden (siehe Lutz 2008) und sich auch als solche sehen. Dennoch lässt sich Doing Family nicht abkoppeln von *juristischen, biologischen und moralischen Familienvorstellungen.*

Rhacel Parreñas (2005) macht den Vorschlag, diese Ebenen miteinander zu verbinden. *Erstens* wird Familie im Sinne alltäglicher Aktivitäten von Männern, Frauen und Kindern hergestellt, wobei täglich Entscheidungen über die Verteilung materieller Ressourcen und über gegenseitige physische und emotionale Zuwendung zu treffen sind. *Zweitens* ist Familie eine juristisch und moralisch fundierte Institution, die über Bedeutungen, Normen und Machtbeziehungen konstruiert wird, die somit ideologisch aufgeladen ist und damit sowohl verstetigt aber auch verändert werden kann. Wichtig ist die Feststellung, dass auf beiden Ebenen soziale Ungleichheiten wirken, die gender-, generations-, ethnizitäts- und klassenspezifische Ursachen haben. Gleichzeitig werden Grenzen gezogen, um eine von möglichst vielen Mitgliedern geteilte Vorstellung von der ›richtigen Familie‹ zu generieren und zu reproduzieren. Die handelnde Herstellung von Familie, das Doing Family, erfordert einen Familienhabitus und eine moralische Familienökonomie, die auch innerhalb einer Familie den Kitt bilden, mit dessen Hilfe Konsens, etwa zwischen Generationen, Geschlechtern etc., hergestellt bzw. Ein- und Ausschlussmechanismen festgelegt und kontinuiert werden. In allen Familiensystemen gibt es jedoch auch Friktionen und Auseinandersetzungen über Macht- und Hierarchieverteilungen. Diese Auseinandersetzungen sind bereits dort nicht einfach, wo der Wohn- und Aufenthaltsort von allen Mitgliedern geteilt wird. Für transnationale Familien kommen verkomplizierende Faktoren hinzu, die später noch beschrieben werden.

Aus diesen Ausführungen folgt: Transnationale Familien sind soziale Einheiten, deren Mitglieder sich in einem Spannungsfeld von multiplen Beziehungen und Orten bewegen und definieren müssen. Dies gilt nicht nur für Familienmitglieder, die die grenzüberschreitende Mobilität physisch vollziehen, sondern auch für diejenigen, die an den Herkunftsorten zurückbleiben, denn auch sie sind an der Mitgestaltung transnationaler Austauschbeziehungen (Care, Remissionen, Netzwerkkapital etc.) aktiv beteiligt (siehe dazu verschiedene Beispiele in dem Sammelband von Baldassar/Merla 2014b). In Bezug auf die beiden oben eingeführten Ebenen bedeutet dies, dass durch die Erweiterung des geographischen Raumes auch die Koordinaten verändert werden müssten, die mit juristischen Bedeutungen und Machtbeziehungen zusammenhängen. Solange eine Migrant*in keine Bürgerrechte in dem Land erhält, in dem sie lebt und arbeitet, behält der Staat des Herkunftslandes das Primat des Zugriffs, vor allem über die Rechtssprechung (siehe genauer Kapitel fünf). Darüber hinaus versuchen allerdings gerade die Entsendeländer, die auf Geldüberweisungen in Form von Remissionen besonders angewiesen sind, ihren Einfluss auf die moralischen Bindungen, die Loyalitäten der Migrant*innen zu ihren Familien und ihrem Land geltend zu machen. Ein sehr eingängiges Beispiel sind z.B. die Verleihungen von staatlichen Auszeichnungen in den Philippinen, bei denen Migrant*innen als »Helden des Staates« geehrt werden (siehe oben, Shinozaki 2015). Damit wird nicht nur der maßgebliche Beitrag dieser Migrant*innen zur Nationalökonomie gewürdigt, sondern gleichzeitig werden die Betroffenen daran erinnert, in welchem Land sie ihre Löhne investieren und wo ihre Loyalitäten liegen sollen. Durch die Anpassung des Familiengesetzes an die transnationale Familienrealität ist mittlerweile auch gewährleistet, dass die familienspezifischen Unterstützungs- und Sozialleistungen auf die jahrelange Abwesenheit von biologischen Müttern und Vätern Rücksicht nehmen (Shinozaki 2015). Selbstverständlich hat auch der Staat des Ziellandes der Migration mittels Familiengesetzgebung und über das Migrationsregime Einfluss darauf, wie sich das transnationale Familienleben gestaltet (siehe Kapitel fünf). Die restriktive Gesetzgebung in Deutschland beispielsweise führt dazu, dass Müttern und Vätern ohne Aufenthaltsgenehmigung das Recht auf Familienzusammenführung fehlt und dass diese, falls sie ihre Kinder unter größten Schwierigkeiten zu sich holen, kein Recht auf Gesundheitsversorgung für sich und ihre Angehörigen in Anspruch nehmen können (siehe Lutz 2008, Kapitel sieben). Das bedeutet, dass die Handlungsfähigkeit transnationaler Familien in vielfältiger Weise eingeschränkt ist (siehe dazu auch das Kapitel fünf). Der durch geographische Mobilität entstandenen Entgrenzung steht gleichzeitig die über nationale Migrationsregime bewirkte Begrenzung der Handlungsspielräume gegenüber, die sich nicht einfach ignorieren lässt (vgl. Brennan 2004: 42). Da diese Situation dazu führt, dass einzelne Mitglieder derselben Familie mit sehr unterschiedlichen Staatsbürgerschaftsrechten ausgestattet sein können, entwickeln sich Machtdifferenzen innerhalb transnationaler Familien, die geschlechtsspezifische Unterschiede aufweisen (Parreñas 2005).

Diese Beispiele legen nahe, dass ein konstruktivistischer Ansatz, der die Handlungsebene des Doing Family über nationale Grenzen hinweg zum Ausgangspunkt der Analyse macht, weitgehend auf die Interaktionsebene reduziert bleibt, solange er auf der juristischen, moralisch-diskursiven Ebene nicht eingeholt wird. Der oben angesprochene Diskurs über ›Euro-Waisen‹ in den postsozialistischen Herkunftsländern kann als Ausdruck kollektiver ›moralischer Panik‹ betrachtet werden, als Reaktion auf die raschen und einschneidenden Veränderungen der Systemtransformation (bspw. die Verarmung großer Teile der Bevölkerung) und die dadurch entstandenen Migrationsbewegungen. Die Markierung von transnationaler Mutterschaft als Kindesverwahrlosung erhöht jedoch den moralischen Druck auf Mütter, ihre Mutterschaftspraxis zu rechtfertigen (Lutz 2016b). Gleichzeitig zeigt sich aber, dass die Loyalitäten transnationaler Familien durch Migration nicht geschwächt werden, sondern dass Bindungen mithilfe von virtueller Intimität (Austausch von Küssen und Liebesbezeugungen über das Netz) und Ersatzroutinen aufrechterhalten und gefestigt werden.

Als Fazit lässt sich feststellen, dass die juristischen Regelungen vielerorts noch in keiner Weise der Praxis gelebter Transnationalität entsprechen: Soziale Rechte sind selbst innerhalb der Europäischen Union nicht immer transportabel (Barglowski u.a. 2015a), ein Recht darauf, mit der Familie zusammenleben zu dürfen ist nicht einklagbar, und eine öffentliche Stigmatisierung transnationaler Familienführung wird kaum sanktioniert.

Um das Phänomen Care abschließend beurteilen zu können, wird im Folgenden die Makroebene des Care-Phänomens in den Blick genommen.

4.5 Die Intersektion von Gender-, Care-/Wohlfahrtsstaats- und Migrationsregimen

Auf der Makroebene lassen sich drei verschiedene, sich jeweils überlagernde oder interagierende *Regime* ausmachen: erstens Gender-Regime, die Haushalts- und Care-Arbeit als Ausdruck eines spezifischen vergeschlechtlichten kulturellen Skripts fassen (siehe Kapitel eins); zweitens Care-Regime als Teil des Wohlfahrtsregimes, die sich in einer Vielzahl von staatlichen Verordnungen materialisieren und die Verantwortung für das Wohl der nationalen Bevölkerung jeweils zwischen Staat, Familie und Markt verteilen; und drittens Migrationsregime, die aus unterschiedlichen Gründen die Beschäftigung von Migrantinnen als Haushaltsarbeiterinnen entweder zulassen oder abwehren.

Abbildung 1: Die drei Regimetypen

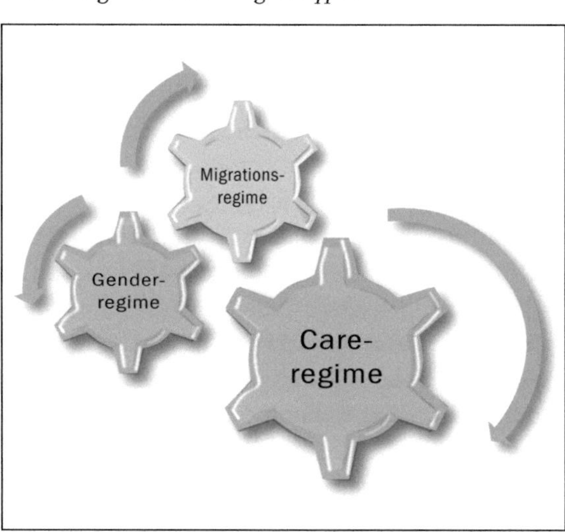

Der Terminus Regime (Esping-Andersen 1990) unterscheidet verschiedene Modelle nationaler Sozialpolitik und beleuchtet dabei jeweils die relevante Beziehung zwischen Staat, Markt und Familie.

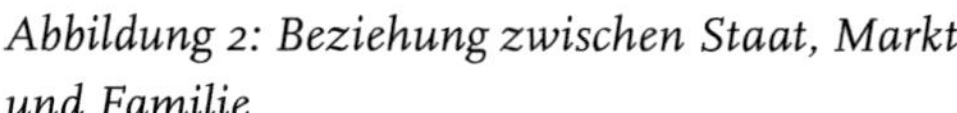
Abbildung 2: Beziehung zwischen Staat, Markt und Familie

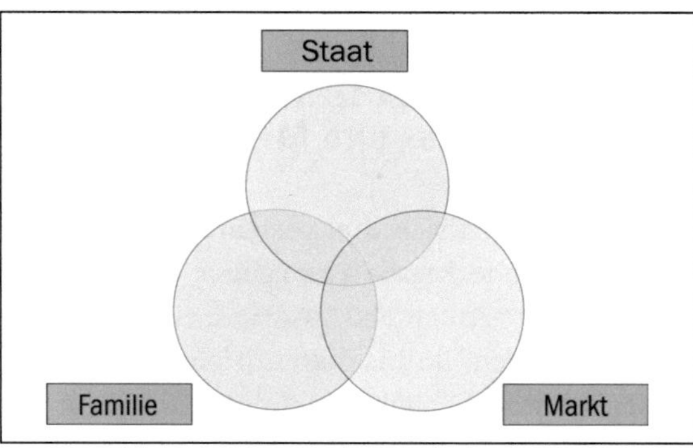

Bei der Analyse des Zusammenspiels dieser Akteure werden zwei distinkte europäische Modelle unterschieden: das nordische Sozialversorgungsregime mit einer hohen weiblichen Erwerbstätigkeitsrate und einem großen staatlichen Engagement bei der Versorgung von Kindern und alten Menschen, sowie das südeuropäische Familienversorgungsregime mit geringerer Beteiligung von Frauen an der Erwerbsarbeit und geringer Bereitstellung von Betreuungseinrichtungen. Dazwischen werden einerseits Deutschland, Großbritannien und die Niederlande angesiedelt, wo die Betreuungsverantwortung für Kinder im Vorschulalter und außerhalb der Schule bei der Familie liegt, unabhängig davon, ob die Mütter erwerbstätig sind oder nicht, und Belgien und Frankreich, wo Frauen traditionell eine höhere Erwerbsbeteiligung haben und der Staat insbesondere bei der Kinderbetreuung bereits im Vorschulalter Ganztagsangebote macht. Hinzuzufügen ist das osteuropäische Modell, das auch in Ostdeutschland praktiziert wurde, wo die Erwerbsarbeit Frauen als Bürger*innenpflicht galt und Erwerbstätige bei einem umfangreichen Teil der Betreuungsarbeit entlastet wurden.

Die Verknüpfung der Regime lässt sich am Beispiel des deutschen Pflegesystems idealtypisch erläutern (siehe auch Lutz/Palenga-Möllenbeck 2015).

Das deutsche Pflegesystem

Das Pflegesystem in Deutschland ist oft nicht in der Lage, pflegebedürftigen älteren Patient*innen und deren Familien praktikable Lösungen zu bieten und daher in hohem Maße auf Pfleger*innen aus dem Ausland angewiesen (Neuhaus/Isfort/Weidner 2009; Lutz/Palenga-Möllenbeck 2010). Analytisch betrachtet basiert das Pflegesystem in Deutschland auf Prämissen, die nicht länger gegeben sind: so etwa auf der Annahme, dass Familien (und dabei vor allem deren weiblichen Mitglieder) ältere Angehörige betreuen und pflegen, dass alle Familienmitglieder in räumlicher Nähe wohnen, und dass deshalb täglich wenige Stunden der Betreuung ausreichen. Eine offizielle 24-Stunden-Betreuung unter Rückgriff auf professionelle mobile Pflegedienste ist sehr kostspielig, und das Altersheim als einzige finanziell tragbare Alternative findet unter den Betroffenen wenig Akzeptanz. Ein Teil der Pflegebedürftigen benötigt eine 24-Stunden-Betreuung. In solchen Fällen kann ein deutscher Pflegedienst jedoch lediglich einen Hausnotrufdienst anbieten. Das Care-Regime des deutschen Sozialstaats lässt sich mit Gøsta Esping-Andersen (1990) als »konservativ-korporatistisch« oder mit Backes und anderen (2008: 20) als »familialistisch« beschreiben und ist mit Regimen in südeuropäischen Ländern oder Österreich vergleichbar. So lassen sich 70 Prozent aller Pflegegeldempfänger*innen zu Hause pflegen; die Pflegeleistungen werden dabei zumeist von Familienangehörigen (70 Prozent) oder als Kombinationsleistung durch Familienangehörige und Pflegedienste erbracht (Statistisches Bundesamt 2013a). Anfang der 1990er Jahre wurde eine Pflegeversicherung eingeführt, die es ermöglicht, Pflegeleistungen über ein Versicherungssystem und nicht über Steuern zu finanzieren. Diese neoliberale Gesetzgebung bietet nur teilweise Schutz vor dem finanziellen Risiko, das von einer Pflegebedürftigkeit ausgeht, wodurch der Zwang entsteht, sich zusätzlich privat zu versichern. Angehörige, die Pflegebedürftige zu Hause versorgen, erhalten für ihre Arbeit Transferzahlungen (sog. Pflegegeld), während private, von Familienmitgliedern erbrachte Pflege mittlerweile vom Staat direkt bezahlt werden (*Cash for Care*). Jedoch ist der staatlich garantierte Betrag für die 24-Stunden-Betreuung viel zu gering, um die Kosten eines entsprechenden Pflegearrangements durch einen Pflegedienst zu decken: Es werden höchstens ein Drittel der anfallenden Kosten erstattet. Ein Arrangement, bei dem Pflegeleistungen durch kommerzielle Anbieter erbracht werden, geht zudem mit einem ständigen Wechsel des Pflegepersonals einher. Insofern scheinen sowohl die geringe finanzielle Unterstützung der durch kommerzielle Anbieter erbrachten Pflegedienstleistungen als auch die unkontrollierten direkten Transferleistungen an Familien die Hauptgründe dafür zu sein, dass immer mehr migrantische Live-in-Pflegerinnen in Privathaushalten eingesetzt werden (vgl. van Hooren 2008). Das deutsche Pflegesystem ist also stillschweigend angewiesen auf die informelle Arbeit von Migrant*innen, und zwar aufgrund der spezifischen Kultur, Politik, Finanzierung und Infrastruktur der Pflege (siehe Abbildung 3).

*Abbildung 3: Migrant*innen in der Familie*

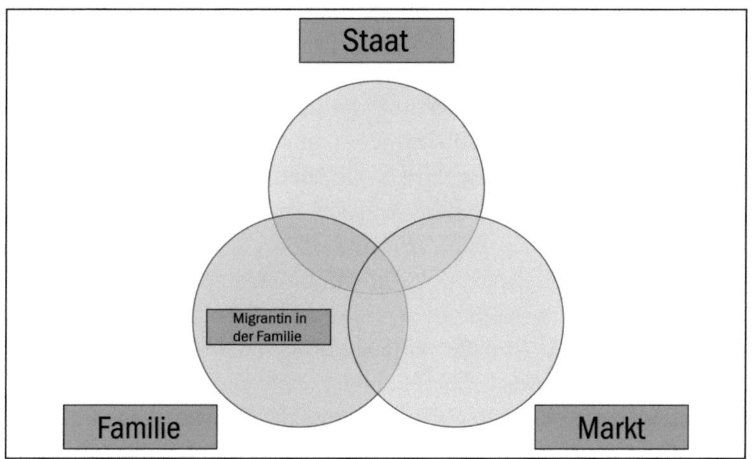

Nichtsdestotrotz ist die Haltung der Politik gegenüber migrantischem Pflegepersonal ambivalent: Auf der Suche nach ›einheimischen‹ Lösungen des Pflegenotstands und um unerwünschter, irregulärer Migration entgegenzuwirken, wird dafür plädiert, Langzeitarbeitslose in der Altenpflege einzusetzen (Dowideit 2010), was sich bislang nicht durchgesetzt hat. Gleichzeitig wird die familialistische Ausrichtung der Pflegepolitik vorangetrieben, indem z.B. 2011 ein Gesetz zur »Familienpflegezeit« eingeführt wurde, das pflegenden Angehörigen eine bessere Vereinbarung von Familie und Beruf ermöglichen soll. Die offizielle Haltung gegenüber der durch Migrant*innen verrichteten Care-Arbeit lässt sich daher mit dem Stichwort *komplizenhafte Mitwisserschaft* beschreiben: Offiziell bekämpft der Staat die in diesem Bereich häufig zu findende, undokumentierte Migration, im Falle der Altenpflegerinnen im Privathaushalt wird jedoch eher geschwiegen. Vor diesem Hintergrund sind die billigen und flexiblen Pflegekräfte zu einem wesentlichen Bestandteil des Care-Regimes in Deutschland geworden, und zwar in einem solchen Maß, dass das System ohne die ›Engel‹ aus Osteuropa kollabieren würde. Die Schlüsselrolle, die osteuropäische Migrant*innen in diesem Zusammenhang spielen, wird zwar nicht offiziell anerkannt, ist jedoch im öffentlichen Diskurs zum Thema Pflege äußerst präsent. Im Rahmen einer von Lutz und Palenga-Möllenbeck durchgeführten Analyse der deutschen Presseberichterstattung zu den Themen »Migration« und »Pflege« zwischen

1997 und 2008 konnte eine lebhafte Debatte über den »Pflegenotstand« in der Altenpflege ausgemacht werden. Gleichzeitig wurde die Rolle von migrantischen Pflegekräften als durchaus positiv bewertet. Allgemein lässt sich feststellen, dass in den von der Presse zitierten Meinungsäußerungen vor allem das Missverhältnis zwischen den Leistungen und Einrichtungen, die das Gesundheitssystem anbietet, und den tatsächlichen Bedürfnissen vor Ort beklagt wird (siehe Lutz/Palenga-Möllenbeck 2010).

Es bleibt anzumerken, dass sich im deutschen Pflegesystem Verwerfungen und Widersprüche spiegeln, die an den Schnittpunkten von Gender-, Care-/Wohlfahrtsstaats- und Migrationsregimen entstehen: Diese Regime sind keineswegs aufeinander abgestimmt, sondern es zeigen sich Brüche dort, wo Transformationen im Gender-Regime z.B. die Vollberufstätigkeit von erwachsenen Frauen nahelegen, während gleichzeitig das familialistische Care-Regime weiterhin auf deren Einsatz in der familiären Pflege setzt, und ein so entstandener Bedarf über das Migrationsregime gedeckt werden soll.

4.6 Fazit: Die Um- und Neuverteilung sozialer Ungleichheit

Das Thema *Care* in seiner gesamten Breite gehört zu den wichtigsten Themen des 21. Jahrhunderts, denn zum einen wird die Bevölkerung in den (post-)industriellen Ländern immer älter und dementsprechend steigt der Bedarf an Betreuungsleistungen im Bereich der Altenpflege, zum anderen treiben viele Wohlfahrtsstaaten die Politik der neoliberalen Veränderung von einer staatlich garantierten, institutionellen Versorgung hin zu einem Cash-for-Care-Modell im Privathaushalt voran. Damit verbunden ist die Kommerzialisierung von Care in allen Lebensbereichen – bis hin zu Leihmutterschaft (siehe den Dokumentarfilm von Zippi Brand Frank, »Google Baby«). Absehbar ist bereits heute, dass die Bedeutung des Privathaushalts als *Arbeitgeber* zunehmen wird, denn ein steigender Anteil von Personen mit Pflegeverantwortlichkeit (z.B. Eltern von kleinen Kindern; Kinder von pflegebedürftigen Eltern) wird seine Erwerbstätigkeit nicht (zeitweise) aufgeben wollen, sondern entweder einen Teil des eigenen Einkommens, oder staatliche Transferleistung, oder eine Kombination aus beiden zur Fremdvergabe bzw. Weitergabe der Care-Arbeit nutzen und eine Migrantin oder einen Migranten im Haushalt einstellen. Mit der Kommerzialisierung und Privatisierung der Pflege und der Ausweitung des Pflegemarkts werden soziale Ungleichheiten unter den Pflegeempfänger*innen verstärkt – und zwar entlang der gängigen Einkommenshierarchien.

»Der Privathaushalt ist der Beschäftigungssektor mit dem höchsten Anteil ungeschützter Arbeitsverhältnisse«, schrieben die Autor*innen des siebten Familienberichts bereits im Jahr 2006 (Bundesministerium für Familien, Senioren, Frauen und Jugend 2006: 159). Dennoch hat sich der Staat bislang nicht mit der Frage beschäftigt, in welcher Form diese ungeschützten und gefährlichen Arbeitsverhältnisse verbessert werden können. Für die Bevölkerung bedeutet dies, dass die Wahrscheinlichkeit wächst, irgendwann im Leben einmal als Privatperson ›Arbeitgeber*in‹ zu werden. Darin äußert sich die Komplizenschaft des Staates, ein schweigendes Einverständnis mit prekären, oft undokumentierten Arbeitsverhältnissen. Jacqueline Andall (2003: 39) spricht in diesem Zusammenhang von der Etablierung eines neuen Kastensystems in Europa, das sie als ›Dienstbotenkaste‹ (*›service caste‹*) bezeichnet, und Arlie Hochschild (2003) geht sogar davon aus, dass das Phänomen migrantischer Care-/Haushaltsarbeit eine ›kopernikanische Wende‹ hin zu einer globalen Schieflage in der Verteilung von Fürsorgearbeit einläutet.

Die Frage, ob sich das Phänomen *transnationale Dienstleistungen* mit dem der Dienstbotengesellschaft des 19. und frühen 20. Jahrhundert vergleichen lässt, ist nicht eindeutig zu beantworten. Klar ist bereits jetzt, dass es sich in der Tat um die Entstehung neuer, globalisierter sozialer Ungleichheiten handelt, dass sich diese jedoch im Kontext einer demokratischen Gesellschaft, die sich einer egalitären Rhetorik bedient, nicht unbedingt mit den bekannten traditionellen Bildern und Begriffen beschreiben lassen. Doch insgesamt fördert der Spätkapitalismus des 21. Jahrhunderts die Formation einer Informations- und Dienstleistungsgesellschaft, in der sich neue Hierarchien entlang der Verfügungsgewalt über Menschen, Kapital und Technologien herausbilden. Als Alternative zur Anwerbung von Migrant*innen in der Pflege treibt zum Beispiel eine Reihe von Ländern die technologisch unterstützte Rationalisierung voran (Aulenbacher/Dammayr 2014). Welche Wege hier eingeschlagen werden, mehr ›Import‹ migrantischer Care-Arbeiterinnen oder ein verstärkter Einsatz von IT, wird unter anderem auch davon abhängen, wie sich die politischen Diskurse und öffentlichen Debatten über das Thema entwickeln. Eine ernsthafte Analyse kann die Betrachtung der Verknüpfung von Gender-, Care- und Migrationsregimen nicht vernachlässigen. Aus der Perspektive der betroffenen Migrantinnen wird die Bewertung des Phänomens Care-Arbeit immer ambivalent bleiben, da dieser Arbeitsmarkt zwar relativ unkompliziert zugänglich ist, es jedoch nur Wenigen gelingt, diesen Arbeitsbereich als Sprungbrett in einen ihrer Bildung angemessenen Beruf zu nutzen und ihn für eine besser bezahlte Erwerbstätigkeit zu verlassen. Das gleichzeitige Leben in zwei Haushalten erzeugt Probleme, die auch mithilfe der neuen Technologien nicht zu lösen sind, denn auch diese erfordern eine stabile Care-Konstellation an beiden Orten.

Am Beispiel der migrantischen Care-Arbeiter*innen zeigt sich, dass und wie sich Ungleichheit transnational neu formiert, z.B. als emotionale Ungleichheit und Verlust des Rechtes, ein gemeinsames Familienleben führen zu können. Soziale Positionen und soziale Mobilität gestalten sich widersprüchlich: Migration/Mobilität/Raum (siehe das vorherige Kapitel) ist eine Ressource, die auch als soziales Kapital bezeichnet werden kann, da sie neue Einkommensmöglichkeiten und damit den Erhalt oder das Erlangen einer besseren sozialen Klassenposition im Herkunftsland eröffnet. Andererseits führt diese Entgrenzung auch zum Klassenabstieg in der sozialen Hierarchie des Ziellandes, der mit dem Verlust von Ansehen und Anerkennung verbunden ist. Im Herkunftsland erworbenes kulturelles Kapital (Bildung- und Ausbildung) wird damit vernichtet, während das sog. Gender-Kapital zum Schlüssel für Erwerbstätigkeit wird.

(Helma Lutz)

5. Bürgerschaft im Wandel

Vom nationalen Modell zu postnationalen und intersektionellen Ansätzen

5.1 Zentrale Dimensionen von (Staats-)Bürgerschaft

Seit Beginn der 1990er Jahre haben die (Staats-)Bürgerschaftstheorien (*citizenship theories*) vielfältige Transformationen erfahren. Insbesondere hat sich die Erosion des nationalen Staatsbürgerschaftsmodells im Kontext von Globalisierungs- und Transnationalisierungsprozessen zum zentralen Thema theoretischer Debatten entwickelt, die nach dem Zusammenbruch der bipolaren Weltordnung entfacht wurden.

Aktuelle (Staats-)Bürgerschaftstheorien (*citizenship studies*) bauen auf der Konzeptualisierung des amerikanischen Soziologen Thomas H. Marshall (1950) auf, dem es gelang, wichtige Anstöße für die *soziologische Forschung* zu politischer Teilhabe und Mitgliedschaft zu geben.[1] Viele der neueren Ansätze rücken in Anlehnung an Marshall von einem rein juristischen Verständnis von Staatsbürgerschaft ab und analysieren individuelle und kollektive Beziehungen zur politischen Gemeinschaft im Zusammenhang mit Fragen von (politischer) Partizipation und Zugehörigkeit(en). Konventionell berücksichtigen die aktuellen Ansätze eine Reihe von Dimensionen politischer Mitgliedschaft.[2] Als Erstes ist hier die Dimension der mit politischer Mitgliedschaft verbundenen *Rechte und*

1 | Talcott Parsons (1966, 1971) ist ein weiterer Klassiker der Soziologie, der in seinen Schriften die soziologische Auseinandersetzung mit dem Konzept der (Staats-)Bürgerschaft in der Nachkriegszeit nachhaltig beeinflusste.

2 | Es bestehen verschiedene Möglichkeiten, Dimensionen der Staatsbürgerschaft zu differenzieren (siehe z.B. Leydet 2014); dieses Kapitel baut auf entspre-

Pflichten zu nennen. Laut aktueller Forschung umfasst diese Dimension drei Arten von Rechten: (a) bürgerliche und politische Rechte, die sich auf Grundfreiheiten und Partizipation im politischen Leben beziehen, (b) ökonomische Rechte, die den Zugang zum Arbeitsmarkt regeln, und (c) soziale Rechte, die den Zugang zum Wohlfahrtsstaat betreffen (Carmel/Paul 2013). Eine zweite Dimension politischer Mitgliedschaft ist die *Legitimationsbasis*, die die Vergabe von Rechten und Pflichten an individuelle Akteur*innen begründet und auf die für politische Mitgliedschaft enorm wichtigen identitätsstiftenden Aspekte verweist. Die Legitimationsideen (z.B. die Semantiken nationaler Identitäten) begründen die individuellen und kollektiven Beziehungen zwischen Bürger*innen und der politischen Gemeinschaft (Soysal 1994). Die dritte Dimension politischer Mitgliedschaft ist die *partizipative Dimension*. Sie verweist auf die konkrete Ausübung von Rechten und Pflichten durch die Bürger*innen (Mackert 2006); ihre Relevanz speist sich aus der bürgerlich-republikanischen Tradition der politischen Philosophie der (Staats-)Bürgerschaft, die der öffentlichen Praxis und der politischen Partizipation der Bürger*innen eine besondere Rolle bei der Reproduktion des politischen Gemeinwesens beigemessen hatte (Rousseau 1986 [1762]). Schließlich ist auch die *territoriale Dimension* politischer Mitgliedschaft zu nennen, denn sie verweist auf die politisch-territoriale Reichweite (z.B. das Territorium eines Nationalstaats) der an politische Mitgliedschaft geknüpften Rechte und Pflichten.

Der Begriff der *politischen Mitgliedschaft* bezieht sich auf die Mitgliedschaft von Personen in einer politischen Gemeinschaft, wobei historisch spezifische Formen solcher Gemeinschaften zu unterscheiden sind, etwa der antike Stadtstaat, die mittelalterliche Stadt und der moderne Nationalstaat. *Staatsbürgerschaft* bezeichnet lediglich die politische Mitgliedschaft in einem Nationalstaat. Bei dem Terminus *politische Mitgliedschaft* handelt es sich somit um einen allgemeineren Begriff, wohingegen sich der Begriff *Staatsangehörigkeit* auf den rechtlichen Status einer Person in einem Nationalstaat bezieht: »Staatsangehörigkeit [ist] ein Rechtsverhältnis der Zuordnung von Person und Staat« (Mackert 2006: 82).[3]

---

chenden Vorschlägen von Yasmin Soysal (1994) und von Jürgen Mackert (2006) auf.

3 | Staatsangehörigkeit beruht auf einer spezifischen »Definition des Staatsvolks«, die zwischen Staatsangehörigen und Nicht-Staatsangehörigen unterschei-

Die Ansätze, die in diesem Kapitel vorgestellt werden, reflektieren die aktuellen migrationstheoretischen und feministischen Auseinandersetzungen und Kritiken im Feld der (Staats-)Bürgerschaftsforschung. So setzen sich diese neueren Ansätze mit *Prozessen (territorialer) Entgrenzung politischer Mitgliedschaft* auseinander, die insbesondere im Kontext von Migrationsprozessen eine besondere Bedeutung gewinnt (Soysal 1994; Kivisto/Faist 2007). Die zentrale Stoßrichtung dieser Ansätze liegt darin, zu zeigen, dass sich heute neben einem nationalen Modell von Staatsbürgerschaft neue Formen politischer Mitgliedschaft herausbilden, die in ihrer territorialen Dimension nicht mehr auf die Grenzen von Nationalstaaten beschränkt bleiben. Transnational orientierte Begrifflichkeiten wie »postnationale« (Soysal 1994) und »multiple« Bürgerschaft (Kivisto/Faist 2007) konzentrieren sich deshalb auf Fragen der Zuweisung (politischer) Zugehörigkeit und Teilhabe in einer Welt, in der die Relevanz nationalstaatlicher Grenzen selbst umstritten ist.

Des Weiteren ist das klassische Modell der nationalen Staatsbürgerschaft, das von einer Kongruenz zwischen der territorialen Ebene, der Ebene der Rechte und Pflichten und der nationalen Legitimationssemantik ausgeht, aus dem Blickwinkel postkolonialer Theorie kritisiert worden (Isin 2002, 2015). Die *Offenlegung des Orientalismus* der klassischen Staatsbürgerschaftsforschung weist darauf hin, dass der Mainstream in der Staatsbürgerschaftsforschung immer noch an der von Max Weber geprägten Vorstellung von Staatsbürgerschaft als einer rationalen, genuin europäischen Form politischer Mitgliedschaft festhält, ohne dabei alternativen Formen politischer Mitgliedschaft angemessen Rechnung zu tragen.

Zudem reagieren einige neuere Ansätze auf feministische und intersektionstheoretische Debatten um die *Vervielfältigung von Identitäts- bzw. Zugehörigkeitskonstruktionen*, die die Legitimationssemantiken nationaler Staatsbürgerschaft infrage stellen (Oleksy/Hearn/Golanska 2011). So haben etwa Nira Yuval-Davis und Floya Anthias bereits im Jahr 1989 in ihrer Monographie »Woman, Nation, State« die Formen der Vergeschlechtlichung nationaler Zugehörigkeiten analysiert (siehe auch Anthias/Yuval-Davis 1992). Auch Eleonore Kofman (2000b) zeigte Prozesse der Vergeschlechtlichung verschiedener nationaler Staatsbürgerschafts-

det »und so [...] eine Begrenzung von Rechten und Pflichten für das Staatsvolk garantiert« (Mackert 2006: 84, siehe auch Faist 2013).

modelle auf. Zudem hob die intersektionelle Forschung die Bedeutung der Vielfalt und Verschränkung gesellschaftlicher Zugehörigkeitskonstruktionen hervor, die den *weißen Androzentrismus* der nationalen Legitimationssemantiken von Staatsbürgerschaft hervorbringen (Yuval-Davis 2011a, 2011b). Darüber hinaus fordert der von neueren feministischen und antirassistischen Protestbewegungen ausgeübte Druck sowie die Institutionalisierung der Antidiskriminierungsideen die aktuellen Staatsbürgerschaftskonzepte heraus, die gegenwärtigen »Kämpfe um Zugehörigkeit« (Yuval-Davis 2011a) zu reflektieren und zu erklären.

Gemeinsam ist den hier vorgestellten neueren theoretischen Ansätzen – d.h. einerseits den Konzepten zu Entgrenzung politischer Mitgliedschaft sowie der postkolonialen Kritik des Orientalismus in der (Staats-) Bürgerschaftsforschung, sowie der feministischen und intersektionellen Analyse der Vervielfältigung von Zugehörigkeitskonstruktionen andererseits – die Infragestellung der Universalität des nationalen Modells der politischen Mitgliedschaft.

5.2 Politische Mitgliedschaft und Prozesse territorialer Entgrenzung

Im Mittelpunkt dieses Abschnitts stehen drei aktuelle theoretische Perspektiven: (A) das Konzept der *postnationalen Bürgerschaft*, (B) die *Theorie multipler Bürgerschaft* und (C) die *postkoloniale Kritik* an der klassischen Staatsbürgerschaftsforschung. Alle drei Ansätze analysieren die *Entgrenzungsprozesse politischer Mitgliedschaft* und beruhen auf der Annahme, dass das klassische Modell der nationalen Staatsbürgerschaft in der Analyse politischer Mitgliedschaft kein epistemologisches Privileg mehr besitze. Zwar dominierte das nationale Modell der Staatsbürgerschaft die soziologische und politikwissenschaftliche Forschung bis Anfang der 1990er Jahre, doch bei der Analyse neuer, grenzüberschreitend konstituierter Formen politischer Mitgliedschaft kommt ihm nur ein sehr eingeschränktes Erklärungspotential zu.

Postnationale Bürgerschaft

Die analytische Tragfähigkeit des nationalen Staatsbürgerschaftsmodells, das auf der Annahme einer Kongruenz zwischen der Vergabe von Rechten und Pflichten und einer Beschränkung der Reichweite solcher Rechte und Pflichten auf das Territorium eines Nationalstaats (Soysal 1994; Mackert 1999) beruht, wird durch grenzüberschreitende Migrationsprozesse infrage gestellt. Eine der Herausforderungen, ist die Beobachtung, dass die Rechte und Pflichten mobiler Personen sich von nationalen Identitätssemantiken entkoppeln und über die Grenzen eines (einzelnen) (Einwanderungs-)Staats hinweg wirksam werden können. So kann beispielsweise eine Einwanderin, die die türkische (aber keine deutsche) Staatsangehörigkeit besitzt, in Berlin-Kreuzberg leben, sich als »türkisch« definieren, bestimmte Leistungen des deutschen Wohlfahrtsstaats beziehen, und sich in der Türkei an den Wahlen beteiligen (Soysal 2001).

Ebendieser Prozess der Entkopplung der Ebene der Rechte und Pflichten von (nationalen) Identitätsprojekten und der territorialen Ebene des Nationalstaats, wird durch den Begriff der *postnationalen Bürgerschaft* gefasst. Entwickelt wurde dieser viel diskutierte Ansatz von der britischen Politikwissenschaftlerin Yasemin Soysal (2014). In ihrer Dissertation über Prozesse der Einwanderung in westeuropäische Staaten nach dem zweiten Weltkrieg befasst Soysal sich mit der fundamentalen Transformation des nationalen Modells politischer Mitgliedschaft. Dabei lautet ihre zentrale These, dass das nationale Modell der Staatsbürgerschaft erodiere und an seiner Stelle ein neues, das sog. postnationale Modell zum dominanten Muster der Organisation politischer Mitgliedschaft für die westeuropäischen Staaten werde. Diesen Prozess zeichnet Soysal entlang dreier Dimensionen von Staatsbürgerschaft nach: der *territorialen Dimension*, der *Dimension der Rechte und Pflichten* und der *Dimension der Legitimationsbasis*.

Wie oben bereits erwähnt ist das *nationale Staatsbürgerschaftsmodell* durch eine Kongruenz zwischen der Vergabe von Rechten und Pflichten an die individuellen Akteur*innen und der territorialen Verankerung dieser Rechte und Pflichten gekennzeichnet. Dabei fungiert der Nationalstaat als der zentrale Regulator von Rechten und Pflichten, deren Reichweite zugleich auf das Territorium des jeweiligen Staats beschränkt ist. Diese Kongruenz zwischen der territorialen Ebene und der Ebene der Rechte und Pflichten soll mit einer idealtypischen Gleichheit der Rechte und Pflichten für alle Bürger*innen eines Nationalstaates einhergehen

(Soysal 1994; siehe auch Mackert 1999). Während die territorial gebundene Bevölkerung mittels spezifischer Rechte und Pflichten in die politische Gemeinschaft inkludiert wird, bleiben Nicht-Bürger*innen ausnahmslos exkludiert. Die auf die nationale Bürger*innen bezogene Gleichheitsprämisse wird durch eine Rhetorik nationaler Identität gestützt, wobei Soysal hier zwei Typen von Identitätssemantiken unterscheidet: So finden wir in Ländern wie Deutschland ein ethnisch-kulturelles Modell nationaler Identität (*ethnic citizenship*) vor, das sich aus dem Prinzip der »Blutverwandtschaft« (*ius sanguinis*) und einer gemeinsamen »Leitkultur« speist. Diese Semantik definiert eine politische Gemeinschaft auf der Grundlage von Zugehörigkeit zu einer partikularistischen Identität. Gemäß diesem (idealtypischen) Modell wird der Staat durch eine Nation geschaffen. In Ländern wie Frankreich hingegen dominiert ein bürgerlich-republikanisches Verständnis von nationaler Identität (*civic citizenship*), das politische Zugehörigkeit als durch die Ausübung (*participation*) von Rechten und Pflichten und durch Loyalität zur politischen Ordnung hervorgebracht definiert. Im Gegensatz zum ethnisch-kulturellen wird in diesem idealtypischen Modell die Nation durch den Staat hervorgebracht.[4] Die Idee des Multikulturalismus kann als eine weitere Strategie zur Legitimation nationaler Identität betrachtet werden, insofern als die Prämissen des Multikulturalismus insbesondere in Staaten wie dem Vereinigten Königreich und Kanada die relative kulturelle Autonomie der Minderheiten unter der nach wie vor bestehenden Dominanz der *Mehrheitsgesellschaft* vorsehen (Taylor 1994; Kymlicka 1995).

Soysal zufolge waren in der zweiten Hälfte des 20. Jahrhunderts vier Bedingungen für den Wandel des nationalen Modells ausschlaggebend. Erstens, eine dieser Bedingungen war die Internationalisierung der Arbeitsmärkte, die sich in der zweiten Hälfte des 20. Jahrhunderts vollzog und mit kontinuierlicher Arbeitsmigration einherging, und zwar nicht nur aus den Ländern des ›Globalen Südens‹ in die Länder des ›Globalen Nordens‹, sondern auch in andere, nicht voraussehbare Richtungen: »zum Beispiel [von] Vietnames*innen [nach] Rumänien, [von] Chines*innen [nach] Moskau, [von] Nigerianer*innen in die Türkei, [von] Türk*innen [nach] Israel usw.« (Soysal 2001: 66, eigene Übersetzung

4 | Gleichzeitig betont Soysal, dass in vielen Ländern die institutionelle Ausgestaltung der Staatsbürgerschaft Elemente von beiden oben genannten idealtypischen Modellen aufnimmt.

aus dem Englischen). Zweitens fanden in der Nachkriegszeit Dekolonisierungsprozesse statt, die in vielen Fällen zur Entstehung neuer Staaten führten. Diese beanspruchten universelle Rechte für sich und förderten globale Gleichheitsdiskurse, die bereits im Kampf um die Dekolonisierung artikuliert worden waren. Drittens ist seit Anfang des 20. Jahrhunderts die Bedeutung grenzüberschreitender, transnationaler und supranationaler Formen des Regierens gestiegen, die mit einem zunehmenden Verlust nationalstaatlicher Souveränität einhergingen. Hier ist nicht nur die Entstehung supranationaler Formationen wie der EU zu nennen, sondern auch die Herausbildung *postnationaler* Regierungsformen wie der UNO und der UNESCO. Viertens werden diese Prozesse durch die zunehmende Dominanz globalisierter Menschenrechtsdiskurse und -semantiken begleitet, die potentiell imstande sind, auf der Grundlage einer Reihe internationaler Vereinbarungen (z.B. der Allgemeinen Erklärung der Menschenrechte von 1948) eine Vergabe von Rechten und Pflichten an individuelle Akteur*innen unabhängig von nationalen Regelungen zu ermöglichen. Das Zusammenspiel der genannten Prozesse stellt »die ›natürliche‹ Dichotomie von Bürger*innen und Ausländer*innen« infrage (Soysal 2001: 68, eigene Übersetzung aus dem Englischen). Die zunehmende Relevanz grenzüberschreitender Institutionen und Diskurse verändert Soysal zufolge auch das Zusammenspiel der zentralen Dimensionen politischer Mitgliedschaft.

Das postnationale Modell ist vor allem durch eine Entkopplung der territorialen Dimension von der Ebene der Rechte und Pflichten gekennzeichnet – »the [territorial] boundaries of national membership are fluid« (Soysal 2001: 69), das heißt, der Zugang zu Rechten und Pflichten ist nicht mehr allein an das Territorium eines Staates gekoppelt. Diese Entgrenzungsprozesse können sich zeitgleich mit einer Pluralisierung politischer Mitgliedschaft vollziehen. Die Zunahme der Anzahl von Personen mit doppelter Staatsbürgerschaft lässt sich dabei als ein Indikator solcher Pluralisierungsprozesse interpretieren.[5] Pluralisierte politische Mitglied-

5 | Obwohl Expertenschätzungen zufolge die Zahl doppelter Staatsbürgerschaften insbesondere seit Beginn der 1990er Jahre ansteigt, ist derzeit unklar, wie viele Personen tatsächlich eine doppelte Staatsbürgerschaft besitzen. Die Zahl der Staaten, die, wenn auch mit Einschränkungen, eine doppelte Staatsbürgerschaft zuließen, erhöhte sich zwischen 1996 und 2000 von 40 auf 93 (Kivisto/Faist 2007: 107, siehe unten).

schaft kann darüber hinaus auch andere Formen annehmen. Eine mobile Person wie die türkische Migrantin aus Berlin-Kreuzberg aus unserem Beispiel oben etwa kann Zugang zu Rechten und Pflichten mehrerer Staaten erhalten, wobei es sich in aller Regel um Rechte und Pflichten des Emigrations- und des Immigrationsstaates handelt.

Die potentielle Pluralisierung politischer Mitgliedschaft führt nun dazu, dass die Übertragung von Rechten und Pflichten auf bestimmte Kategorien von Migrant*innen zunehmend zu Gleichheit und für andere Kategorien von Migrant*innen zunehmend zu Ungleichheit führt. Im Zuge dieser Pluralisierung werden vor allem Rechte von Langzeitimmigrant*innen (*permanent residents*) aus Nicht-EU-Staaten an solche der Bürger*innen der (europäischen) Immigrationsstaaten angeglichen. So haben beispielsweise Entscheidungen des Europäischen Gerichtshofs dazu beigetragen, dass in erster Linie die ökonomischen und sozialen Rechte von Langzeitimmigrant*innen gestärkt wurden: »When permanent legal residents who are not citizens [...] acquire rights that are increasingly congruent with the rights traditionally associated with citizenship status, the salience of national citizenship is called into question.« (Kivisto/Faist 2007: 123). Im Hinblick auf das postnationale Modell ist es deshalb sinnvoll, zwischen *Bürger*innen und Staatsangehörigen* zu unterscheiden. Während als Bürger*innen sämtliche Angehörigen einer Gemeinschaft gelten, die entsprechende Rechte (Arbeitsmarkt, Wohlfahrt) besitzen und – zumindest teilweise – an Kommunalwahlen teilnehmen können,[6] werden Staatsangehörige als Bürger*innen verstanden, die darüber hinaus auch bei regionalen und nationalen Wahlen ein Wahlrecht besitzen.

Gleichzeitig verweist das postnationale Modell auf eine Vielzahl von Hierarchisierungsprozessen. Personengruppen wie etwa Staatsbürger*innen und Langzeitmigrant*innen werden durch die (Einwanderungs-)Staaten privilegiert, während andere Gruppen von (mobilen) Personen (temporäre Migrant*innen, Asylsuchende) über die Vergabe legaler Aufenthaltsstatuskategorien (unbefristete/befristete Aufenthaltsgenehmigung mit/ohne Arbeitserlaubnis) benachteiligt werden (zur Si-

---

6 | Langzeitmigrant*innen, die ökonomische, soziale und teilweise politische Rechte besitzen, nicht aber das Recht zur Teilnahme an nationalen und regionalen Wahlen, werden in der Literatur im Sinne von Mitgliedern einer politischen Gemeinschaft mit eingeschränktem Wahlrecht auch als »*denizens*« bezeichnet (Hammar 1990; Soysal 1994).

tuation in der EU siehe Carmel/Paul 2013). Mit anderen Worten wird hier das normative Primat der Gleichheit des Zugangs zu den Rechten und Pflichten aller Mitglieder einer politischen Gemeinschaft, so wie es vom nationalen Modell der Staatsbürgerschaft postuliert wird, auf der Grundlage von empirischen Beobachtungen angezweifelt.

Als zentrale Grundlage für die Legitimierung der Entgrenzung von der Vergabe der Rechte und Pflichten (über die Grenzen von Nationalstaaten hinaus) nennt Soysal die globalisierte Semantik der Menschenrechte, mit der die Idee von der universellen Gültigkeit der Menschenwürde artikuliert wird. Diese legitimiere eine Entkopplung politischer Mitgliedschaft von den territorialen Schranken von Nationalstaaten. Dabei weist Soysal auf einen eklatanten Widerspruch hin: Zum einen gewähren die Menschenrechte jedem Menschen universellen Status und untergraben somit die Relevanz des Nationalstaats; zum anderen ist das politische Recht auf Selbstbestimmung ein Bestandteil der universellen Menschenrechte und somit ist die Idee der nationalen Souveränität ein Bestandteil der globalisierten Semantik der Menschenrechte. Diese Idee wird durch postnationale (UN, UNESCO) und supranationale (EU) politische Strukturen legitimiert und aufrechterhalten und steht zudem im Widerspruch zum Recht des*der Einzelnen auf Schutz und Unantastbarkeit.

Der Begriff *postnationale Bürgerschaft* ist in den letzten Jahren intensiv diskutiert und von einigen Autor*innen auch infrage gestellt worden (siehe z.B. Koopmans 2012). Einer der wichtigsten Kritikpunkte bezieht sich dabei auf die Annahme, dass nationale Institutionen zunehmend durch supranationale oder postnationale Konstrukte ersetzt würden, die deshalb problematisch sei, weil »no supranational institutions [exist that confer] [...] the status of formal membership irrespective of a prior nationality – not even the EU« (Kivisto/Faist 2007: 124). Das bedeutet, dass politische Mitgliedschaft nach wie vor primär von Nationalstaaten gewährt wird. Dennoch ermöglicht dieser Ansatz in vielerlei Hinsicht innovative Einsichten. Im Gegensatz zum nationalen Modell der Staatsbürgerschaft, das die soziale Realität aus der Perspektive immobiler Populationen beschreibt, erlaubt das postnationale Modell Aussagen darüber, wie Einwander*innen sich heute über Staatsgrenzen hinweg Zugang zu Rechten und Pflichten verschaffen und wie sich sowohl institutionelle Rahmenbedingungen der Übertragung von Rechten als auch deren Legitimationsgrundlagen verändern. Ohne normative Gültigkeit zu beanspruchen, identifiziert dieser Ansatz die zentralen Momente des Wandels politischer Mitgliedschaft.

Das Modell der multiplen Bürgerschaft: Doppelte und verschachtelte Mitgliedschaft

Auf die Erosion des nationalen Staatsbürgerschaftsmodells haben auch Rainer Bauböck (1994), Seyla Benhabib (2004) sowie Peter Kivisto und Thomas Faist (2007) hingewiesen. Die prominente politische Philosophin Seyla Benhabib beschreibt diesen Wandel wie folgt:

»The modern nation-state system has regulated membership in terms of one principal category: national citizenship. We have entered an era when state sovereignty has been frayed and the institution of national citizenship has been disaggregated or unbundled into diverse elements. New modalities of membership have emerged, with the result that the boundaries of the political community, as defined by the nation-state system, are no longer adequate to regulate membership.« (Benhabib 2004: 1).

Die politischen Soziologen Peter Kivisto und Thomas Faist argumentieren, dass die aktuellen Diskurse über Globalisierung und Transnationalisierung die Bedeutung des Nationalstaats verändern, indem sie die Entstehung »neuer, bestehende politische Grenzen transzendierender Modi und Loci von Zugehörigkeit« begünstigen (Kivisto/Faist 2007: 102, eigene Übersetzung aus dem Englischen). Den Autoren zufolge manifestiert sich die Transformation des nationalen Modells in Form zweier Tendenzen: der zunehmenden Anzahl und Relevanz doppelter Staatsbürgerschaften und der Herausbildung sog. *verschachtelter Mitgliedschaften*, die vor allem für die supranationale EU relevant sind. Beide Varianten politischer Mitgliedschaft – doppelte Staatsbürgerschaft und verschachtelte Mitgliedschaft – verweisen auf einen Wandel hin zu einem *multiplen Modell* politischer Mitgliedschaft (*multiple citizenship*). Sie werden in ihren Grundzügen im Folgenden näher vorgestellt.

Doppelte Mitgliedschaft

Das Phänomen der doppelten Staatsbürgerschaft (*dual citizenship*) stellt die Annahme infrage, dass politische Mitgliedschaft lediglich von einem souveränen Nationalstaat vorgegeben werden könne bzw. müsse. Im Zuge von (transnationaler) Migration bilden sich aber bei »Bürger*innen in grenzüberschreitenden sozialen Räumen vielfältige Verbindungen und Loyalitäten« heraus (Kivisto/Faist 2007: 104, eigene Übersetzung aus dem Englischen), die der Vorstellung von einem nationalstaatlichen Monopol auf die Definition politischer Mitgliedschaft entgegenstehen: »dual citizenship [...] calls into question any one state's right to claim a monopoly on the membership of it's citizenry« (Kivisto/Faist 2007: 103).

Doppelte Staatsbürgerschaft ist in einigen Ländern bereits seit geraumer Zeit Realität, und ihre je individuelle Ausgestaltung hängt davon ab, wie die einzelnen Länder die Vergabe von Staatsbürgerschaft handhaben. Zunächst wäre in diesem Zusammenhang das Prinzip des *ius soli* (sog. Geburtsortprinzip) zu nennen, das garantiert, dass, wer in einem bestimmten Land geboren wird, die Staatsbürgerschaft dieses Landes erhält. Das Prinzip des *ius sanguinis* (sog. Abstammungsprinzip) hingegen ermöglicht die Übertragung der Staatsbürgerschaft von Eltern oder anderen (Bluts-)Verwandten auf ein Kind. Daneben kann die Übertragung der Staatsbürgerschaft auch durch den/die Ehepartner*in sowie durch die Länge des Aufenthalts in einem Land sichergestellt werden – nicht aber im Rahmen von gleichgeschlechtlicher Partnerschaft.[7] Diese Prinzipien und Bedingungen können nicht getrennt voneinander betrachtet werden. So kann beispielsweise Migration zu einer doppelten Staatsbürgerschaft führen, wenn die Bedingungen des *ius soli* und des *ius sanguinis* erfüllt werden (Martin 2003): »Immigrant-receiving nations tend to favor jus soli, as this best reflects the needs of both the nation and the settlers themselves. On the other hand, emigrant-sending nations – including most European nations historically – tend to favor jus sanguinis« (Kivisto/Faist 2007: 106).

Doppelte Staatsbürgerschaft wurde in öffentlichen Debatten lange Zeit sehr kritisch gesehen, da unklar war, wie Staaten Personen mit doppelter Staatsbürgerschaft zu behandeln hätten. Allgemein konstruierten auch hegemoniale Diskurse Personen mit doppelter Staatsbürgerschaft als Illoyale, da sie nicht eindeutig einer Nation allein zugerechnet werden konnten. Rechtliche Bestimmungen, die eine doppelte Staatsbürgerschaft untersagen, haben eine lange Geschichte.

Zu Beginn des 20. Jahrhunderts verwendeten viele Nationalstaaten die Regelung »that naturalized individuals who left the country in which

7 | Im Gegensatz zu sozialer Verwandtschaft wird die »Blutsverwandtschaft« seit einigen Jahren in mehreren EU-Staaten mithilfe von Gentests festgestellt (siehe Heinemann/Lemke 2014).

they naturalized and returned permanently to their homeland lost their naturalized citizenship« (Kivisto/Faist 2007: 110).

Auch das Haager Abkommen über Fragen der Kollision von Staatsangehörigkeitsgesetzen von 1930 sprach sich dafür aus, dass Personen nur eine Staatsbürgerschaft innehaben sollten. Dennoch wurde diesbezüglich keine einheitliche Regelung getroffen, sodass einzelne Staaten begannen, verschiedenen Vorgaben zu folgen. Die UN-Konvention zur Beseitigung jeder Form von Diskriminierung der Frau von 1979 führte zu einer Lockerung gewisser rechtlicher Regelungen in Bezug auf doppelte Staatsbürgerschaft (u.a. mussten Frauen, die einen »Ausländer« geheiratet haben, ihre ursprüngliche Staatsangehörigkeit nicht mehr abgeben (CEDAW 1979, Teil II Artikel 9) und zu einer weiteren Verbreitung des Phänomens Staatenlosigkeit. Beginnend in den 90er Jahren verringerte sich in der Folge der Widerstand gegen doppelte Staatsbürgerschaften; die Zahl der Staaten, die, wenn auch jeweils mit gewissen Restriktionen, eine doppelte Staatsbürgerschaft erlauben, erhöhte sich zwischen 1996 und 2000 von 40 auf 93 – ein Hinweis auf die Zunahme der Anzahl von Personen mit doppelter Staatsbürgerschaft.

Kivisto und Faist (2007: 107) zufolge gibt es eine Reihe von Bedingungen, die eine Zunahme doppelter Staatsbürgerschaften begünstigen: Die Auswirkungen transnationaler Migration, die mit der Aufrechterhaltung von Kontakten zwischen den Sende- und Empfängerländern einhergeht, haben in den letzten 30 Jahren zu einer zunehmenden Akzeptanz doppelter Staatsbürgerschaften geführt. Des Weiteren sind die veränderten Geschlechterverhältnisse und Gleichstellungsregelungen zu nennen, die zur Anerkennung der Staatsangehörigkeit verheirateter Frauen geführt haben. Während im 18. und 19. Jahrhundert in vielen Ländern zur Vermeidung einer doppelten Staatsbürgerschaft die Ehefrau die Staatsbürgerschaft ihres Mannes annehmen musste, konnten nach der Liberalisierung dieser Gesetze Kinder aus binationalen Familien sogar drei Staatsbürgerschaften gleichzeitig besitzen, wenn sie in einem Land geboren wurden, in dem das *ius soli* galt. Viele Emigrationsländer unterstützen doppelte Staatsbürgerschaften deshalb, weil auch sie als Sendeländer davon profitieren, in ökonomischer Hinsicht zum Beispiel in Form von Rücküberweisungen (*remittances*) durch Migrant*innen. Und schließlich spielte auch der Niedergang der Sowjetunion und des ehemaligen Jugoslawiens zu Beginn der 1990er Jahre eine Rolle, der zu einer Zunahme doppelter Staatsbürgerschaften führte, da viele ehemals jugoslawische und sowjetische Staatsbürger*innen nunmehr in einem neu gegründeten Staat lebten, ohne das Territorium je verlassen zu haben.

Das Phänomen doppelter Bürgerschaft deutet auf eine Entkopplung der einst eng miteinander verbundenen Dimensionen des nationalen Staatsbürgerschaftsmodells hin. Es verweist auf das Auseinanderdriften der territorialen Dimension und der Dimension der Rechte und Pflichten: Inhaber*innen einer doppelten Staatsbürgerschaft haben Rechte und Pflichten mehrerer Staaten, ihre Rechte sind also nicht auf das Territorium eines Nationalstaats allein beschränkt. Überdies stellt die doppelte Staatsbürgerschaft die nationale Identitätssemantik infrage, denn die grenzüberschreitenden, transnationalen Loyalitäten von Personen mit doppelter Staatsbürgerschaft weichen von der Idee der auf einen Nationalstaat zentrierten Identität ab.

Verschachtelte Mitgliedschaft

Während doppelte Staatsbürgerschaft potentiell sowohl für die Länder des ›Globalen Nordens‹ als auch für die des ›Globalen Südens‹ von Relevanz ist, ist *das Modell der verschachtelten Bürgerschaft* (*nested citizenship*) vor allem für die EU kennzeichnend. Diese Form der multiplen Bürgerschaft verweist auf die Möglichkeit einer (unter Umständen gleichzeitigen) Übertragung von Rechten und Pflichten auf verschiedenen sozialräumlichen Ebenen: von der lokalen über die nationale bis hin zur supranationalen Ebene. Dabei können die jeweiligen Ebenen an spezifische Loyalitäten und Identitätssemantiken gekoppelt sein. Kivisto und Faist (2007) definieren das Modell der verschachtelten Bürgerschaft als »a form of multiple citizenship, but one in which multiple citizenship connotes full membership of multiple governance levels [...] The notion of nested citizenship presumes that the different levels of citizenship are interconnected, rather than operating autonomously« (ebd.: 122).

Den Autoren zufolge nimmt die Bedeutung des Modells der verschachtelten Bürgerschaft in der EU zu, da die Menschenrechte zur zentralen Grundlage für die Legitimierung der supranationalen EU-Bürgerschaft geworden sind – eine Tendenz, auf die bereits das oben zitierte Konzept der postnationalen Bürgerschaft verweist. Außerdem wurden im Zuge beider EU-Erweiterungen 2004 und 2007 die Rechte von EU-Bürger*innen unionsweit vereinheitlicht (Amelina 2017; siehe auch Benhabib 2004); Gleichstellungsprozesse dieser Art äußern sich etwa in der Prämisse der Freizügigkeit für EU-Bürger*innen und in der Idee der

Gleichbehandlung mobiler EU-Bürger*innen auf den Arbeitsmärkten der Immigrationsstaaten. Schließlich kommen diese Prozesse auch in der auf der supranationalen Ebene vorangetriebenen Angleichung der sozialen Rechte von EU-Bürger*innen zum Ausdruck (Carmel/Paul 2013).

Im Gegensatz zum postnationalen Modell, das nationale Institutionen bereits durch supranationale ersetzt sieht, hebt das Konzept der verschachtelten Bürgerschaft eher die Interaktion zwischen der nationalen und der supranationalen Ebene des Regierens hervor. Solche multiskalaren Regierungsprozesse haben eine Reihe neuer Definitionen politischer, ökonomischer und sozialer Rechte hervorgebracht, die darauf abzielen, unterschiedliche Regelungen einzelner EU-Staaten in Bezug auf die Übertragung von Rechten und Pflichten zu harmonisieren. Ein Beispiel für Angleichungsprozesse dieser Art ist die Regulierung der Portabilität sozialer Rechte (insb. in Form der Verordnung (EG) Nr. 987/2009), die es mobilen EU-Bürger*innen ermöglicht, Ansprüche auf wohlfahrtsstaatliche Leistungen in den Bereichen Arbeitslosenversicherung, Gesundheitsvorsorge, Familienleistungen und Rente aus dem Emigrations- in das Immigrationsland zu transferieren, sodass vor dem Zeitpunkt der Migration akkumulierte Sozialversicherungsansprüche nicht verloren gehen (Moriarty u.a. 2016).[8]

Insgesamt betonen Kivisto und Faist, dass die Nationalstaaten zwar nicht endgültig von supranationalen politischen Strukturen abgelöst worden seien, dass aber die Idee von der nationalen Zugehörigkeit allmählich ihre tragende Bedeutung verliere, mit der Folge, dass »die strukturelle Grundlage nationaler Staatsbürgerschaft allmählich ausgehöhlt« werde (Kivisto/Faist 2007: 123, eigene Übersetzung aus dem Englischen). Es bleibt jedoch offen, welche Art Identität die Legitimationssemantik der verschachtelten politischen Mitgliedschaft stützt. Während Ulrich Beck und Edgar Grande (2004) hier die Wirkmächtigkeit des kosmopolitischen Diskurses walten sehen, heben Kivisto und Faist hervor, dass die euro-

8 | Auch wenn die Prämisse der Gleichheit des Zugangs zu politischen, sozialen und ökonomischen Rechten für die EU-Bürger*innen explizit in die formalen EU-Vorgaben und Regulierungen eingegangen ist, verläuft die Umsetzung dieser supranationalen Regulierungen auf der nationalen Ebene nicht immer einwandfrei, wie die aktuelle Forschung zur Mobilität aus den neuen in die alten EU Staaten zeigt (Amelina u.a. 2016b).

päische Zugehörigkeitskonstruktion erst noch im Entstehen sei und sich noch nicht hinreichend artikuliert habe.

Die konzeptionellen Überlegungen, die den Begriffen *postnationale* und *multiple Mitgliedschaft* (nebst den Varianten *doppelte* und *verschachtelte Mitgliedschaft*) zugrunde liegen, können als einander ergänzend betrachtet werden. Beide Begriffe weisen enge Bezüge zu den in den Kapiteln eins bis vier vorgestellten Formen und Praktiken transnationaler Migration auf, insofern als sie im Grunde deren Wirkungen auf die institutionellen Strukturen politischer Mitgliedschaft reflektieren.

Orientalismuskritik in der (Staats-)Bürgerschaftsforschung

Neben postnationalen und transnationalen Ansätzen stellen auch postkoloniale Ansätze (Isin 2002, 2015)[9] den universalisierenden Anspruch des nationalen Staatsbürgerschaftsmodells infrage. Ihre Kritik zielt insbesondere auf die Offenlegung und Überwindung orientalistischer Annahmen in der klassischen Staatsbürgerschaftsforschung. Dem Politikwissenschaftler Engin Isin zufolge liegt dem Modell der nationalen Bürgerschaft nämlich ein spezifisch »westliches« Moment zugrunde: »Orientalism mobilized images of citizenship as a unique occidental invention that oriental cultures lacked and of the citizen as a virtuous and rational being without kinship ties« (Isin 2002: 117). Als ein weiteres wesentliches Merkmal des nationalen Staatsbürgerschaftsmodells gilt Isin die Perspektive des Synoikismos (*synoecism*), der zufolge die politische Ordnung (*polity*) auf der Verschränkung territorialer und politischer Aspekte beruht: »Synoecism generated images of citizenship as fraternity, equality, liberty, expressing a unified and harmonious polity, and of the citizen as a secular and universal being without tribal loyalties« (ebd.: 117).

Die Wirkmächtigkeit des Orientalismus lässt sich sehr gut anhand einer postkolonialistisch inspirierten Auseinandersetzung mit Texten des soziologischen Klassikers Max Weber zeigen (1917; 1918; 1922; 2011 [1924]). Dessen Schriften zur Religionssoziologie und zur Analyse nichtwestlicher Gesellschaften waren Gegenstand breiter wissenschaftlicher

9 | Als postkoloniale Studien wird eine Reihe von Ansätzen bezeichnet, die euro- und ethnozentrische Prämissen in den Sozial- und Kulturwissenschaften infrage stellen (siehe neben vielen anderen Fanon 1980 [1952]; Said 1979; Spivak 1988; Bhabha 1994)

Debatten und haben einen Grundstein für orientalistische und synoikistische Analysen von (Staats-)Bürgerschaft gelegt. Weber stellte in seinen Texten den ›Westen‹ als im Vergleich zum ›Orient‹ fortschrittlich(er) dar, verschwieg dabei jedoch die Rolle des Imperialismus in Kolonisierungsprozessen und bei der Entwicklung nichtwestlicher Gesellschaften; er hob das Primat der Religion bei der Organisation von Gesellschaftsordnungen hervor, wodurch wiederum seine orientalistische Argumentation gestützt wurde.

Ein wichtiger Aspekt der Entwicklung der nationalen Staatsbürgerschaft als eine Form von politischer Mitgliedschaft sah Weber in der Entstehung okzidentaler Städte:

»Nicht jede ›Stadt‹ im ökonomischen und nicht jede, im politisch-administrativen Sinn einem Sonderrecht der Einwohner unterstellte, Festung war eine ›Gemeinde‹. Eine Stadtgemeinde im vollen Sinn des Wortes hat als Massenerscheinung vielmehr nur der Okzident gekannt. [...] Denn dazu gehörte, dass es sich um Siedlungen mindestens relativ stark gewerblich-händlerischen Charakters handelte, auf welche folgende Merkmale zutrafen: 1. die Befestigung, 2. der Markt, 3. eigenes Gericht und mindestens teilweise eigenes Recht, 4. Verbandscharakter und damit verbunden, 5. mindestens teilweise Autonomie und Autokephalie, also auch Verwaltung durch Behörden, an deren Bestellung die Bürger als solche irgendwie beteiligt waren.« (Weber 1922: 621ff.)

Obwohl dergleichen auch in China, Japan, dem Nahen Osten und Ägypten existierte, waren Weber zufolge sämtliche Bedingungen für die Entwicklung eines kapitalistischen Systems allein im ›Westen‹ hinreichend erfüllt. In nichtwestlichen Gesellschaften seien den Einwohner*innen der Städte Unabhängigkeit und Teilhabemöglichkeiten verwehrt gewesen, weshalb diese Menschen eher in ländlichen Strukturen verhaftet geblieben seien. Weber zufolge »war jedenfalls der normale Zustand der: dass nur die Geschlechtersippen und eventuell neben ihnen die Berufsverbände, nicht aber die Stadtbürgerschaften als solche, Träger eines Verbandshandelns sind« (Weber 1922: 526). Da Städte im Sinne dieses Wortes, so Weber, nur im Westen existiert hätten, habe sich auch nur in diesen die Idee des Bürgertums als einer Form politischer Mitgliedschaft entwickelt. Politische Mitgliedschaft in Form von Bürgerschaft stellt also Weber zufolge eine spezifische Eigenart westlicher Städte dar, und das, obwohl auch im heutigen Westen in der Antike und im Mittelalter *Stam-*

messstrukturen existierten, deren Existenz Weber jedoch übersieht. Weber zufolge hat (Staats-)Bürgerschaft nichts mit einer spezifischen Gruppenzugehörigkeit zu tun, sondern damit, dass:

»an diesem Punkt des sozialen Lebens der Einzelne einmal nicht, wie sonst überall, nach seiner Besonderung in beruflichen und familienhaften Stellungen und nach den Verschiedenheiten seiner materiellen oder sozialen Lage in Betracht kommt, sondern eben nur: als Staatsbürger« (Weber 1917: 22).

Solche Beschreibungen sind aus mindestens zwei Gründen problematisch: Zum einen stellen grenzüberschreitende Prozesse der Globalisierung und Transnationalisierung das Auseinanderdriften von territorialer Dimension der Bürgerschaft und der Dimension der Rechte und Pflichten und somit den Synoikismos, das heißt die Überlagerung territorialer und politischer Herrschaftsmodi, infrage. Zum anderen finden zunehmend Prozesse einer Vervielfältigung von Identitätskonstruktionen statt, die gewisse Legitimationssemantiken des nationalen Bürgerschaftsmodells in Zweifel ziehen. Zu beobachten sind dabei »sowohl ein Prozess der Fragmentierung, in dessen Folge sich verschiedene Gruppenidentitäten herausgebildet haben, als auch Diskurse, in deren Folge sich ›Differenz‹ zu einer dominanten Strategie [der symbolischen Kämpfe um Anerkennung – AA.] entwickelt hat« (Isin 2002: 122, eigene Übersetzung aus dem Englischen). Diese Identitätspluralisierung wird in politischen Debatten und Kämpfen jedoch oft essenzialisiert.

Einige Vertreter*innen postkolonialer Theorien (z.B. De Genova 2016; Isin 2015) fordern, dass neu zu entwickelnde Staatsbürgerschaftstheorien zwei Prämissen berücksichtigen sollten. Erstens sollten sie in der Lage sein, die Vielfalt von Identitätskonstruktionen zu reflektieren: »The question facing us today, therefore, is not whether to recognize different ethnic identities or to protect ›nature‹ or to enable access to cultural capital or to eliminate discrimination against women and gays or to democratize computer mediated communications, but how to do them all at the same time« (Isin 2002: 124). Zweitens sollten neue Staatsbürgerschaftsansätze, orientalistische Perspektiven in der Staatsbürgerschaftsanalyse vermeiden, *hermeneutische Unterschiede* verschiedener Perspektiven und Identitätspositionen in den Blick nehmen ohne diese jedoch zu hierarchisieren.

5.3 Die Infragestellung des weissen Androzentrismus: Feministische und intersektionelle Ansätze in der (Staats-)Bürgerschaftsforschung

Der Frage, wie und in welcher Form verschiedenen Identitäts- und Zugehörigkeitskonstruktionen in Ansätzen der Staatsbürgerschaftsforschung Rechnung getragen werden kann und wie die konkret existierenden Formen politischer Mitgliedschaft spezifische Zugehörigkeitsformen in ihren Legitimationssemantiken privilegieren, sind Vertreter*innen der feministischen und der intersektionellen Staatsbürgerschaftsforschung nachgegangen. Deren zentrale Ideen werden im Folgenden vorgestellt.

Vergeschlechtlichung von Staatsbürgerschaft. Befunde feministischer Migrationsforschung

In der Staatsbürgerschaftsforschung wird das oben vorgestellte nationale Modell politischer Mitgliedschaft als *universell*, also *alle* Mitglieder einer politischen Gemeinschaft betreffend gesetzt (Mackert 2006). Eine solche Beschreibung vernachlässigt jedoch die androzentrischen Ursprünge dieses Modells. Zwar hat auch die allgemeine Staatsbürgerschaftsforschung darauf hingewiesen, dass Frauen bis zu Beginn des 20. Jahrhunderts in Europa von der Staatsbürgerschaft ausgeschlossen waren (ebd.), allerdings ist dabei auf eine Analyse der Vergeschlechtlichung politischer Mitgliedschaft bisher weitestgehend verzichtet worden.

Dagegen nehmen Kritiker*innen die Einschreibung männlicher Dominanz und weiblicher Unterordnung unter die institutionell gesteuerte Vergabe der politischen, ökonomischen und sozialen Rechte in den Blick (Okin 1998; Kofman 2000b). Die Ursprünge dieses androzentrischen Leitbilds, die Frauen lediglich als *Angehörige* der männlichen Bürger und als Nutznießerinnen *abgeleiteter Rechte* definiert haben, gehen auf die patriarchalen europäischen Regime des 19. Jahrhunderts zurück. Weil ausschließlich Männern zugestanden wurde, Staatsbürgerschaft auf ihre Ehepartnerinnen und ihre Kinder zu übertragen, wurden Frauen, die einen Ausländer heirateten, selbst Ausländerinnen oder gar staatenlos (Kofman 2000b: 77).

Die Inkorporation des heterosexuellen Androzentrismus äußert sich auch darin, dass die Dichotomie zwischen der öffentlichen und der privaten Sphäre in die Legitimationssemantiken des nationalen Staatsbürgerschaftsmodells eingeschrieben ist:

»the public/political sphere [is seen] as the realm of liberty and equality: it is there that free, male citizens engage with their peers and deliberate over the common good, deciding what is just or unjust [...]. The political space must be protected from the private sphere, defined as the domain of necessity and inequality, where the material reproduction of the polis is secured. Women, associated with the ›natural world‹ of reproduction, are denied citizenship and relegated to the household« (Leydet 2014).

Die Dichotomie *öffentlich/privat* wurde bereits in den 1970er Jahren von feministischen Theoretikerinnen als Ergebnis der Sphärenspaltung in öffentlich und privat (siehe Kapitel eins) – von in der *öffentlichen Sphäre* getroffenen politischen Entscheidungen entlarvt (siehe z.B. Lister 1993; Okin 1992, 1998). Eine solche Trennung begünstigt nicht nur die patriarchale Subordination von Frauen in privaten Haushalten, sondern auch die patriarchale Struktur der Geschlechterverhältnisse in der Gesellschaft insgesamt, durch die die *öffentliche Sphäre* als Entscheidungsraum heterosexueller Männer kodiert wird. Mit der Institution der heterosexuellen Ehe wird der Androzentrismus der Institution der nationalen Staatsbürgerschaft stabilisiert, denn: »Die Ehe schreibt auch unter wohlfahrtsstaatlichen Bedingungen die Abhängigkeit der Frauen von ihren Ehemännern fest, fesselt sie an die häusliche Sphäre und hält sie in einem Status der Unmündigkeit« (Mackert 2006, S. 112; siehe auch Vogel 1991). Die nationale Legitimationssemantik, sei sie ethnisch-kulturell oder bürgerlich-republikanisch, beruht also auf der Vorstellung von einer natürlichen Zweigeschlechtlichkeit, die für die Reproduktion einer *Nation* zentral sei (Yuval-Davis 2011a). Dies führt jedoch zum Ausschluss von Zugehörigkeitskonstruktionen sexueller Minderheiten aus der nationalen Legitimationssemantik (Richardson 2000; Oleksy u.a. 2011). Als Folge der Frauenbewegungen wurden Bürgerinnen der westeuropäischen und anderer westlichen Industrienationen in vielerlei Hinsicht den Bürgern gleichgestellt worden.[10] Dennoch erfolgt bei der Über-

10 | Allerdings ist in der Forschung umstritten, ob eine vollständige Angleichung angenommen werden kann. Analysen von Geschlechterregimes in Europa beispielsweise haben deutlich gemacht, dass der Zugang sowohl zu Arbeitsmärkten als auch zu sozialen Rechten nach wie vor vergeschlechtlicht ist. Als ein Indikator

tragung politischer, ökonomischer und sozialer Rechte auf Migrant*innen nach wie vor eine Einschreibung der genannten patriarchalen Narrative. Diese äußert sich zum Beispiel darin, dass das *patriarchale Modell des Alleinverdieners* in die Rechteregulierung eingeschrieben ist. Bei der Einreise eines Ehepaars aus einem Nicht-EU-Staat etwa wird in den meisten EU-Ländern der Ehemann wie selbstverständlich als Haushaltsvorstand eingestuft (Krzystek 2013). Ein weiteres Beispiel stellt die politische Regulierung von *Familienzusammenführungen* dar: Der rechtliche Aufenthaltsstatus einer (Ehe-)Frau bestimmt sich in Abhängigkeit vom rechtlichen Aufenthaltsstatus des (Ehe-)Mannes. Diese Kopplung ist problematisch, weil so die Rechte von Migrantinnen durch eine perpetuierte patriarchale (Unter-)Ordnung festgelegt werden. Auch die Auferlegung einer Probezeit im Falle von Heiratsmigration macht die Inkorporation der patriarchalen Subordination von Frauen im Bereich der Reglementierung von Migration evident: Heiratet ein Bürger eine Ausländerin, muss in den meisten Staaten eine Probezeit absolviert werden, bevor die Partnerin die Staatsangehörigkeit des Immigrationslandes beantragen kann; in diesem Zeitraum bleibt die Frau vom Ehemann abhängig, und in manchen Fällen dauert diese Abhängigkeit noch weitaus länger an (Lutz 1997; Kofman 2000b; Krzystek 2013).

Die Situation von Migrantinnen wird in der europäischen feministischen Debatte erst seit Mitte der 1980 Jahre berücksichtigt (siehe Kapitel eins). Die Internationale Organisation für Migration (IOM[11]), etwa, machte darauf aufmerksam, dass viele öffentliche Foren Migrantinnen nicht die ihnen gebührende Anerkennung gewährten. Auch die Internationale Arbeitsorganisation (ILO) hat sich der Stärkung der Rechte von Migrant*innen verschrieben. Nach einem Jahrzehnt langwieriger Verhandlungen wurde 1990 unter der Schirmherrschaft der Vereinten Nationen die Internationale Konvention zum Schutz der Rechte aller Wanderarbeitnehmer*innen und ihrer Familienangehörigen unterzeichnet. An diesem Abkommen, das erst im Jahre 2003 ratifiziert wurde und der Benachteili-

dafür kann in Deutschland die Aufrechterhaltung des Ehegattensplittings genannt werden, das eine Zunahme der Anzahl von Frauen in Teilzeitbeschäftigung begünstigt (siehe z.B. Bang, Jensen/Pfau-Effinger 2000; Forsberg, Gonås/Perrons 2000).

11 | Siehe z.B. die Reihe »Migration Research Series«, die seit dem Jahr 2001 publiziert wird (online unter: http://publications.iom.int/about-iom-publications vom 18.03.2016).

gung von Migrant*innen seitdem auch durchaus entgegengewirkt hat, ist jedoch kritisiert worden, dass es sich nicht mit der vergeschlechtlichten Differenzierung der Arbeitsmärkte und der sexuellen Ausbeutung von Frauen beschäftige. Das Ziel, verheirateten Migrantinnen unabhängig vom rechtlichen Status des ›Stammhalters‹ gewisse weitergehende Rechte zu gewähren, ist jedoch nach wie vor nicht erreicht.

Geschlechtsspezifische Narrative in staatlichen Inkorporationspolitiken

Wie Migranten*innen am gesellschaftlichen Leben ihres Ziellands teilhaben können, wird maßgeblich durch das im jeweiligen Nationalstaat vorherrschende Inkorporationsmodell bestimmt. Während in der deutschsprachigen Migrationsforschung in Analysen des Zugangs zum politischen, ökonomischen und sozialen Leben zumeist der Begriff *Integration* verwendet wird, finden sich in der englischsprachigen Forschung in aller Regel die Begriffe *Assimilation* und *Inkorporation*, wobei mit letzterem weniger normative Vorstellungen konnotiert sind (Amelina 2010). Die Politikwissenschaftlerin Eleonore Kofman unterscheidet im Zusammenhang mit der Inkorporation von Migrant*innen vier idealtypische Modelle: das imperiale, das ethnische, das republikanische und das multikulturalistische Modell. Dabei versteht Kofman Inkorporation als »the ways in which migrants and minorities are treated in relation to the wider society and the degree to which the identity of groups is recognized« (Kofman 2000b: 95). Zum einen spiegelt die politische Regulierung von Inkorporationsprozessen die (Nicht-)Übertragung politischer, ökonomischer und sozialer Rechte auf Migrant*innen wider; zum anderen beinhalten die Legitimationssemantiken der einzelnen Inkorporationsmodelle vergeschlechtlichte Narrative, die Migranten und Migrantinnen jeweils eine spezifische Rolle in Inkorporations- bzw. Anpassungsprozessen zuschreiben. Drei der genannten Modelle – das ethnische, das republikanische und das multikulturalistische Inkorporationsmodell – werden im Folgenden überblicksweise vorgestellt,[12] wobei das Hauptaugenmerk darauf gelegt wird, wie weibliche Migrantinnen in politischen Inkorporationsstrategien sozial konstruiert werden.

12 | Auf die Darstellung des imperialen Modells wird in diesem Abschnitt aus Platzgründen verzichtet.

Das *ethnische Inkorporationsmodell* lässt sich auf das bereits erwähnte ethnische Staatsbürgerschaftsmodell zurückführen, das nationale Zugehörigkeit als »durch Abstammung weitergegeben« definiert (Kofman 2000b: 97, eigene Übersetzung aus dem Englischen; siehe auch Brubaker 1992). Weil dieses Modell auf dem Abstammungsprinzip (»Blutrecht«, *ius sanguinis*) beruht, schließt es eingewanderte Minderheiten von politischer Mitgliedschaft aus. Gleichzeitig wird Minderheiten, die als der autochthonen Bevölkerung ethnisch-kulturell ähnlich wahrgenommen werden (z.B. Spätaussiedler*innen), ohne Weiteres, die Partizipation am politischen, ökonomischen und sozialen Leben ermöglicht. Das ethnische Modell bereitet neuen Minderheiten Schwierigkeiten bei der Etablierung ethnischer Gemeinschaften und der Artikulation politischer Interessen im Zielland. Kofman zufolge behindert das ethnische Modell insbesondere verheirateten Migrantinnen den Zugang zum Arbeitsmarkt des Immigrationslands. Die formale Einschränkung ökonomischer Partizipation von (verheirateten) Frauen soll zudem einer Einwanderung durch Familiennachzug entgegenwirken (Kofmann 2000b: 98). Darüber hinaus definiert das ethnische Modell Migrantinnen als Bewahrerinnen ethnischer Traditionen und ihr Handeln als potentiell hinderlich für die Inkorporation von Minderheiten in die »Mehrheitsgesellschaften«.

Das *republikanische Inkorporationsmodell* geht auf das Staatsbürgerschaftsmodell zurück, das Neuankömmlinge inkorporiert, wenn sie die in dieser Gemeinschaft geltenden politischen Normen akzeptieren. Migrantinnen gelten im republikanischen Inkorporationsmodell als Förderinnen von Anpassungsprozessen, die eine schnelle *Akkulturation* neuer Minderheiten ermöglichen können. So hat die Politik Frankreichs – die zumeist als Paradebeispiel für das republikanische Modell angeführt wird – Migrantinnen zunehmend in den Mittelpunkt der Aufmerksamkeit gerückt, da sie diese als Mittlerinnen zwischen Tradition und Moderne begreift.

Das *multikulturalistische Inkorporationsmodell* schließlich basiert auf dem Prinzip des Pluralismus, das ethnischen Gruppen *kulturelle Autonomie*[13] gewährt, solange sie sich an die politischen Normen des Einwanderungsstaates halten (Taylor 1994; Kymlicka 1995). Dabei soll die Existenz

13 | Dabei bedient sich das multikulturalistische Modell eines essentialistischen Kulturbegriffs, der *Kultur* als *ethnische Kultur* definiert und auf der Annahme beruht, dass die Einteilung einer Gesellschaft in *ethnische Gruppen* eine gleichsam natürlich gegebene Einteilung der sozialen Welt widerspiegele.

von Minderheitengruppen nicht die Dominanz der *Mehrheitsgesellschaft* infrage stellen. Die Idee des Multikulturalismus geht mit der Forderung wirtschaftlicher und sozialer Gleichstellung von (eingewanderten) Minderheiten einher, die beispielsweise zur Institutionalisierung von Antidiskriminierungsmaßnahmen führen kann, deren Nichteinhaltung mit Sanktionen belegt wird. Das multikulturalistische Modell zeichnet sich einerseits durch einen höheren Grad an Offenheit in Bezug auf die Inkorporation von Minderheiten aus und ermöglicht somit auch öffentliche Debatten über die Perpetuierung geschlechtsspezifischer Ungleichheiten im Kontext von (post-)migrantischen Inkorporierungspraktiken. Andererseits tendiert das multikulturalistische Modell jedoch aufgrund der ihm inhärenten essentialistischen Definition ethnischer Gruppen zu einer Zementierung des *Nebeneinanderlebens* der *Mehrheit* und der *Minderheiten*. Die feministische Kritik hat jedoch darauf hingewiesen, dass dieses Modell dazu führen könne, eine (mögliche) patriarchale Subordination innerhalb von Minderheitengemeinschaften zu tolerieren und somit zu perpetuieren (z.B. Kofman 2000b: 101; Okin 2005). Zugleich sind multikulturalistische Leitbilder für die Inkorporation von Migrant*innen auch weiterhin häufig von der Dominanz der (Geschlechter-)Stereotype der »weißen« Mittelschicht geprägt.

Dieser Überblick macht deutlich, dass es verschiedene Arten von Inkorporationsmodellen gibt, die auf vergeschlechtlichten Narrativen nationaler Legitimationssemantiken aufbauen. Wenngleich diese Narrative für migrantische Inkorporationspraktiken und den Erwerb von Staatsangehörigkeit ausschlaggebend sind, so ist dennoch festzuhalten, dass über die Staatsangehörigkeit nicht nur auf Grundlage des Aufenthaltsstatus entschieden wird, sondern auch in Abhängigkeit vom Familienstand, von der Klassenzugehörigkeit, vom Herkunftsland und von vielen weiteren Kategorisierungen, mit denen mobile Individuen belegt werden. Statt Migrant*innen als homogene Gruppe zu betrachten, sollte deshalb das Zusammenspiel verschiedener Aspekte analysiert werden, die bestimmen, in welchem Maße Migranten und Migrantinnen gestattet wird, substanzielle Rechte und schließlich auch die Staatsangehörigkeit ihres Ziellands zu erwerben. Das Zusammenspiel dieser heterogenen Momente wird von intersektionellen Staatsbürgerschaftsmodellen reflektiert.

5.4 »The Limits of Gendered Citizenship«. Die intersektionelle Perspektive in der (Staats-)Bürgerschaftsforschung

Eine der wichtigsten Fragen in der feministischen Auseinandersetzung mit dem nationalen Staatsbürgerschaftsmodell betrifft die Dominanz der Dimension *Geschlecht* in feministischen Analysen politischer Mitgliedschaft. So wird unter anderem in »The Limits of Gendered Citizenship« (Oleksy u.a. 2011) die Relevanz diverser Differenzachsen wie *Ethnizität/Race, Klasse* und *Sexualität* herausgestellt (siehe auch Caldwell u.a. 2009; Stella u.a. 2015). Die damit eingenommene intersektionelle Perspektive »addresses the problem of analyzing and developing gendered citizenship in isolation from other social dimensions« (Oleksy u.a. 2011: 8). Ein Ziel der intersektionellen Perspektive auf die (Staats-)Bürgerschaftsforschung besteht darin zu zeigen, dass (nationale) Semantiken zur Legitimierung von (moderner) Staatsbürgerschaft bestimmte Zugehörigkeitskonstruktionen privilegieren und somit andere ausschließen. Gleichzeitig berücksichtigen intersektionelle Studien, dass von politischer Mitgliedschaft ausgeschlossene Minderheiten zunehmend eine Anerkennung *vielfältiger Identitätskonstruktionen* einfordern. Arbeiten zu »*sexual citizenship*« (Richardson 2000), »*indigenous citizenship*« (Wiebe 2014) und »*ecological citizenship*« (MacGregor 2006) etwa beschäftigen sich mit dem zunehmenden (Protest-)Aktivismus von Minderheiten und, tragen diesen Rechnung indem sie auf die *partizipatorischen Dimensionen* politischer Mitgliedschaft hinweisen. Dabei geht es in diesen Debatten nicht zuletzt um die Frage, in welcher Form Staatsbürgerschaftstheorien das Zusammenspiel universeller und partikularistischer Momente in den Grundlagen zur Legitimation von Staatsbürgerschaft konzeptualisieren.

Wie dieser Fragenkomplex aus der intersektionellen Perspektive thematisiert wird, soll hier stellvertretend am Beispiel der Schriften der britischen Soziologin Nira Yuval-Davis gezeigt werden, insbesondere an ihrer Monographie »The Politics of Belonging« (2011a). Ziel der von Yuval-Davis durchgeführten intersektionellen Analyse ist es, zu zeigen, wie symbolische Kämpfe um die Artikulierung von Zugehörigkeiten im Kontext politischer Mitgliedschaft ausgetragen werden. Folglich gehört Staatsbürgerschaft zu einem der wichtigsten politischen Projekte im Rahmen von *Zugehörigkeitspolitiken*. Yuval-Davis' zentrale These besteht in der Unterscheidung zwischen Zugehörigkeit (*belonging*) und Politiken der Zugehörigkeit (*politics of belonging*).

Die *soziale Konstruiertheit von Zugehörigkeit* ist einem Bezug auf »emotionale Bindung, das Gefühl, ›zu Hause‹ zu sein«, geschuldet (Yuval-Davis 2011b: 4, alle Zit. a. d. Engl. übers.). Dieser Bezug auf ein Sich-zu-Hause-Fühlen ist zwar zentral, zugleich aber auch diffus. Yuval-Davis beschreibt ihn unter Verweis auf Ghassan Hage als »ein laufendes Projekt, das ein Gefühl der Hoffnung für die Zukunft mit sich bringt«, und unter Verweis auf Michael Ignatieff als »sicheren Raum« (Hage 1997: 103, bzw. Ignatieff 2001, beide zit.n. Yuval-Davis 2011b: 4). Yuval-Davis zufolge sind drei Aspekte für Prozesse der Zugehörigkeitskonstruktion von besonderer Bedeutung: soziale Verortung im Sinne etwa von Klassenzugehörigkeit; Identifikation und emotionale Verbundenheit mit *Kollektiven* sowie ethische und politische Werte, auf deren Grundlage die eigene Zugehörigkeit und die anderer bewertet wird (Yuval-Davis 2011b: 5). Der letztgenannte Aspekt – die Bewertung der Zugehörigkeit anderer – ist dabei von besonderer Relevanz, denn die Perspektive einer (imaginierten) Gruppe bestimmt auch, wie sie Zugehörigkeiten bewertet. In diesem Zusammenhang beeinflussen auch politische *Ideologien* die Durchlässigkeit von Kollektivgrenzen (ebd.: 6). Gleichzeitig werden Zugehörigkeitskonstruktionen naturalisiert und so alltäglich gemacht, sodass sie in der Folge nicht mehr auffallen oder angesprochen werden (Fenster 2004a, b, zit.n. Yuval-Davis 2011b: 4) – erst wenn Zugehörigkeitskonstrukte bedroht zu sein scheinen, werden sie wieder thematisiert und politisiert (ebd.: 4).

Politiken der Zugehörigkeit stellen spezifische Strategien politischer Kämpfe und Verhandlungen dar, in deren Folge überhaupt erst festgelegt wird, welche Momente als zugehörigkeitsrelevant zu gelten haben. Diese Strategien sind »specific political projects aimed at constructing belonging to particular collectivity/ies which are themselves being constructed in these very specific ways and very specific boundaries« (ebd.: 11). Yuval-Davis zufolge ist Staatsbürgerschaft als eines der wichtigsten politischen (Legitimations-)Projekte im Rahmen von *Zugehörigkeitspolitiken* zu deuten. In diesem Zusammenhang hebt die Autorin die Bedeutung der Nation und des Nationalismus hervor, die sie beide als von Staat und Staatsbürgerschaft getrennte Phänomene betrachtet, weil die Verbindung von Staat und Nation nur an bestimmten Orten und zu bestimmten historischen Zeitpunkten dominant sei. In nationalistischen Ideologien, so Yuval-Davis, sind Begriffe wie *Volk*, *Staat* und *Heimat* untrennbar miteinander verbunden (ebd.: 6).[14] Aktuelle Migrationsbewegungen, transnational organisierte Wirtschaftsunternehmen und soziale Bewegungen haben einen gewissen Einfluss auf solche nationalistischen politischen Projekte und können nationalistische Ideologien mittels transnationaler Strategien infrage stellen. Werden dadurch jedoch nationalistische Zugehörigkeitskonstrukte bedroht, so führt dies mit einiger Wahrscheinlichkeit zu einer Auseinandersetzung mit den vorherrschenden nationalistischen Semantiken und zu einer Politisierung dieser Auseinandersetzung (ebd.: 4). Aus Yuval-Davis' Sicht handelt es sich bei dem Projekt Nation um ein vergeschlechtlichtes Konstrukt. Als einen klaren Anhaltspunkt für diese Annahme wertet die Autorin die im heteronormativen Diskurs konstruierte Bereitschaft von Männern, für die eigene Gruppe zu sterben und zu töten (ebd.: 9), wohingegen Frauen als »biologische und kulturelle Reproduzentinnen der Nation« und als »Gehilfinnen der Männer« konstruiert werden, die neben traditionell »weiblicher« Care-Arbeit auch Aufgaben auf dem Arbeitsmarkt übernehmen bzw. übernehmen können (ebd.: 9). Da eine größere Anzahl von Frauen auf den Arbeitsmärkten aktiv ist, werden Aufgaben im Bereich Pflege und Betreuung frei, die größtenteils von Migrant*innen übernommen werden. Sobald die Abhängigkeit von Migrant*innen vor allem in diesem Bereich zunimmt, erhalten Debatten bezüglich ethnisierter und rassifizierter Grenzen der Nation eine besondere Dringlichkeit (siehe Kapitel vier).[15]

Wie bereits angedeutet, thematisiert Yuval-Davis außer der Legitimationsebene der Staatsbürgerschaft auch eine *partizipatorische Dimension*. Für Yuval-Davis sind aus intersektioneller Perspektive konkrete (Bürger-

14 | Darüber hinaus setzt Yuval-Davis sich mit Benedict Andersons Monographie »Imagined Communities« auseinander, in der der Autor den nichtrationalen Charakter des Nationalismus betont, und das, obwohl er anmerkt, dass sich das Phänomen des Nationalismus im Zuge der Aufklärung entwickelte (Anderson 1983, zit.n. Yuval-Davis 2011a: 10). Yuval-Davis widerspricht zwar Andersons Annahme, dass Nationalismus die Religion ersetze, da der Nationalismus Religionen nicht vollständig ersetzen könne und sie sich deshalb lediglich einverleibe, stimmt aber seiner These zu, dass Nationalismus ebenso wie Religion auf Leidenschaft beruht und nicht auf rationalen Gründen oder Eigeninteresse.

15 | Den Bereich Pflege und Betreuung analysiert Yuval-Davis ebenfalls im Kontext von Zugehörigkeitspolitiken (Yuval-Davis 2011a); aus Platzgründen wird an dieser Stelle jedoch auf eine detaillierte Darstellung verzichtet.

schafts-)Praktiken von großem Interesse, da bei einer solchen Analyse der fundamentale Wandel der Legitimationssemantiken Berücksichtigung finden könne, der sich etwa in Form populärer Widerstandsaktionen äußere. Beobachten lassen sich konkrete Partizipationsformen sowohl an indigenen Bewegungen, die politische Mitgliedschaften auf der Grundlage des kosmopolitischen Menschenrechtsdiskurses deuten, als auch an anti-neoliberalen Protestbewegungen wie Blockupy, deren Widerstand sich unter anderem gegen eine Neoliberalisierung von Staatsbürgerschaft richtet.

Gleichzeitig plädiert Yuval-Davis für eine Erweiterung der Analyse der territorialen Dimension politischer Mitgliedschaft. So sei es unerlässlich, »die Mehrebenenstruktur der Staatsbürgerschaft von Menschen [zu analysieren], die auch Intersektionen bürgerschaftlicher Zugehörigkeiten zu sub-, inter- und supranationalen politischen Gemeinschaften umfasst« (Yuval-Davis 2011b: 6, eigene Übersetzung aus dem Englischen). Weil konkrete Praktiken politischer Partizipation Staatsgrenzen überschreiten können, müssen transnationale und grenzüberschreitende Momente berücksichtigt und konzeptualisiert werden. Vor allem die wissenschaftliche Auseinandersetzung mit den Begriffen *postnationale* und *multiple Bürgerschaft* hat hier bereits einen wertvollen Beitrag geleistet (siehe oben).

Eine intersektionelle Analyse politischer Mitgliedschaft bringt Yuval-Davis zufolge drei wichtige Konsequenzen mit sich. Erstens fordert eine solche Analyse den sozial umkämpften Charakter von Zugehörigkeitskonstruktionen zu berücksichtigen: In die Grundlagen der Legitimierung von Staatsbürgerschaft inkorporierte Identitätssemantiken sind immer auch temporäre und somit veränderbare Projekte. Die Analyse der konfliktreichen Aushandlung dieser Identitäten nimmt sowohl die Legitimationssemantiken als auch die partizipatorische Dimension der (Staats-)Bürgerschaft in den Blick. Zweitens wird bei einer intersektionellen Analyse betont, dass Zugehörigkeitskonstruktionen vielfältige intersektionelle Narrative miteinander verknüpfen, die unter bestimmten Bedingungen *Nation* vergeschlechtlichen und Geschlechterbeziehungen ethnisieren und rassialisieren. Performative Effekte gehen zudem auch von einer Vielzahl weiterer Differenzachsen aus, wie etwa *Gesundheit, Sexualität* und *Klasse*. Und drittens lenkt die intersektionelle Analyse die Aufmerksamkeit auch auf die Entgrenzung des territorialen Bezugsrahmens von Staatsbürgerschaft, denn in der Regel bleiben weder Kämpfe um Legitimationssemantiken noch konkrete politische Partizipationspraktiken auf das Territorium eines einzelnen Staates beschränkt.

5.5 Abschliessende Bemerkungen

Der in diesem Kapitel gebotene Überblick über die verschiedenen Staatsbürgerschaftstheorien sollte deutlich machen, dass migrationsaffine und geschlechtersensible Forschungen sich jeweils aus einer spezifischen theoretischen und forschungspolitischen Perspektive kritisch mit dem nationalen Modell der (Staats-)Bürgerschaft auseinandersetzen.

So besteht beispielsweise das Ziel der Theorien postnationaler und multipler Mitgliedschaft darin, das Auseinanderdriften der zentralen Dimensionen von (Staats-)Bürgerschaft – der territorialen, der Dimension der Rechte und Pflichten und der Dimension der nationalen Legitimationssemantik – offenzulegen und die je spezifischen mit einer solchen Offenlegung verbundenen konzeptionellen Herausforderungen zu benennen. Eine der größten Herausforderungen in diesem Zusammenhang ist die Analyse der Gleichzeitigkeit der Entstehung neuer grenzüberschreitender bzw. transnationaler Formen sowie der Erosion (nicht jedoch des Verschwindens) des traditionellen, das heißt nationalen Modells der Bürgerschaft.

Auch die Vertreter*innen der feministischen und intersektionellen Staatsbürgerschaftsforschung sind daran interessiert, auf ›blinde Flecken‹ im nationalen Modell aufmerksam zu machen. Studien dieser Art verweisen auf die androzentrischen Ursprünge von (patriarchalen) Geschlechternarrativen und darauf, dass diese Narrative in die Semantiken zur Legitimation des nationalen Modells eingeschrieben sind. Darüber hinaus machen sie deutlich, dass konkreter (Protest-)Aktivismus von Minderheiten die Legitimation des nationalen Modells infrage stellt. Aktivismus dieser Art ist der partizipatorischen Dimension zuzuordnen und findet vor dem Hintergrund *vielfältiger* sich überlagernden Zugehörigkeitskonstruktionen entlang verschiedener Differenzachsen wie *Geschlecht, Ethnizität/Race, Klasse, Sexualität, Alter, Gesundheit/›Behinderung‹* und *Raum* statt.

Die wesentliche Gemeinsamkeit der hier vorgestellten Ansätze besteht darin, dass sie den Universalismus der Legitimationsgrundlagen des nationalen Staatsbürgerschaftsmodells in Zweifel ziehen. Zudem machen diese Konzepte deutlich, dass sowohl die Migrant*innen als auch die Protestaktivist*innen unter den sozialen Akteur*innen in einer Gesellschaft durch grenzüberschreitende Praktiken und gezielte Kampagnen zur Erosion des nationalen Modells beitragen, ohne es dabei aber je vollständig auflösen zu können. Diese sozialen Akteur*innen verstehen politische Mitgliedschaft als ein umkämpftes Terrain, in dem um die Anerkennung von Zugehörigkeitskonstruktionen gerungen wird.

(Anna Amelina)

6. Intersektionelle Verknüpfungen

Der Einsatz von Spiel- und Dokumentarfilmen bei der Analyse Gender, Migration und Transnationalität

In diesem letzten Kapitel werden

1) die wichtigsten Ergebnisse unserer Ausführung zusammengefasst und noch einmal explizite Bezüge zwischen den einzelnen Kapiteln hergestellt: So wird zurückgeblickt auf die Kapitel eins bis drei, die eine theoretisch-konzeptionelle Einführung geboten haben, und die Kapitel vier und fünf, die den analytischen Rahmen am Beispiel der Forschungsfelder Care-Arbeit/Migration und Staatsbürgerschaft erörtern;
2) zu jedem der vorangegangenen fünf Kapitel Hinweise zum Einsatz von Spiel- und Dokumentarfilmen gegeben und schließlich mit Übungsfragen verknüpft, die im Rahmen einer Lehrveranstaltung eingesetzt werden können.

Analysen von visuellem Material können unterschiedlichen Perspektiven folgen: auf Inhalt, Form und Ausgestaltung bezogen werden, oder den Kontext und den Diskurs betreffen. Bislang war Filmanalyse vorrangig den Film- und Medienwissenschaften vorbehalten, die vielfältige (etwa psychoanalytische, semiotische und diskursanalytische) Konzepte entwickelt haben. Doch die soziologische Filmanalyse findet in jüngster Zeit mehr Aufmerksamkeit (siehe z.B. Schroer 2007; Heinze u.a. 2012; Hickethier 2012). Anja Peltzer und Angela Keppler (2015) haben zudem ein detailliertes Lehrbuch vorgelegt, das Filmanalyse als Gesellschaftsanalyse versteht; deren Relevanz ergebe sich daraus, dass medialisiertes Wissen mittlerweile ein »integraler Bestandteil des kommunikativen Haushalts«

(Peltzer/Keppler 2015: 10) unserer Alltagskommunikation geworden ist. Das von den Autor*innen vorgelegte Forschungsdesign leitet Studierende dezidiert an, eine soziologische Forschungsfrage zu stellen und diese dann mithilfe von *Sequenzprotokollen* und Codierungen einzelner Filmabschnitte mikro- und makroanalytisch zu bearbeiten; dabei werden etwa für eine Seminararbeit *Filmtranskripte* erstellt, in denen das »Zusammenspiel von Beschreibung und Interpretation« (ebd.: 149) erörtert wird. Dieses Vorgehen eignet sich im Prinzip auch für die in diesem Kapitel vorgestellten Filme. Lehrende könnten aber auch experimentieren, indem sie die methodischen Bausteine der Autorinnen auf die Analyse der in diesem Kapitel vorgestellten Filme übertragen.

Uns geht es hier allerdings in erster Linie nicht so sehr darum, die Filme filmtheoretisch zu erörtern, sondern eher um die Verbindung der filmischen Inhalte mit den kapitelweise dargestellten Geschlechter- und Migrationstheorien. Unser Ziel ist dabei die visuelle Unterstützung der in dem jeweiligen Kapitel vorgestellten soziologischen Theoriebausteine, was durchaus vereinbar ist mit der von Peltzer und Keppler (ebd.: 10) vorgeschlagenen Perspektive, Filme als »Instanzen von Sinngebung« zu behandeln, die gesellschaftliches Wissen (ko-)konstruieren.

Die folgende kurze Einführung in die Verknüpfung von Film und Text orientiert sich vorrangig an dem von Stuart Hall (1997) herausgegebenen Reader »Representation. Cultural Representation and Signifying Practices«, der erstmals eine elaborierte Methodologie für die Analyse von *Othering-Prozessen* im Kontext von Migrationsgesellschaften vorlegte. Insbesondere das von Hall und seinen Mitarbeiter*innen entwickelte Konzept der Repräsentation und des Kodierens und De-Kodierens, bei dem die Verbindung von Bild und Text eine wichtige Rolle spielt, fungiert für die in unserem Zusammenhang zu bearbeitenden Fragen als Vorbild.

Noch ein Hinweis auf die Organisation dieses Kapitels: Nach der jeweiligen Kapitelzusammenfassung folgt die Vorstellung von jeweils einem Spiel- und einem Dokumentarfilm, die beschrieben und kontextualisiert werden; im Anschluss finden sich Fragen, die sich auf den gesamten Film beziehen. In der Regel sollte also der gesamte Film angeschaut werden, allerdings ist auch die fragmentarische Betrachtung von einzelnen Szenen möglich.

Kulturelle Repräsentation und signifizierende Praktiken[1]

Eine Repräsentation ist laut Stuart Hall (1997: 28) die Produktion von Bedeutung mithilfe von Sprache. Sprache funktioniert jedoch keineswegs als Spiegel der Welt, sondern bezieht sich auf vorhandene Repräsentationssysteme, deren Kodierungen und Zeichensysteme. Zum Erbe der heutigen europäischen Repräsentationssysteme gehört der Kolonialismus, zu dessen Höchststand mehr als zwei Drittel der Welt unter der Herrschaft europäischer Mächte aufgeteilt war und dessen Legitimationssystem auf der sog. ›Rassenlehre‹ beruhte, die bis heute ihre Spuren hinterlässt. Die ›Rassenlehre‹ konstruiert Hierarchien zwischen Menschengruppen aufgrund von Hautfarbe oder anderen phänotypischen Merkmalen, wobei jeweils weiße Europäer*innen an der Spitze eines kulturell und religiös homogenen Kontinents imaginiert, während Fremde als *die Anderen* im *Außen* verortet werden. Die Praktiken dieses *Otherings*, die sich auch nach offizieller Verwerfung der ›Rassenlehre‹ bis heute in der alltäglichen Anrufung *der Anderen* erhalten haben, etwa in Bezug auf ›den Orient‹ und seinen Gegenpart ›den Okzident‹ (siehe Said 1979), privilegieren jeweils die Position des *Eigenen* als *unmarkiert*, indem sie *das Andere* an der oder dem Anderen hervorheben und damit markieren. Dieser sog. Macht-Wissens-Apparat (ebd.) liegt also den signifizierenden diskursiven Praktiken zugrunde. Während eine Reihe postkolonialer Theoretiker*innen darauf verweist, dass hegemoniales Wissen und dessen Diskurse schwer zu durchbrechen sind, findet sich bei Hall eine etwas andere Wendung.

Er betont, dass neben der hegemonialen Wirkung von Repräsentationsregimen auch die Möglichkeit besteht, Elemente dieser Regime neu zu interpretieren und zu verschieben. Unter dem Titel Kodieren/Dekodieren (vgl. Hall 2004b) entwirft er ein Kommunikationsmodell, das sich gegen ein deterministisches Verständnis vom Verhältnis zwischen *Sender* und *Empfänger* und gegen die Vorstellung einer Bewegung wendet, die nur eine Richtung kennt, eben vom *Sender* zum *Empfänger*. Stattdessen geht er von prozesshaften Kreisläufen aus, ohne die weitaus größere Deutungshoheit auf der Seite der Medien (der Produzierenden) zu vernachlässigen. Mit der Produktionsseite beginnend beschreibt er den Prozess der Kodierung als

1 | Der folgende Abschnitt ist in Teilen dem Artikel über das Werk von Stuart Hall (Leiprecht/Lutz 2015b) entnommen.

eine soziale Praxis: Nachrichten, Informationen oder Medieninhalte sind nicht ›Realität‹, sondern Repräsentationen von Realität, kodiert in Botschaften und Bedeutungen, wobei die Kodierenden auf ihr soziales Wissen (und die dort vorhandenen Repräsentationen und Diskurse) zurückgreifen (u.a. auch auf Vorstellungen über das Publikum und dessen Lesarten und Reaktionen) und versuchen (teilweise auch in Antizipation dieser Lesarten und Reaktionen), *bevorzugte Bedeutungen* zu implementieren: »Sie sind nicht nur mächtig, weil sie die Produktionsmittel besitzen; sie wollen die Nachricht auch von innen kontrollieren und Dir einen Fingerzeig geben: ›Lies das so und so‹« (Hall 2004a: 92).

Allerdings gelingt eine einfache Übertragung meist nicht vollständig. Die Botschaften selbst sind möglicherweise bereits mehrdeutig, vor allem aber entwickelt das Publikum eigene Lesarten, die nicht frei oder beliebig sind, sondern ebenfalls auf ihr verfügbares ›Universum‹ an Repräsentationen und Diskursen zurückgreifen. Hier bewegt sich das Publikum allerdings in einer Bandbreite, die zwischen einer von den Kodierenden favorisierten Lesart und einer alternativen Lesart liegt, zugleich aber uneinheitlich und widersprüchlich sein kann, wobei im Fall der Massenmedien auch von einer Bandbreite zwischen einer dominanten oder hegemonialen Position der Produzierenden und einer oppositionellen Position der Konsumierenden gesprochen werden kann. Nur aus diesen Brüchen, die sich zwischen den Prozessen des Kodierens und des Dekodierens ergeben, lässt sich letztendlich erklären, warum einflussreiche Institutionen wie die (Massen-)Medien, die auch die ›vierte Macht im Staate‹ genannt werden, keinen vollständigen Zugriff auf die Dekodierprozesse, also ihr Publikum, haben.

Diesen Ansatz beziehen wir auf den Einsatz von Filmen im Lehr- und Lernprozess: Wir gehen davon aus, dass Filme ein gesellschaftliches Transformationspotential haben und sich dazu eignen, in unhinterfragtes Alltagswissen zu intervenieren. Dabei helfen Fragen, sowohl auf unterschiedliche Modi des *Othering* aufmerksam zu machen, als auch auf eine Vielfalt von privilegierten und nicht privilegierten (Sprecher*innen-)Positionierungen zu verweisen. Die jeweiligen Fragen sollen also den Anstoß zur Reflektion des Spannungsverhältnisses zwischen Kodieren und Dekodieren geben. Der Schwerpunkt liegt hier auf der Rezeptionsebene, die den Studierenden auch Anregungen zur Selbstreflektion vermitteln soll.

Kapitel eins

Das einführende Kapitel bietet einen Überblick über die Inhalte des Buches. Dabei geht es um die Koppelung von zwei Arbeitsbereichen/ Forschungsfeldern, um die Frauen- und Geschlechterforschung auf der einen Seite und die Migrationsforschung auf der anderen, die über Jahrzehnte hinweg kaum miteinander kommuniziert haben, obgleich sie über den Gegenstand Geschlecht in der Migrationsgesellschaft miteinander verbunden sind. Ausgehend von der sozialkonstruktivistischen Wende in der Genderforschung wird hier nun die Verbindung zwischen Gender und Migration in den Blick genommen. Zunächst einmal wird dargestellt, dass und wie der Paradigmenwechsel hin zu einer sozialkonstruktivistischen Betrachtungsweise von Geschlecht und Migration in der Lage ist, der komplexen Beziehung der Geschlechterverhältnisse in der Migration Rechnung zu tragen. Das eingeführte Verständnis von Sozialkonstruktivismus vertritt keineswegs die Vorstellung des ›*anything goes*‹, also einer Vorstellung von optionaler Identifikation und Selbstoptimierung, sondern tritt an die Stelle von konventioneller Essenzialisierung und Normalisierung gesellschaftlicher Ungleichheiten. Der Blickwechsel von einer naturalisierenden Perspektive hin zur Beschreibung der alltäglichen Herstellung und Performanz von Männlichkeit und Weiblichkeit, d.h. des Doing Gender, ermöglicht die Beschreibung und Analyse der fortlaufenden Produktion und Reproduktion zweigeschlechtlicher Ordnungen, sowie deren Veränderung. Vergleichbar kann auch die soziale Kategorie *Ethnizität* neu bestimmt werden als eine Frage danach, wie Ethnizität im Doing Ethnicity nach den Vorgaben einer hierarchischen Gesellschaftsordnung, in der Klasse, Geschlecht und Ethnizität/*Race* soziale Platzanweiser sind, von jedem einzelnen Gesellschaftsmitglied im sozialen Alltag hergestellt, fortgeführt und variiert wird. Die Intersektionalitätsanalyse ermöglicht eine Beschreibung der Wechselwirkung zwischen Gender, Ethnizität/*Race*, Klasse, Nationalität und Sexualität etc.: Doing Gender wird im Klassenverhältnis verortet, Doing Ethnicity ist immer bereits *gegendert* und mit Klassenmerkmalen versehen, Identitäten sind auf Kreuzungen von Differenzlinien angesiedelt. Intersektionalität, so die These dieses Buches, bietet sich deshalb als Methode und Methodologie an, das Doing Difference (West/Fenstermaker 1995) zu operationalisieren. Aus der von uns in diesem Band zugrunde gelegten transnationalen Perspektive wird zudem der nationale Container als Sozialraum verlassen und der Blick auf die mannigfaltigen Globalisierungsformen des sozialen Alltags gelenkt. Dabei wird gefragt, wie sich die neu entstehenden sozialen Übergangsräume auf veränderte Geschlechteridentitäten und -arrangements auswirken. Theoretische Anstöße aus der postkolonialen und der Queer Theory geben Hinweise auf die breite Palette von (sexueller, Geschlechter- und ethnischer) Vielfalt, die es zu beachten gilt. Diese Diskussion ist nicht abgeschlossen und es muss geklärt werden, wie sich immer komplexere analytische Modelle, die die Dekonstruktion von Begriffsapparaten und Alltagsverständnissen betreiben, auf gesellschaftliche Verhältnisse beziehen lassen, in denen sich neue Formen von Ausbeutungs- und Ungleichheitsverhältnissen abzeichnen.

Ziel ist dabei nicht nur die De-Dramatisierung von Differenzen und die Re-Dramatisierung sozialer Ungleichheit, sondern zugleich stellen sich Verortungs- und Positionierungsfragen, sowohl auf Seiten der Untersuchungssubjekte als auf der Seite der Forscher*innen.

Von den folgenden beiden Filmen lässt sich der erste in Bezug auf die soziale Konstruktion von Klasse, Ethnie, Alter und Geschlecht diskutieren, der zweite in Bezug auf die soziale Konstruktion von Geschlecht und Sexualität.

Filme

Angst essen Seele auf
(Rainer Werner Fassbinder 1974, Spielfilm)

a) Der historische Kontext des Films

Zu Unrecht gilt heute die als ›Gastarbeitereinwanderung‹ bezeichnete Periode der westdeutschen Arbeitskräfteanwerbung (1955-1973) als Beginn der bundesrepublikanischen Migrationsgesellschaft, denn davor und danach sind sehr viel mehr Menschen in die BRD eingewandert, als während dieser Zeit: Im deutschen Faschismus waren Millionen von Kriegsgefangenen verschleppt und als ›Fremdarbeiter‹ in Landwirtschaft und Kriegsindustrie zwangsbeschäftigt worden. Nach 1945 bildeten Millionen von Vertriebenen und Flüchtlingen aus den Ostgebieten und nach der Gründung der beiden deutschen Staaten im Jahr 1949 auch aus der DDR (bis zum Bau der Mauer im Jahr 1961) ein riesiges Arbeitskräftereservoir. Das Festhalten der von Konrad Adenauer geführten westdeutschen Regierung an einem konservativen Familienbild legte zudem einheimischen Frauen den Weg (zurück aus dem Arbeitsleben) zum Hausfrauendasein als biographischen Normalitätsentwurf nahe. Mitte der 1950er Jahre benötigte die boomende Wirtschaft dringend billige Arbeitskräfte und so wurde 1955 der erste Anwerbevertrag mit Italien geschlossen. Es folgten Verträge mit Spanien und Griechenland (1960), der Türkei (1961), Portugal (1964), Tunesien und Marokko (1965) und Jugoslawien (1968). Infolge der Ölkrise trat 1973 ein sog. Anwerbestopp in Kraft; bis zu jenem Zeitpunkt waren etwa 14 Millionen Arbeiter*innen in die BRD gekommen, von denen 11 Millionen in ihr Heimatland zurückkehrten. Die verbliebenen drei Millionen waren aufgrund Europäischer Richtlinien zur Familienzusammenführung in die Lage versetzt worden, ihre Familienmitglieder nachzuholen und die BRD entwickelte sich seit diesem Zeitpunkt zu einem Einwanderungsland wider Willen, das erst im Jahr 2005 ein Zuwanderungsgesetz etablierte und damit die Einwanderungsrealität erstmals akzeptierte. Obgleich etwa ein Drittel der angeworbenen Arbeitskräfte weiblich waren, die vor allem in der Lebensmittelverarbeitung und der Elektroindustrie eingestellt wurden, fokussiert die Literatur bis heute auf diese Periode als eine von Männern dominierte Form der Einwanderung. Die meisten Migrant*innen waren in geschlechtergetrennten Massenunterkünften untergebracht und hatten wenig Kontakt mit deutschen Arbeitskolleg*innen. Im Gegensatz zu anderen arbeitskräfteimportierenden Ländern, wie etwa Schweden, bot die BRD keinen Sprachunterricht für Arbeitskräfte an.

b) Beschreibung des Films

Der Film, der zahlreiche Preise gewonnen hat, gilt auch heute noch als ein Klassiker der Filme über den gesellschaftlichen Umgang mit Arbeitsmigrant*innen. Er ist sicher einer der wichtigsten Filme aus dem Werk von Rainer Werner Fassbinder.

Der marokkanische ›Gastarbeiter‹, der Ali genannt wird, da niemand seinen richtigen Namen aussprechen kann, verbringt seine freie Zeit nach der Arbeit mit Freunden in einer Bar, in die Emmi Kurowski eines Abends eintritt, weil sie Schutz vor Regen sucht, aber auch weil sie sich von den ›orientalischen Klängen‹ angezogen fühlt. Emmi bestellt eine Cola und wird von Ali zum Tanzen aufgefordert; sie tanzen den damals populären Schlager-Tango »Ein schwarzer Zigeuner«. Ali bringt sie danach nach Hause und Emmi fordert ihn auf, bei ihr im Gästezimmer zu übernachten, nachdem sie gehört hat, dass er mit sechs Männern in einem engen Zimmer leben muss (»Das ist menschenunwürdig«). Ali kommt wieder und für Emmi wird schnell klar, dass sie sich verliebt hat. Emmi arbeitet als Putzfrau und hat nach dem frühen Tod ihres Ehemannes, eines polnischen ›Fremdarbeiters‹, als alleinerziehende Witwe drei mittlerweile erwachsene Kinder großgezogen. Die Gefühle der beiden füreinander werden als eine Art ›Seelenverwandtschaft‹ beschrieben; trotz feindseliger Ablehnung durch Emmis Kinder, Nachbarinnen und Kolleginnen heiraten die beiden und Ali zieht zu Emmi. Tagtäglich muss sich das ungleiche Paar – Emmi ist Anfang 60, Ali ca. 30 Jahre alt – mit Beschimpfungen, Ausgrenzungen und Diskriminierungen auseinandersetzen: Ali wird von den Nachbarinnen als »Neger« klassifiziert, in einigen Restaurants werden die beiden nicht bedient, die Nachbarinnen beobachten jeden Schritt des Paares und rufen die Polizei sobald orientalische Musik gespielt wird, die Kolleginnen der Putzkolonne schließen Emmi aus ihren Pausengesprächen aus; der Lebensmittelhändler Angermayr weigert sich, die beiden zu bedienen und Emmis Sohn Bruno zerstört vor Wut ihren Fernseher, nachdem er von der Eheschließung der beiden unterrichtet wurde. Emmi ist verzweifelt über »so viel Hass«. Die beiden machen eine Reise und nach ihrer Rückkehr scheint sich das Blatt allmählich zu wenden: Bruno braucht seine Mutter als Babysitterin, der Lebensmittelhändler möchte nicht länger auf Emmi als gute Kundin verzichten, die Nachbarinnen greifen gerne zurück auf Alis Hilfe bei schweren Arbeiten im Haus, die Arbeitskolleginnen dürfen Alis Muskeln betasten und sich davon überzeugen, dass er ›sauber‹ ist. Doch jetzt wird das Verhältnis zwischen Ali und Emmi immer komplizierter: Ali geht wieder häufiger in die Kneipe und spielt dort um Geld; er schläft mit der Wirtin Barbara und übernachtet auch bei ihr. Emmi geht schließlich in die Bar, um ihn zurückzuholen; sie habe Verständnis für seine Bedürfnisse und wolle ihm seine Freiheit lassen. Wie beim ersten Mal fordert Ali sie wieder zum Tanz auf und bricht dabei zusammen. In der letzten Szene liegt Ali im Krankenhaus und der Arzt erklärt Emmi, er habe – wie so viele ›Gastarbeiter‹ – ein Magengeschwür, das entfernt wurde, aber erfahrungsgemäß wiederkomme. Eine Kur würde helfen, aber darauf habe Ali keinen Anspruch.

c) Fragen zum Film

1. An unterschiedlichen Stellen im Film gibt es Äußerungen zum Diskurs über ›Gastarbeiter‹. Welche sind das? Welche Prozesse der Ethnisierung/Rassialisierung lassen sich daran nachzeichnen? (Ali spricht z.B. vom Verhältnis zwischen ›Herr‹ und ›Hund‹; er verweist darauf,

dass ›nach München‹ das Verhältnis zu Arabern schlimmer geworden sei und meint damit vermutlich das Attentat der palästinensischen Gruppe ›Schwarzer September‹ auf die israelische Mannschaft während der Olympischen Spiele 1972 in München).

2. Welche Differenzkategorien ziehen sich durch den Film? Welche intersektionellen Verknüpfungen zwischen sozialer Klasse, Geschlecht, Alter und Ethnizität/*Race* werden sichtbar? Verändern sich Dominanzverhältnisse im Laufe des Films?
3. Was lässt sich zu dem Film aus queerer und postkolonialer Perspektive sagen?

Hermaphroditen – eindeutig zweideutig (Ilka Franzmann 2002, Dokumentarfilm)

a) Beschreibung des Films

In diesem von Arte ausgestrahlten Dokumentarfilm setzt sich die Filmemacherin Ilka Franzmann mit dem Phänomen der Intersexualität auseinander. Der Begriff Hermaphrodit stammt aus der griechischen Mythologie und bezeichnet eine Person, bzw. eine Götterfigur, die sich nicht eindeutig einem Geschlecht zuordnen lässt. Intersexuelle Menschen werden sowohl mit männlichen als auch weiblichen Geschlechtsmerkmalen geboren, was nicht unbedingt bereits bei der Geburt deutlich wird, sondern sich auch erst im Laufe des Lebens herausstellen kann. Der Umfang des Phänomens Intersexualität ist unbekannt; Schätzungen gehen davon aus, dass eins von 1000-2000 Neugeborenen zu dieser Gruppe gehört. Der Dokumentarfilm beschäftigt sich mit der gängigen Praxis in Deutschland und Frankreich, wo in der Regel bereits in den ersten Wochen nach der Geburt chirurgische Eingriffe stattfinden, die die Geschlechtszugehörigkeit vereindeutigen sollen. Chirurgisch wird aufgrund des physiologisch vorgefundenen ›Körpermaterials‹ beschlossen, welches Geschlecht sich am einfachsten ›herstellen‹ lässt; damit ist die optische Herstellung äußerlicher Geschlechtsmerkmale gemeint. Da sich eine Vagina einfacher formen lässt als ein Penis, geht die Mehrzahl der Operationen in diese Richtung. In dem Film kommen Chirurg*innen, betroffene Intersexuelle verschiedener Altersgruppen und deren Eltern zu Wort. Die Betroffenen berichten über traumatisierende Operationen und jahrzehntelanges Leiden an dem Versuch, sich mit dem chirurgisch zugewiesenen Geschlecht identifizieren zu müssen; sie beschreiben damit eine Gesellschaft, die geschlechtliche Uneindeutigkeit nicht akzeptiert, sondern darauf beharrt, dass sich Menschen der zweigeschlechtlichen Norm anpassen müssen. Die Betroffenen haben in der Regel keinen Einfluss darauf, ob sie männlich, weiblich oder »dazwischen« leben möchten. Aktivist*innen fordern deshalb, dass an Kleinkindern keine Genitalkorrekturen mehr vorgenommen werden sollen – im Film äußern sich auch Eltern zu ihren Sorgen und Ängsten, falsche Entscheidungen zu treffen, bzw. ihr Kind nicht vor der Gesellschaft schützen zu können. Wichtig ist in diesem Kontext zu erwähnen, dass in Deutschland am 1. November 2013 das Personenstandsgesetz insofern geändert wurde, als Eltern und Ärzte nicht mehr verpflichtet sind, das Geschlecht eines Neugeborenen im Geburtenregister als männlich oder weiblich angeben zu müssen, sondern sie diese Angabe unterlassen können, wenn eine eindeutige Zuordnung nicht möglich ist. Die Forderung des Ethikrats, zusätzlich zu männlich und weiblich eine dritte Geschlechtsoption – *anders* – zu eröffnen, hatte sich parlamentarisch nicht durchsetzen lassen. Das Gesetz lässt offen, ob sich geschlechtlich nicht markierte Menschen irgendwann vereindeutigen müssen oder ob daraus in Zukunft sogar eine akzeptierte dritte Kategorie entstehen kann.

b) Fragen zum Film

1. In dem Film kommen Betroffene verschiedener Altersgruppen zu Wort. Welche Unterschiede zeigen sich in der Lebensgeschichte von Jürgen/Claudia und Julian? Welche Hinweise auf die Entwicklung des gesellschaftlichen Diskurses über Intersexualität lassen sich darin finden?
2. Viele der betroffenen Intersexuellen betrachten die an ihnen vollzogenen chirurgischen Eingriffe als Gewaltakte. Wie stellen sie damit auch die Zweigeschlechtlichkeit als gesellschaftliche Normierung in Frage? Was meint Jürgen/Claudia mit dem Statement: »Mein Körper ist mir so fremd wie früher auch. Ich bin ein Hermaphrodit, doch diesen Urzustand kann mir niemand zurückgeben«.
3. Welche Herausforderungen ergeben sich, wenn eine Vielzahl/Mehrzahl von Geschlechtern gesellschaftlich anerkannt würde?

Kapitel zwei

Während das erste Kapitel die zentralen analytischen Kategorien der Geschlechter- und Migrationsforschung vorgestellt und sie aufeinander bezogen hat, wurde im zweiten Kapitel deutlich, dass die zentralen klassischen Theorien zu Migrations- und der Niederlassungsprozessen sich teilweise bis heute nicht oder wenig mit Geschlechterverhältnissen auseinandersetzen. Ungleichheitsfragen werden in der Regel über die Frage nach sozialen Klassenlagen und Ethnizität/*Race* behandelt. In dieser Lesart wird *Kultur* eine wichtige Rolle in der Hervorbringung sozialer Ungleichheiten zugeschrieben. Die Thematisierung von Geschlechterverhältnissen ist dabei, wenn sie überhaupt erfolgt, nachrangig. Dies zeigt sich sowohl bei den auf den Nationalstaat fokussierten sedentarischen *Assimilationsansätzen* als auch bei den global orientierten Migrationstheorien, etwa der *Weltsystemtheorie*. Ignoriert wird hier nicht nur die vergeschlechtlichte Verteilung sozialer Chancen, sondern auch deren Interaktion mit anderen sozialen Platzanweisern; vor allem die Thesen des Weltsystemansatzes reduzieren gesellschaftliche Ordnungen auf das Primat ökonomischer Verhältnisse. Das Kapitel hob jedoch hervor, dass insbesondere die neueren transnationalen Migrationstheorien sich (zwar nicht durchgehend, aber zunehmend) der Thematisierung von Geschlechterverhältnissen öffnen. Dabei wurden die Vorteile einer transnationalen Perspektive für die Erforschung von Migration und der Analyse des Zusammenspiels der Differenzkategorien Geschlecht, Ethnizität/*Race* und Klasse herausgearbeitet. Der Vergleich der verschiedenen Theorien diente als Grundlage für die Beschreibung konzeptioneller Alternativen der Erforschung von Migration, Geschlechterverhältnissen und ungleicher Verteilung von sozialen Chancen, die im Kapitel drei vorgestellt wurden. Von den folgenden beiden Filmen lässt sich der erste im Zusammenhang mit der klassischen und der neoklassischen Assimilationstheorie, der zweite mit der Weltsystemtheorie diskutieren.

Filme

Yasemin
(Hark Bohm 1988, Spielfilm)

Dieser Film erhielt zahlreiche Filmpreise und wurde 1989 als deutscher Beitrag zur Oscarverleihung eingereicht. Er gilt bis heute als Paradefilm für die Beschreibung des Zusammenpralls ›der‹ deutschen und türkischen Kultur (im Singular); er wurde und wird in pädagogischen Institutionen eingesetzt, um patriarchalische Dominanz- und Geschlechterverhältnisse in der türkischen Migrationskultur zu demonstrieren. Der Film, so die Ankündigung, basiert auf einer wahren Geschichte, dem Tagebuch eines in Deutschland aufgewachsenen Mädchens der sog. zweiten Generation; der Regisseur Hark Bohm habe, so wird vermeldet, für diesen Film intensive Studien im ›türkischen Milieu‹ betrieben.

a) Beschreibung des Films

Es geht um eine Liebesgeschichte in Hamburg-Altona zwischen der 17-jährigen Schülerin Yasemin, Tochter eines türkischen Lebensmittelhändlers und dem etwa 20-jährigen Studenten Jan. Beide lernen sich in einem Judoverein kennen, in dem sowohl Mädchen als auch Jungen miteinander und untereinander kämpfen. Jan schließt mit seinen Freunden eine Wette ab, dass er die Pokalgewinnerin Yasemin innerhalb von drei Tagen »auf der Matte hat«. In aggressiver Weise (Verfolgungsjagd mit dem Motorrad; als ungebetener Gast bei einer Familienfeier etc.) versucht er im ersten Drittel des Films, Yasemins Aufmerksamkeit zu erhalten. Sie weist ihn jedoch regelmäßig ab. Während über Jans familiären Hintergrund im Film so gut wie nichts zu sehen ist, steht das ›fremde‹ Familienleben Yasemins im Zentrum der Betrachtung: ein Hochzeitsfest, exotische Tänze und Musik, eine Brautwache, der Alltag im Lebensmittelladen, im Großmarkt, die Kommunikation der Familie beim Essen – all das wird detailliert beleuchtet und dabei herausgestellt, dass der Vater und sein Bruder die Familie schikanieren. Yasemin, die eine fleißige Schülerin ist und von ihrer Lehrerin gefördert wird, möchte gern studieren. Ihr Vater ist damit einverstanden; er möchte, dass sie Ärztin wird und verteidigt diesen Berufswunsch gegenüber seinem älteren Bruder, der eine solche Ausbildung für eine junge Frau für unschicklich und unangemessen hält. Als sich jedoch das Gerücht verbreitet, dass seine älteste Tochter Emine nicht als Jungfrau in ihre Ehe gegangen ist, ändert sich die Stimmung – der Vater verlangt von Yasemin, sie solle ihm keine Schande machen. Mittlerweile wird Yasemin mit Jan zusammen bei einer Bootsfahrt gesehen und sowohl ihr Bruder als auch der Vater stellen sich gegen diese Beziehung. Die Mutter ist zunächst Yasemins Verbündete, sie stellt sich jedoch dem Vater nicht in den Weg, als dieser beschließt, seine in Deutschland geborene und aufgewachsene Tochter in die Türkei zu bringen. Jan folgt dem Auto des Gemüsehändlers auf dem Weg zum Flughafen mit seinem Motorrad. Yasemin kann in einer dramatischen Schlussszene in letzter Sekunde zu ihm auf den Motorroller springen; die beiden entschwinden durch ein Tor zur Freiheit ins Licht. Jan hat Yasemin wie ein ›moderner Ritter‹ mit dem ›zeitgenössischen Pferd‹ gerettet.

In der Kritik wird dieser Film als eine zeitgemäße Version von Romeo und Julia (Karasek 1988) beschrieben. Dafür müsste der Film allerdings als Märchen oder Theaterstück inszeniert werden und nicht als Abbild einer der Mehrheitsgesellschaft unbekannten sog. Realität. Die Rezeption folgt jedoch eher dem ethnologischen Blick auf das Leben der ›*Anderen*‹ und reproduziert dabei eine antizipierte Modernitätsdifferenz: »So leben sie, unsere anatolischen Nachbarn« fasst der Kritiker Hellmuth Karasek leicht ironisch die zentrale Aussage des Films zusammen.

b) Fragen zum Film

1. Welche Elemente der klassischen Assimilationstheorien sind in dem Film erkennbar?
2. Mit welchen optischen Mitteln wird in dem Film Fremdheit erzeugt? Welcher ›Kanon‹ des Wissens über ›die Anderen‹ wird hier wie bedient?
3. Diskutieren Sie darüber, ob und wenn ja wie sich in diesem Film Widersprüche entdecken lassen, die das Patriarchats-Primat und die Vorstellung der ›unterdrückten weiblichen Anderen‹ nicht stützen. Welche Differenzlinien sozialer Ungleichheit sind in dem Film zu erkennen?

Money in Minutes
(Matthias Heeder und Monika Hielscher 2014, Dokumentarfilm)

a) Beschreibung des Films

Dieser Dokumentarfilm beschäftigt sich mit einem bislang eher unterbelichteten Aspekt von Globalisierung; es geht um Finanzunternehmen, die sich auf den Transfer von Bargeld spezialisiert haben. In dem profitbringenden Geschäft der Geldüberweisung, sog. Remissionen von Arbeitsemigrant*innen an Familienmitglieder in ihren Herkunftsländern, umkreisten im Jahr 2012 nach Schätzungen der Weltbank rund 400 Milliarden US-Dollar den Globus. Diese Rücküberweisungen werden über Bargeldtransfer-Unternehmen abgewickelt und kommen insbesondere dort zum

Einsatz, wo weder die Migrant*innen selbst, noch ihre Familien über ein Bankkonto verfügen. Das relativ simple Geschäftsmodell beruht darauf, Bargeld in den USA oder Europa einzuzahlen, dafür eine Abholnummer zu erhalten, die von den Einzahlenden telefonisch an ihre abholenden Familienmitglieder übermittelt wird und in kürzester Zeit in den Empfängerländern in Afrika, Asien oder Südamerika in der jeweiligen Landeswährung ausgezahlt werden kann. Der milliardenschweren ›Remissions-Markt‹ ist heute unter hunderten von Firmen heiß umkämpft. An der Spitze stehen die US-Giganten Western Union und MoneyGram.

Die Dokumentation porträtiert sowohl Migrant*innen und ihre Angehörige in verschiedenen Ländern der Welt, die auf diese Art des Geldtransfers angewiesen sind, als auch Firmengründer, Analysten, Anwälte und Experten, die sich mit diesem Phänomen beschäftigen. Polizei und Staatsanwaltschaft und Anwälte berichten z.B. von den Ermittlungen und Prozessen gegen Marktführer Western Union wegen Geldwäsche. Die Dokumentation besucht einen chinesischen Arbeiter, der in der italienischen Stadt Prato im Dienste eines chinesischen Besitzers »Made in Italy« in die Kleidung näht; sie zeigt Migranten aus Nepal, die auf den Hochhausdächern Dubais bei über 50 Grad Hitze die Klimaanlagen für einen Hungerlohn instand halten; Honduraner, die seit Jahren auf Floridas Baustellen arbeiten und immer noch auf die ihnen versprochenen Papiere warten, und eine Nepalesin, die davon träumt, mit den Remissionen eines Tages ein eigenes Geschäft zu eröffnen. Die Geldsendungen dieser Menschen sind die lukrative Geschäftsgrundlage der Transferfirmen, die nicht nur von Gebühren leben, sondern auch von Wechselkursgewinnen.

Der Film beschreibt am Beispiel eines zunehmend fragmentierten Marktes die Strategie und Logistik einer Industrie, die Migration als ökonomische Ressource nutzt und gleichzeitig deren finanzielle Infrastruktur bildet. Darüber hinaus berichtet er aber auch über die komplexen Auswirkungen dieser Geschäfte auf die Ökonomie der Heimatländer. In vielen Ländern bilden die Rücküberweisungen den wichtigsten Teil des Bruttosozialeinkommens. Mit dem Strom des Geldes entstehen bei den Familienangehörigen Abhängigkeiten, die nicht selten dazu führen, dass das Land nicht mehr bebaut und die Infrastruktur im eigenen Land vernachlässigt wird, was schließlich in einem Teufelskreis endet, da immer mehr Menschen gezwungen sind auszuwandern.

b) Fragen zum Film

1. Welche Verbindung existiert zwischen dem im Film gezeigten Phänomen der ›Remissions-Industrie‹ und der neoklassische Assimilationstheorie einerseits sowie der Weltsystemtheorie andererseits?
2. Welche Bedeutung haben Remissionen für die transnationale Perspektive der Migrationsforschung?
3. Wie und wo zeigt sich im Film die Widersprüchlichkeit sozialer Mobilität der Migrant*innen zwischen Herkunfts- und Zielland?

Kapitel drei

Dieses Kapitel begann mit der Darstellung von drei neueren sozialkonstruktivistischen Ansätzen, die für die Analyse von Migrations- und Transnationalisierungsprozessen relevant sind. Alle drei verstehen sich als Kritik am Sedentarismus, also an der Annahme, dass Sesshaftigkeit die einzige natürliche Organisationsform des sozialen Lebens ist. Zunächst ging es um das Konzept der Motilität (*motility*), nach dem Mobilität als eine spezifische Form sozialen Kapitals betrachtet werden kann, dann um die Artikulation der *Mobilen Wende* und schließlich um die soziale Produktion des Raumes (*Doing Space*). Als ein sozialkonstruktivistischer Ansatz erlaubt das Doing-Space-Konzept sowohl Migration als auch Transnationalität als gesellschaftlich hergestellt und somit änderbar zu betrachten. Schließlich versteht es Raum als eine wichtige Differenzachse in der Produktion sozialer Ungleichheit. Diese Aspekte bildeten die Grundlage für eine intensive Auseinandersetzung mit dem Intersektionalitätskonzept, das die Analyse der wechselseitigen Beeinflussung von Geschlechterverhältnissen und Migrationsprozessen ermöglicht. Im Fokus steht hierbei das Zusammenspiel verschiedener Differenzachsen sozialer Ungleichheit, die auch als Achsen/Dimensionen von Ungleichheit bezeichnet und als Typen ungleicher sozialer Beziehungen verstanden werden. Im Gegensatz zu vielen klassischen Ungleichheitstheorien verzichtet der intersektionelle Ansatz auf die konventionelle Trennung und Gewichtung von klassenspezifischen und geschlechts- und ethnizitätsbezogenen Differenzen, sondern hebt die mehrdimensionale Qualität der gesellschaftlichen Produktion von Ungleichheiten hervor. Das bedeutet, dass soziale Hierarchisierungsprozesse mit der Ungleichverteilung von Lebenschancen verbunden sind, dass diese aber immer aus einer multidimensionalen, relationalen Perspektive zu erforschen sind.

Das Besondere an dieser Perspektive ist zum einen die doppelte Analyse sowohl des komplexen Zusammenspiels hierarchisierender Zuschreibungen innerhalb einer Ungleichheitsdimension als auch zwischen den unterschiedlichen Dimensionen. Zum anderen verzichten intersektionelle Ansätze auf die Bestimmung einer Masterkategorie bei der Analyse sozialer Ungleichheit und damit auf eine a priori Festlegung auf die wichtigste/ausschlaggebende Kategorie. Insofern verknüpft das dritte Kapitel die im ersten Kapitel eingeführte sozialkonstruktivistische Perspektive auf die Geschlechterverhältnisse mit der sozialkonstruktivistischen Analyse von Raum, Migration und Transnationalität sowie mit relational orientierten Intersektionalitätsansätzen.

Die folgenden beiden Filme visualisieren das Geflecht relevanter Differenzkategorien in sehr unterschiedlicher Form. Mithilfe des ersten Films lässt sich der Zusammenhang zwischen Adoleszenz (Kategorie Alter), Geschlechterbeziehungen, sozialer Marginalisierung, Rassismus und sozialem Raum diskutieren, mit dem zweiten kann die Verbindung von Geschlechterverhältnissen im Nord-Süd-Gefälle, Sexualität, Rassismus und Alter thematisiert werden.

Filme

Bande de Filles (Mädchenjahre)
(Céline Sciamma 2015, Spielfilm)

a) Beschreibung des Films
In diesem Film geht es um den Alltag einer Mädchenbande in einem Pariser Banlieu. Marieme, 16 Jahre alt, lebt mit ihrem älteren Bruder, der sie herumkommandiert, zwei jüngeren Schwestern, die sie versorgt, und ihrer alleinerziehenden Mutter, die als Putzfrau arbeitet, in einer engen Wohnung. Sie befindet sich in einer schwierigen Situation, da sie die Schule verlassen muss, aber keine Lust hat, eine Lehre zu beginnen. Ein Leben als Putzfrau, wie das ihrer Mutter, kann sie sich nicht vorstellen. Sie trifft auf eine Mädchengruppe in ihrem Viertel, die gerade auf der Suche nach einem vierten Bandenmitglied ist und schließt sich ihnen an. Marieme bekommt eine Halskette mit ihrem neuen Namen, Vic von Victory; das Motto der Gruppe »Tu, was du willst« gefällt ihr und alsbald nimmt sie an den Aktivitäten der Bande teil: Sie erpresst Geld von ehemaligen Mitschüler*innen, stiehlt Kleidung in Boutiquen, beteiligt sich

an Schlägereien mit anderen Mädchenbanden aus dem Viertel, feiert mit ihren neuen Freundinnen Partys in einem Hotelzimmer, wo sie gemeinsam ihren Lieblingshit »We are diamonds in the sky« singen. Sie genießt das neue Leben und betrachtet es als einen Weg in die Unabhängigkeit, abseits der Option, zu heiraten und Hausfrau zu werden.

Gepriesen wird der Film als feministisches Manifest, da er Geschlechterstereotype aufbreche und Mädchen all das zugestehe, was den jungen Frauen aus der Banlieu nicht zugestanden werde: Selbstbewusstsein, Mut, Härte und Durchsetzungskraft. Die Filmemacherin, Céline Sciamma, gibt an, dass dieser Film eine real existierende Gruppe abbildet, die sie über lange Zeit am *Gare du Nord* und in dem Einkaufszentrum *Les Halles* beobachtet habe und diese über deren Blogs verfolgt habe. Sie sei von ihrer Energie, ihrer Kreativität und ihrem Stil beeindruckt gewesen.

b) Fragen zum Film

1. Diskutieren Sie, welche Geschlechterstereotype in diesem Film gebrochen werden und welche reproduziert werden. Welche neue Geschlechterrollen nehmen Marieme/Vic und ihre Freundinnen an und wie drückt sich das in ihrem *Doing Gender* aus?
2. Welche Achsen der Differenz werden von den Protagonistinnen verkörpert, bzw. werden im Film (nicht) thematisiert? Spielt z.B. *Race*/ Rassismus eine Rolle?
3. Wie wird das Leben im Banlieu aus der Sicht verschiedener Protagonist*innen dargestellt? In welchen Situationen wird das Viertel als Ort der sozialen Benachteiligung, und in welchen als Raum der Selbstermächtigung thematisiert? Diese Fragen sollen aus der Perspektive des Doing-Space-Ansatzes beantwortet werden.
4. Wie werden die Lebenschancen dieser Mädchen, ihre Möglichkeitsräume und Karriereoptionen eingeschätzt bzw. visualisiert? Welche Szenarien für eine zukünftige Entwicklung der vier können antizipiert werden? Wie sähe die Zukunft von männlichen Jugendlichen in dieser Situation aus?

Paradies Liebe (Ulrich Seidl 2013, Doku-Drama)

Dieser Film beschäftigt sich mit einem Phänomen, das von verschiedenen Stränden afrikanischer Urlaubsparadiese bekannt ist: Einheimische junge Männer finanzieren sich ihren Lebensunterhalt als Liebhaber weißer Urlauberinnen, die hier »Sugar Mammas« genannt werden. Der Regisseur arbeitet in diesem Film sowohl mit professionellen Schauspieler*innen – insbesondere österreichischen weißen Frauen – aber auch mit afrikanischen Laiendarstellern, die in der Tourismusbranche tätig sind. Diese Form des Sextourismus gilt als akademisch und filmisch bislang eher unterbelichtetes Thema.

a) Beschreibung des Films

Die Wienerin Teresa, Anfang 50, Sozialarbeiterin und allein erziehende Mutter bringt ihre etwa 14-jährige Tochter zusammen mit den Haustieren zu einer Freundin und fliegt in den Urlaub an einen Strand in Kenia. Dort führt sie eine Bekannte in die sog. Genüsse des »Sugar Mamma«-Daseins ein: Die Haut der schwarzen Jungs – sie spricht von »Negern« – rieche nach Kokos, »so richtig zum Abschlecken«. Ihren Liebhaber, Musa, kennt sie offenbar bereits seit Jahren; sie lobt seinen Körperbau (»like a flow«), seine sexuelle Potenz und seine besondere tänzerische Begabung, die einzig ihr zugutekomme (»mein Betthupferl«). Teresa reinigt nach ihrer Ankunft in dem Luxushotel erst einmal Toilette und Bad mit mitgebrachtem Hygienespray. Am nächsten Tag wagt sie sich aus dem Hotel heraus und wird auf dem Weg zum Meer von jungen Männern umringt, die sie auf Englisch und Deutsch begrüßen, ihr entweder eine Fahrt auf dem Moped oder auf dem Boot anbieten oder Schmuck verkaufen wollen. Im Laufe des Urlaubs hat sie drei Liebhaber, die alle etwa 30 Jahre jünger sind als Teresa. In Munga, den sie auswählt, weil er sie nicht wie die anderen bedrängt, verliebt sie sich. Er schildert ihr immer wieder prekäre Situationen seiner Eltern oder Geschwister und Teresa gibt ihm Geld. Als sie erfährt, dass er verheiratet ist, zwei Kinder hat und ihr seine Frau als Schwester mit erkrankten Kindern vorgestellt hat, fühlt sie sich betrogen, schlägt auf Munga ein und kehrt verzweifelt ins Hotel zurück. Allen drei Liebhabern versucht sie, Nachhilfe im erotischen Spiel zu geben: Sie fordert die jungen Männer jeweils auf, nicht zu »zwicken«, sondern zärtlich zu sein, sie nicht »wie ein Tier zu behandeln«, sondern ihren Körper mit seinen erogenen Zonen zu erkunden. Den schlafenden nackten Munga nimmt sie in allen Details mit ihrer Kamera auf. Vier österreichische Frauen, die sich in dem Hotel getroffen haben, sprechen untereinander über ihre Erfahrungen mit den Liebhabern und geben sich gegenseitig intime Ratschläge. Besonders begeistert sind sie davon, dass ihre runde – nach westlichen Maßstäben übergewichtige – Figur bei diesen jungen Männern als Schönheitsmerkmal betrachtet werde, und sie sich dort begehrt und zwanzig Jahre jünger vorkommen. Teresa verbringt, enttäuscht auch von dem dritten Lover, ihren Geburtstag zunächst traurig und allein auf ihrem Zimmer, bis ihre Freundinnen sie überraschen mit Torte und Getränken und in ihrem Zimmer mit ihr feiern wollen. Auch Musa wird ihr als Geschenk kredenzt: »Er gehört jetzt dir und zwar ganz – vom Kopfe bis zum Schwanz«. Was dann folgt erinnert an die Darstellung von Orgien in pornographischen Filmen und Phantasien.

Gerade diese Szene ist aus verschiedenen Gründen sehr verstörend und Kursleiter*innen sollten sich auf jeden Fall die Szene ansehen, um zu entscheiden, ob sie diese Szene zeigen wollen. Eventuell kann als Alternative auch der Spielfilm »Bezness« von Nouri Bouzid 1992 gezeigt werden, in dem es um Sex-/Liebestourismus in Tunesien aus der Sicht des Liebhabers und seiner Familie geht.

b) Fragen zum Film

1. Welche Deutungen schreiben einzelne Protagonist*innen (Kundinnen und Sexarbeiter) der im Film dargestellten Form der wiederkehrenden Mobilität zu? Durch welche sozialen Praktiken und Narrative werden Migration/Mobilität und Transnationalität in dem vom Film thematisierten Sex-/Liebestourismus sozial hervorgebracht (siehe den *Doing-Space*-Ansatz)?
2. Sex-/Liebestourismus, der weiße Männer aus dem ›Globalen Norden‹ vor allem nach Asien führt, ist seit Jahrzehnten ein wichtiger Sektor im touristischen Markt. Die Perspektive von weißen Frauen aus dem ›Globalen Norden‹, die aus dem gleichen Grund in afrikanische Länder fliegen, wird erst in jüngster Zeit thematisiert. Beschreiben sie die Differenzen, die bei diesem Phänomen eine Rolle spielen. Falls Sie diesen Film verstörend finden, beschreiben Sie, was genau diese Empfindung auslöst.

3. Um welche Intersektionen geht es in diesem Film? Welche Rolle spielt hier die Differenzlinie *Race*/Rassismus? Welche Akteursperspektive nimmt der Film ein?
4. In dem Film wird deutlich, dass für die weißen Frauen der soziale Raum eine Ressource ist, die sie für sich nutzen können – sie entfliehen den sozialen Normierungen und Restriktionen ihres Alltags für eine begrenzte Zeit. Wie aber sieht die Geschlechterordnung aus der Perspektive der – in diesem Fall – kenianischen Männer aus?

Kapitel vier

Im vierten und fünften Kapitel wurde eine intersektionelle Perspektive auf die paradigmatischen Beispiele von wechselseitiger Interdependenz zwischen den Geschlechterverhältnissen und Migrationsprozessen angewendet.

Kapitel vier befasste sich mit der Analyse von transnationaler Care-Arbeit und transnationalen Familienverhältnissen. Bei Care-Arbeit handelt es sich um den aktuell wichtigsten Arbeitsmarkt für Migrant*innen weltweit; darunter fallen die Betreuung und Versorgung von Kindern, alten und pflegebedürftigen Menschen sowie Haushalts- und Versorgungstätigkeiten in Privathaushalten. International wird dieses Feld auch *domestic and care work* genannt. Die in der marxistischen Theorie auch als *Reproduktionsarbeit* bezeichneten Tätigkeiten standen schon im 19. Jahrhundert in der ersten feministischen Bewegung zur Debatte, denn die Schieflage der Bewertung von sog. produktiver und nicht-produktiver Arbeit wurde zum Kennzeichen der bürgerlichen Gesellschaft. Aus dieser Zeit stammt auch die weibliche Vergeschlechtlichung von Care-Arbeit. Mit dem Anstieg der Lebenszeit in den (post-)industriellen Ländern steigt im 21. Jahrhundert der Bedarf an Haushalts- und Betreuungsleistungen etwa im Bereich der Altenpflege, doch obgleich die Berufstätigkeit aller erwachsenen Männer und Frauen heute zum Standardmodell der Vergesellschaftlichung gehört und dadurch zunehmend die Geschlechterordnung transformiert wird, ist nach wie vor nicht geklärt, wer die konventionell von Frauen geleistete Arbeit im Privathaushalt übernehmen soll. Dort, wo sich zudem der Staat bei der institutionellen Versorgung zurückzieht bzw. zurückhält ist ein umfassender Zuwachs des Cash-for-Care-Modells im Privathaushalt zu verzeichnen. Absehbar ist bereits heute, dass die Bedeutung des Privathaushalts als *Arbeitgeber* wachsen wird.

Ein steigender Anteil von Personen mit Pflegeverantwortlichkeit wird entweder einen Teil des eigenen Einkommens, oder staatliche Transferleistung, oder eine Kombination aus beiden zur Fremdvergabe bzw. Weitergabe der Care-Arbeit nutzen, um entweder einheimische Frauen oder in der Mehrzahl Migrant*innen im Haushalt einzustellen. Mit der Kommerzialisierung und Privatisierung der Pflege und der Ausweitung des Pflegemarktes werden soziale Ungleichheiten unter den Pflegeempfänger*innen verstärkt – und zwar entlang der gängigen Klassen bzw. Einkommenshierarchien. Auf der Seite der migrantischen Care-Arbeiter*innen finden sich in der Mehrzahl Frauen aus dem ›Globalen Süden‹ bzw. dem postsozialistischen Osteuropa. Ihre Arbeits- und Lebensbedingungen weisen auf widersprüchliche soziale Mobilität hin: Zum einen verliert das Herkunftsland Bildungs- und Care-Kapital, denn diese Frauen sind in der Regel gut ausgebildet und hinterlassen durch ihre Migration eine Versorgungslücke in ihren Familien; zum anderen finanzieren sie mit ihren Remissionen die Ausbildung ihrer Kinder, die Gesundheitsversorgung von Familienmitgliedern jeden Alters sowie die Konsumansprüche zurückgebliebener Familienmitglieder. Über die Auswirkungen der in den Herkunftsländern zunehmend skandalisierten Abwesenheit der Mütter auf die Biographien ihrer Kinder kann bislang noch kein abschließendes Urteil gefällt werden. Es zeigt sich, dass mithilfe neuer Technologien die Herstellung und Aufrechterhaltung transnationaler Familienbande heute möglich ist und sich Familienbeziehungen stabilisieren. Doch löst die Migration der Mütter in einigen Herkunftsländern soziale Panik aus; so werden die in der Obhut von Großmüttern oder Verwandten zurückbleibenden Kinder in Osteuropa als ›Euro-Waisen‹ bezeichnet. Dort erfolgt eine Dramatisierung von transnationaler Mutterschaft in einer Weise, wie sie etwa im Zuge der von Männern dominierten Arbeitsmigration früherer Jahrzehnte nicht stattgefunden hat.

Das Kapitel beschäftigte sich auch mit der auf der Makroebene zu verankernden Verknüpfung von Gender-, Care- und Migrationsregimen. Im Zuge neoliberaler Wohlfahrtsstaatpolitiken entwickelt sich die Kommerzialisierung von Care-Arbeit zu einem deregulierten Wachstumsmarkt, der über billige und willige Arbeitskräfte abgedeckt wird, die oft aufgrund ihres prekären Aufenthaltsstatus wenig Einfluss auf die Gestaltung ihrer Arbeitsbedingungen haben.

Beide Filme, die hier zur Visualisierung der Phänomene vorgeschlagen werden, sind Dokumentarfilme. Der erste Film thematisiert die Heterogenität von (migrantischen) Akteur*innen in der Haushaltsarbeit, der zweite behandelt die Auswirkungen eines transnationalen Familienlebens zwischen einer Migrantin und ihrer Tochter.

Filme

Haus-Halt-Hilfe. Arbeit im fremden Alltag (Petra Valentin 2007, Dokumentarfilm)

Dieser Film ist als Lang- (93 Minuten) oder als Kurzversion (20 Minuten) verfügbar. Für eine Lehrveranstaltung ist die Kurzversion durchaus ausreichend.

a) Beschreibung des Films
Der Film beschäftigt sich mit dem Mikrokosmos Privathaushalt aus der Sicht von sieben Haushaltsarbeiter*innen, eine davon männlich; sie betreuen Kinder, putzen, bügeln, kochen, räumen auf, pflegen Balkone und Gärten etc. Als Au-Pairs, Hausangestellte und Putzfrauen leisten sie Arbeit, die im Verborgenen des Privathaushalts stattfindet. Die Protagonist*innen beschreiben detailliert diese Arbeit, für die sie in der Regel schlecht entlohnt werden und die selten gewürdigt wird. Keine/r von ihnen betrachtet diese Arbeit als Traumberuf – für alle ist sie Mittel zum Zweck: Sie verhilft der Au-Pair aus Peru, ihr Heimatland, in dem sie keine Zukunft sieht, zu verlassen und ein neues Leben zu beginnen; der deutschen Pferdeliebhaberin, ihr Hobby zu finanzieren, der polnischen Haushaltshilfe und der philippinischen Live-in Hausangestellten, Geld für die Ausbildung ihrer Kinder zu verdienen, immer mit der Angst im Nacken, dass ihre offiziell nicht registrierte Arbeit bzw. ihr nicht legaler Aufenthalt entdeckt wird. Sie beschreiben ihre Erfahrungen und Gefühle bei der Arbeit, ihre Hoffnungen und ihren Trennungsschmerz mit Humor und Traurigkeit.

b) Fragen zum Film
1. Welche Unterschiede in der Aushandlung ihrer Arbeitsbedingungen zeigen sich in diesem Film zwischen deutschen und migrantischen Frauen? Bitte beantworten Sie diese Fragen auf der Grundlage des Global-Care Chain-Ansatzes.

2. Auch zwischen den Migrantinnen zeigen sich Unterschiede in den Arbeits- und Lebensbedingungen. Welche Differenzlinien lassen sich erkennen? Was fällt Ihnen auf?
3. Wie beeinflusst der vorhandene oder abwesende legale Aufenthaltsstatus die Situation der Protagonist*innen? Bitte verknüpfen Sie diese Fragen mit der im vierten Kapitel vorgestellten Analyse von Gender-, Care- und Migrationsregimen.

Promise and Unrest
(Alain Grossman und Aine O'Brien 2010, Dokumentarfilm in englischer Sprache)

a) Beschreibung des Films
Dieser Film folgt der philippinischen Migrantin Noemi Barredo und ihrer Familie im Verlauf von fünf Jahren. Noemi, alleinerziehende Mutter von zwei Kindern, verlässt die Familie Mitte der 1990er Jahre, um zunächst in Malaysia als *domestic worker* zu arbeiten und so den Lebensunterhalt ihrer Kinder, ihrer Eltern sowie für einige Geschwister zu finanzieren. Im Jahr 2000 migriert sie nach Dublin/Irland, wo sie als Pflegerin in einem Altersheim arbeitet und sich mit einer Kollegin eine winzige Zweizimmerwohnung teilt. Es gelingt ihr, mit ihren Remissionen einige kleine Betriebe aufzubauen, mit deren Erlös sie die Bildung ihrer Kinder, die medizinische Betreuung ihres schwerkranken Vaters, die Ausbildung ihrer Schwester, die zusammen mit ihren Eltern die beiden Kinder betreut, zu finanzieren und ein Haus zu bauen. Über die geographische Distanz hinweg bleibt sie mit ihrer Familie in engem Kontakt und supervisiert den Gang der Dinge in ihrem Heimatort Babatngong. Noemi beschließt, ihre Tochter Gracelle – die sieben Monate alt war, als ihre Mutter ihren Heimatort verließ – mit 14 Jahren nach Dublin zu holen, um ihr dort eine bessere Bildung zu ermöglichen und sie in einem schwierigen Alter selbst zu erziehen. Ihr Sohn, der zu dem Zeitpunkt bereits mehrere Schulen und Ausbildungen abgebrochen hat, bleibt bei den Großeltern und der Tante. Die Zusammenführung von Mutter und Tochter gestaltet sich schwierig, auch weil Gracelle, die in Babatngong ihr eigenes Zimmer hatte und ihre Mutter kaum kennt, nun plötzlich mit ihr ein Bett teilen muss und von ihr gemaßregelt wird. Gracelle ist unglücklich, besonders als ihr Großvater, der ihr Ersatzvater war, im Sterben liegt und sie sich von ihm nicht verabschieden kann. Sie versucht dem Dubliner Alltag mithilfe intensiver Internetnutzung zu

entfliehen. Gracelle begleitet ihre Mutter später zu deren Aktivitäten in einen Verein, der sich gegen Migrationsrestriktionen einsetzt und kommt schließlich zu der Einsicht, dass ihre Mutter ein hartes Leben in Kauf genommen hat, um ihre Familie in den Philippinen zu unterstützen.

Der Film ist auf der Basis eines Briefwechsels zwischen Mutter und Tochter arrangiert; beide haben zugestimmt, sich die Briefe nicht gegenseitig vorzulesen, sondern sie von den Filmemachern montieren zu lassen.

Die Kamera folgt Noemi bei ihren Besuchen in Babatngong und ihrem Alltag in Dublin. Auch wurde ihr von den Filmemacher*innen eine Heimkamera zur Verfügung gestellt, die sie selbstbestimmt einsetzen kann. Dadurch entstehen Passagen ohne die Anwesenheit eines Mitglieds des Filmteams, die sehr genaue Einblicke in die Beziehung zwischen Mutter und Tochter geben.

b) Fragen zum Film

1. Welche Perspektive auf Care ergibt sich aus der Sicht der verschiedenen Protagonist*innen, der Kinder, der Großeltern und der von Noemi? Bitte beantworten Sie diese Frage auf der Grundlage der im vierten Kapitel thematisierten Konzepte zu transnationalen Familienverhältnissen.
2. Wie gestaltet Noemi ihre Mutterschaft aus der Distanz? Wie supervisiert sie den Heimathaushalt? Wie gestalten sich die Heimataufenthalte?
3. Die Beziehung zwischen Noemi und ihrer Tochter Gracelle steht unter immensen Spannungen seitdem Gracelle in Dublin leben muss. Wie äußert sich die Spannung, wie gehen beide damit um und wie kommt es zu den relativ versöhnlichen Schlussstatements?

Kapitel fünf

Dieses Kapitel betrachtete die Debatte über Staatsbürgerschaft und Zugehörigkeit aus transnationaler und intersektioneller Perspektive. Neben einem Überblick über verschiedene aktuelle Staatsbürgerschaftstheorien, in denen sowohl die zentralen Dimensionen von Staatsbürgerschaft als auch die Erosion des konventionellen nationalen Modells angesichts der globalen Migrationsprozesse und der damit verbundenen territorialen Entgrenzung erörtert wurden, wurde gezeigt, wie sich geschlechtersensible Migrationsforschung kritisch mit Staatsbürgerschaft auseinandersetzt.

Das Ziel von Theorien postnationaler und/oder Mehrfachzugehörigkeit besteht darin, zu beschreiben, dass und wie der territoriale Bezugsrahmen und die nationale Legitimationssemantik des nationalen (Staats-) Bürgerschaftsmodells auseinanderdriften. Damit ist die Erosion (nicht jedoch das Verschwinden) des traditionellen, nationalen Modells der Bürgerschaft und Zugehörigkeit benannt. Herausgefordert wird dieses Modell zum einen durch die Entstehung neuer grenzüberschreitender bzw. transnationaler Formen von Mitgliedschaft; zum anderen durch das Aufzeigen blinder Flecken in Bezug auf Geschlechterverhältnisse, die sich im nationalen Modell finden. Letztere verweisen auf androzentrische Ursprünge (patriarchaler) Geschlechternarrative und darauf, dass dieses Narrativ in die Legitimationssemantiken des nationalen Modells eingeschrieben ist, etwa in Bezug auf das männliche Lohnempfängermodell, das Bürgerschaft mit Lohnarbeit nicht aber mit Care-Arbeit verbindet.

Auch soziale Bewegungen von (ethnischen/ethnisierten oder sexuellen) Minderheiten stellen das nationale Modell infrage. Aktivismus dieser Art ist der partizipatorischen Dimension zuzuordnen und findet vor dem Hintergrund vielfältiger sich überlagernder Zugehörigkeitskonstruktionen entlang verschiedener Differenzachsen (Geschlecht, Ethnizität/*Race*, Klasse, Sexualität, Alter, Gesundheit/›Behinderung‹ und sozialer Raum) statt. Aus dem Blickwinkel postkolonialer Theorie wird außerdem der Orientalismus in der klassischen Staatsbürgerschaftsforschung offengelegt: Kritisiert wird, dass der Mainstream der Staatsbürgerschaftsdebatte sich immer noch an der von Max Weber geprägten Vorstellung von Staatsbürgerschaft als einer rationalen, genuin europäischen Form politischer Mitgliedschaft orientiert. Alle anderen Formen von Zugehörigkeitsregelungen werden damit ausgeschlossen.

Eine wesentliche Gemeinsamkeit der vorgestellten Ansätze besteht darin, dass sie den Universalismus des nationalen Staatsbürgerschaftsmodells, das an den Lebenslagen von männlichen, heterosexuellen (und weißen) Personen der Mehrheitsgesellschaft orientiert ist, zur Disposition stellen. Proteste verschiedener Aktivist*innengruppen konnten bislang die Legitimationsnarrative zwar in Frage stellen, sie jedoch in der Regel nicht vollständig auflösen. Damit wird politische Mitgliedschaft zu einem umkämpften Terrain, in dem um die Anerkennung von Zugehörigkeit gerungen wird.

Filme

Almanya – Willkommen in Deutschland (Nesrin und Yasemin Samdereli 2011, Spielfilm)

a) Beschreibung des Films

Der sechsjährige Cenk Yılmaz kommt mit einem blauen Auge von der Schule nach Hause. Es stellt sich heraus, dass er in einer Klasse, die zur Hälfte aus als ›deutsch‹ und zur Hälfte aus ›türkisch‹ identifizierten Kindern besteht, weder in die deutsche noch in die türkische Fußballmannschaft gewählt wurde und daraufhin ein Streit mit einem Mitschüler entstand. Cenk ist der Sohn von Ali und Gabi, in deren Haushalt nicht türkisch gesprochen wird. Auf seine Frage, ob er denn nun Türke oder Deutscher sei, antworten beide Eltern unterschiedlich. Seine 22-jährige Cousine Canan tröstet Cenk indem sie ihm erklärt, dass er beides sein kann. Eine Familienfeier, bei der die Einbürgerung der Großmutter Fatma und des Großvaters Hüseyin, der vor 45 Jahren als 1.000.001. ›Gastarbeiter‹ nach Deutschland kam, gefeiert wird, verkündet Hüseyin, dass er ein Haus in der Türkei gekauft habe, das er als Sommersitz nutzen möchte. Er möchte mit seinen vier Kindern und deren Familien in sein Heimatdorf fahren, um dort Ferien zu machen. Auf dieser Fahrt erzählt Canan Cenk die Geschichte seiner Großeltern beginnend mit der einvernehmlichen Entführung von Fatma durch Hüseyin, mit deren Hilfe gegen den Wunsch von Fatmas Vater eine Heirat durchgesetzt wurde, über die Anwerbung von Hüseyin als ›Gastarbeiter‹ ins Ruhrgebiet, die Einreise von Fatma und ihren Kindern im Zuge der Familienzusammenführung hin bis zur Verrentung. Hüseyin wird plötzlich zu einer offiziellen Feier eingeladen, wo er – in Anwesenheit der Bundeskanzlerin im Schloss Bellevue – als 1.000.001. ›Gastarbeiter‹ eine Rede halten soll; auf der Fahrt im Kleinbus zum Heimatdorf spricht Hüseyin mit seiner Familie darüber, was er wohl sagen soll. Im Laufe des Films stellt sich allmählich heraus, dass einige Kinder Eheprobleme haben oder bereits geschieden sind und dass Canan von ihrem britischen Freund David schwanger ist, den die Familie noch nicht kennt. Sie hat ihre Familie davon noch nicht unterrichtet; Großvater Hüseyin bemerkt die Schwangerschaft während der Reise, spricht Canan darauf an und regiert sehr erfreut, ganz anders als Canans Mutter Leyla, die sich hintergangen fühlt. Als Hüseyin während der Fahrt plötzlich stirbt und Canan schließlich unter Tränen von ihrer Schwangerschaft berichtet, erfährt sie von Großmutter Fatma, dass auch diese bereits zum Zeitpunkt der Entführung schwanger gewesen ist. Die türkischen Behörden der Stadt, in der Hüseyin gestorben ist, verweigern seine Beerdigung auf einem islamischen Friedhof, da er einen deutschen Pass hat – der Beamte gibt jedoch an, dass er »was regeln kann« wenn man ihm 10.000 Euro dafür gibt. Auf Andringen von Fatma bringt die Familie Hüseyins Leichnam in sein Dorf und beerdigt ihn in heimischer Erde. Durch Canans Erzählungen inspiriert sieht Cenk alle Generationen der Familie in ihren verschiedenen Alterszuständen um das Grab versammelt. Der Film endet mit der Rede, die Cenk anstelle seines Großvaters im Schloss Bellevue[2] hält.

b) Fragen zum Film

1. Dieser Film wird als Komödie beschrieben; die beiden Filmemacherinnen erzählen, dass sie darin teilweise ihre eigene Familiengeschichte verwendet haben. Im Gegensatz zu »Yasemin« stellt der Film den Blick der Familienmitglieder auf die deutsche Gesellschaft in den Mittelpunkt, wobei vor allem in der Anfangsphase deutsche Mitbürger*innen die Fremden sind. Wie unterscheidet sich dieser ethnologische Blick von dem im Film »Yasemin«?
2. Die Staatsbürgerschaft ist in dieser Familie bis auf die Szene, in der Hüseyin und Fatma ihre Pässe empfangen und als Deutsche eingewiesen werden, kein ausdrückliches Thema in der Familie. Doch wird über die Probleme von Cenk die Frage nach Zugehörigkeit als ein zentrales Thema des Films eingeführt. Welche Hinweise auf multiple bzw. postnationale Zugehörigkeit lassen sich im Film finden?
3. Wie sind die Geschlechterverhältnisse im Film dargestellt? Welche Veränderungen zeigen sich im Generationenverlauf? Wie wird dabei die transnationale Dimension der Geschlechterverhältnisse adressiert?

2 | Die DVD enthält auch Interviews mit den Darsteller*innen, die aufschlussreich sind und eventuell in die Diskussion miteinbezogen werden können.

Neukölln Unlimited
(Agostino Imondi und Dietmar Ratsch 2010, Dokumentarfilm)

a) Beschreibung des Films

Dieser Film zeigt ein Jahr im Leben der Familie Akkouch bestehend aus einer alleinerziehenden Mutter und ihren vier Kindern, die mit ihrem Mann, von dem sie mittlerweile getrennt lebt, vor dem Bürgerkrieg im Libanon geflüchtet ist. Die Akkouchs wohnen in einer Sozialbauwohnung im Berliner Stadtteil Neukölln, in dem 300.000 Menschen mit Wurzeln in 160 Nationen leben. Der Film orientiert sich an der Perspektive der beiden ältesten Geschwister, Hassan und Lial. Hassan steht zur Drehzeit kurz vor dem Abitur, Lial hat nach der mittleren Reife eine Lehre als Promoterin eines Boxstalls begonnen. Beide machen sich große Sorgen um das Bleiberecht ihrer Familie, die nach einer Abschiebung in den Libanon zwar nach Berlin zurückkehren konnte, diese Duldung jedoch im zweimonatlichen Rhythmus erneuern muss. Während der Abschiebung hatte die Mutter ihren ersten epileptischen Anfall und Lial entwickelte in der Folge Bulimie. Am stärksten verändert hat sich, so Hassan, der jüngere Bruder Maradona, der mehrfach von der Schule suspendiert wird, weil er Waffen bei sich trägt, den Unterricht schwänzt, aggressiv und aufsässig sein kann.

Hassan, der mit eigener Band und selbstgeschriebenen Rap-Songs bei großen Veranstaltungen auftritt, ist deutscher Meister im Breakdance; er trainiert auch die Jugendmannschaft im Hip-Hop, in der auch sein Bruder Maradona schon Preise gewinnt. Die Kamera folgt Maradona zu seinem misslungenen Versuch, als Deutschlands Supertalent entdeckt zu werden. Sie begleitet die Brüder zu verschiedenen Breakdance-Auftritten in Deutschland und in Paris und Schwester Lial, die in einer Mädchenband auftritt und ebenfalls im gemischten Gruppen vor Publikum Breakdance tanzt. Hassan und Lial versuchen, die Aufenthaltssituation ihrer Familie zu verbessern; sie gehen zur Rechtsberatung und erfahren dort, dass ihre Einkünfte, die bei Lial aus der Lehre und sporadisch bezahlten Auftritten kommen und bei Hassan aus seinen Breakdance- und Musik-Auftritten, nicht reichen, um die Sozialhilfezahlungen, auf die die Familie angewiesen ist, zu ersetzen. Hassan nimmt auch die Gelegenheit war, um mit einem Berliner Senator über die prekäre Situation der Familie zu sprechen – ohne Erfolg. Er versucht, seinen kleinen Bruder zur Vernunft zu bringen und ihm klar zu machen, dass er seine Chance auf ein besseres Leben verspielt, wenn er sich in der Schule nicht anstrengt und keinen guten Schulabschluss macht. Weder die Mutter, noch Hassan oder Lial sind in der Lage, Maradona zur Einsicht zu bringen – auch nicht mit harten Strafen. Schließlich erzählt Maradona, sein Vater habe ihm ins Gewissen geredet, er werde sich jetzt ändern.

Der Film wird als »Ein Battle um das Bleiberecht« gepriesen, ein Wortspiel das das Kernelement des Breakdances, den Battle/Kampf, aufgreift. Der Film gewann den *Gläsernen Bären* der Internationalen Filmfestspiele Berlin und die DVD enthält zusätzlich Interviews mit der Familie, die zwei Jahre nach der Erstaufführung aufgenommen wurden und interessantes Material für die Diskussion bieten.

b) Fragen zum Film

1. Welche Aussagen machen die Protagonist*innen zur Frage ihrer Zugehörigkeit?
2. Recherchieren Sie den aktuellen Stand des Bleiberechts und der Duldung; welche Gruppen fallen unter das Duldungsrecht? Im Film sagt die Rechtsberaterin, dass jeder Fall anders gelagert sei und deshalb generell keine Aussagen über die Zukunft der Familie gemacht werden könne. Vom wem werden Bleiberechtsfragen entschieden?
3. Von einem staatsbürgerschaftstheoretischen Standpunkt ausgehend, kann die Situation der Familie aus der Perspektive der Multiplizität von Bürgerschaft und Postnationalität betrachtet werden. Mit welchen Argumenten könnte diese Position vertreten werden? Bilden Sie zwei Gruppen und vertreten Sie jeweils eine Position.

(Helma Lutz)

Literatur

Adorno, Theodor W. (1955): Schuld und Abwehr, Frankfurt a.M.: Suhrkamp.

Ahrendt, Hannah (1981): Vita Activa. Vom tätigen Leben, Frankfurt a.M.: Suhrkamp.

Alt, Jörg (2003): Leben in der Schattenwelt. Problemkomplex ›illegale‹ Migration. Neue Erkenntnisse zur Lebenssituation ›illegaler‹ Migranten aus München und anderen Städten Deutschlands, Karlsruhe: von Loeper.

Amelina, Anna (2010): »Transnationale Migration jenseits von Assimilation und Akkulturation«, in: Berliner Journal für Soziologie 20, S. 257-279. https://doi.org/10.1007/s11609-010-0123-y.

Amelina, Anna (2011): »An Intersectional Approach to the Complexity of Social Support within German-Ukrainian Transnational Space«, in: Esther Ngan-Ling Chow/Marcia Texler Segal/Lin Tan (Hg.), Analyzing Gender, Intersectionality, and Multiple Inequalities: Global, Transnational and Local Contexts, Bingley: Emerald, S. 211-231. https://doi.org/10.1108/S1529-2126(2011)0000015015.

Amelina, Anna (2012): »Socio-spatial Scales as Social Boundaries? Or: How Do Migration Studies Profit from Including ›Space‹ in the Sociology of Social Boundaries«, in: Migration Letters 9 (3), S. 273-288.

Amelina, Anna (2014): »Jenseits des Primat-Paradigmas? Zum Verhältnis von Intersektionalität und Differenzierungsformen aus der poststrukturalistischen Perspektive: Ensembles, Hierarchien und Wissensregimes«, in: Martina Löw (Hg.), Vielfalt und Zusammenhalt: Verhandlungen des 36. Kongresses der Deutschen Gesellschaft für Soziologie in Bochum und Dortmund 2012, Frankfurt a.M.: Campus, S. 933-944.

Amelina, Anna (2017): Transnationalizing Inequalities in Europe: Sociocultural Boundaries, Assemblages and Regimes of Intersection, London: Routledge.

Amelina, Anna/Faist, Thomas (2012): »De-naturalizing the national in research methodologies: key concepts of transnational studies in migration«, in: Ethnic and Racial Studies 35 (10), S. 1-18. https://doi.org/10.1080/01419870.2012.659273.

Amelina, Anna/Horvath, Kenneth/Meeus, Bruno (Hg.) (2016a): An Anthology of Migration and Social Transformation: European Perspectives, Dordrecht, Heidelberg, New York, London: Springer.

Amelina, Anna/Markova, Hristina/Fingarova, Jana (2016b): A comparative analysis of the portability of social security rights within the European Union. Bulgaria-Germany case study, Policy Brief, Welfare State Futures Working Paper Series.

Amelina, Anna/Nergiz, Devrimsel D./Faist, Thomas/Glick Schiller, Nina (2012): Beyond Methodological Nationalism: Research Methodologies for Cross-Border Studies, Abingdon: Routledge.

Amelina, Anna/Vasilache, Andreas (Hg.) (2014): Mobile Inequalities in a Mobile Europe, Migration Letters 11 (2) special issue.

Andall, Jacqueline (2003): »Hierarchy and Interdependence: The Emergence of a Service Caste in Europe«, in: Jacqueline Andall (Hg.), Gender and Ethnicity in Contemporary Europe, Oxford, New York: Berg, S. 39-60.

Anderson, Benedict (1983): Imagined Communities: Reflections on the Origin and Spread of Nationalism, London: Verso.

Anderson, Bridget/Ruhs, Martin/Rogaly, Ben/Spencer, Sarah (2006): Fair enough? Central and East European migrants in low-wage employment in the UK, online unter: https://www.compas.ox.ac.uk/fileadmin/files/Publications/Research_projects/Labour_markets/Changing_status/Fair%20enough%20paper%20-%201%20May%202006.pdf vom 15.06.2015.

Anthias, Floya (1998): »Rethinking Social Divisions: some notes towards a theoretical framework«, in: Sociological Review 46 (3): 505-535. https://doi.org/10.1111/1467-954X.00129.

Anthias, Floya (2001): »The material and the symbolic in theorizing social stratification: issues of gender, ethnicity and class«, in: British Journal of Sociology 52 (3), S. 367-390. https://doi.org/10.1080/00071310120071106.

Anthias, Floya (2011): »Mobilities, Gender, Intersections and Translocations: New Configurations of the Gender, Ethnicity and Migration Matrix in a Transnational World«, in: Reinhard Johler/Max Matter/Sabine Zinn-Thomas (Hg.), Mobilitäten: Europa in Bewegung als Herausforderung kulturanalytischer Forschung, Münster, New York, NY: Waxmann, S. 40-51.

Anthias, Floya (2012): »Transnational Mobilities, Migration Research and Intersectionality«, in: Nordic Journal of Migration Research 2 (2), S. 102-110. https://doi.org/10.2478/v10202-011-0032-y.

Anthias, Floya/Kontos Maria/Morokvasic-Müller, Mirjana (Hg.) (2013): Paradoxes of Integration: Female Migrants in Europe, Dordrecht, Heidelberg, New York, London: Springer Publications.

Anthias, Floya/Yuval-Davis, Nira (1992): Racialized Boundaries: Race, Nation, Gender, Colour and Class and the Anti-Racist Struggle, London: Routledge.

Arango, Joaquín (2004): »Theories of international migration«, in: Daniele Joly (Hg.), International Migration in the New Millennium. Global Movement and Settlement, Aldershot: Ashgate, S. 15-35.

Aufhauser, Elisabeth (2000): »Migration und Geschlecht. Zur Konstruktion und Rekonstruktion von Weiblichkeit und Männlichkeit in der internationalen Migration«, in: Karl Husa/Christof Parnreiter/Irene Stacher (Hg.), Internationale Migration. Die globale Herausforderung des 21. Jahrhunderts?, Frankfurt a.M.: Brandes & Apsel, S. 97-122.

Aulenbacher, Brigitte/Dammayr, Maria (2014): »Zwischen Anspruch und Wirklichkeit: Die Ganzheitlichkeit und Rationalisierung des Sorgens und der Sorgearbeit«, in: Brigitte Aulenbacher/Birgit Riegraf/Hildegard Theobald (Hg.), Sorge: Arbeit, Verhältnisse, Regime, Sonderband 20 der Zeitschrift Soziale Welt, Baden-Baden: Nomos Verlag, S. 125-142. https://doi.org/10.5771/9783845255545_129.

Backes, Gertrud M./Amrhein, Ludwig/Wolfinger Martina (2008): Gender in der Pflege, WISO-Diskurs – Expertisen und Dokumentationen zur Wirschafts- und Sozialpolitik, Friedrich-Ebert-Stiftung, Bonn, online unter: http://library.fes.de/pdf-files/wiso/05587.pdf vom 25.09.2016.

Baldassar, Loretta/Merla, Laura (Hg.) (2014a): Transnational Families, Migration and the Circulation of Care: Understanding Mobility and Absence in Family Life, New York, Abingdon: Routledge.

Baldassar, Loretta/Merla, Laura (2014b): »Locating Transnational Care Circulation in Family Studies«, in: Loretta Baldassar/Laura Merla

(Hg.), Transnational Families, Migration and the Circulation of Care. Understanding Mobility and Absence in Family Life, New York, Abingdon: Routledge, S. 25-60.

Baldwin, George B. (1970): »Brain Drain or Overflow?«, in: Foreign Affairs 48 (2), S. 358-372. https://doi.org/10.2307/20039447.

Balibar, Étienne (1989): »Gibt es einen neuen Rassismus?«, in: Das Argument 31 (3): S. 369-380.

Bang, Henrik P./Jensen, Per H./Pfau-Effinger, Birgit (2000): »Gender and European welfare states: Context, structure and agency«, in: Simon Duncan/Birgit Pfau-Effinger (Hg.), Gender, economy and culture in the European Union, Abingdon: Routledge, S. 115-142.

Barglowski, Karolina/Bilecen, Basak/Amelina, Anna (2015a): »Approaching Transnational Social Protection: Methodological Challenges and Empirical Applications«, in: Population, Space and Place 21 (3): 215-226. https://doi.org/10.1002/psp.1935.

Barglowski Karolina/Krzyżowski, Łukasz/Świątek, Paulina (2015b): »Caregiving in Polish-German Transnational Social Space. Circulating Narratives and Intersecting Heterogeneities«, in: Population, Space and Place 21 (3), S. 257-269.

Basch, Linda/Glick Schiller, Nina/Szanton-Blanc, Cristina (1994): Nations Unbound: Transnational Projects, Postcolonial Predicaments and Deterrritorialized Nation States, Amsterdam: Gordon and Breach.

Bauböck, Rainer (1994): Transnational citizenship: Membership and rights in international migration, Aldershot: Edward Elgar.

Baumann, Mechthild (2016): Frontex – Fragen und Antworten, bpb – Bundeszentrale für poltische Bildung, Kurzdossiers, online unter www.bpb.de/gesellschaft/migration/kurzdossiers/179679/frontex-fragen-und-antworten vom 29.01.2017.

Beauvoir, Simone de (1951): Das andere Geschlecht. Sitte und Sexus der Frau, Reinbeck bei Hamburg: Rowohlt.

Beck, Ulrich (1997): Was ist Globalisierung?, Frankfurt a.M.: Suhrkamp.

Beck, Ulrich/Grande, Edgar (2004): Das kosmopolitische Europa: Gesellschaft und Politik in der zweiten Moderne, Frankfurt a.M.: Suhrkamp.

Becker-Schmidt, Regina (1987): »Die doppelte Vergesellschaftung – die doppelte Unterdrückung«, in: Lilo Unterkirchner/Ina Wagner (Hg.), Die andere Hälfte der Gesellschaft, Wien: Österreichischer Soziologentag 1985, S. 10-27.

Becker-Schmidt, Regina (2007) »›Class‹, ›gender‹, ›ethnicity‹, ›race‹: Logiken der Differenzsetzung, Verschränkungen von Ungleichheiten und gesellschaftliche Strukturierung«, in Cornelia Klinger/Gudrun-Axeli Knapp/Birgit Sauer (Hg.), Achsen der Ungleichheit: Zum Verhältnis von Klasse, Geschlecht und Ethnizität, Frankfurt a.M., New York, NY: Campus, S. 56-83.

Beijer, G. (1970): »International and National Migratory Movements«, in: International Migration 8 (3), S. 93-109. https://doi.org/10.1111/j.1468-2435.1970.tb01074.x.

bell hooks [i.e. Gloria Jean Watkins] (1981): Ain't I a Woman? Black Women and Feminism, Boston, MA: South End Press.

Benhabib, Seyla (2004): The rights of others: Aliens, residents and citizens, Cambridge: Cambridge University Press. https://doi.org/10.1017/CBO9780511790799.

Berger, Peter (2003): »Kontinuitäten und Brüche. Herausforderungen für die Sozialstruktur- und Ungleichheitsforschung im 21. Jahrhundert«, in: Barbara Orth/Thomas Schwietring/Johannes Weiß (Hg.), Soziologische Forschung: Stand und Perspektiven, Opladen: Leske & Budrich, S. 473-490. https://doi.org/10.1007/978-3-322-95017-8_31.

Bhabha, Homi K. (1994): The Location of Culture, London: Routledge.

BMI – Bundesministerium des Innern (2017): Schutz der europäischen Außengrenzen – Frontex, online unter: www.bmi.bund.de/DE/Themen/Sicherheit/Internationale-Zusammenarbeit/Schutz-Aussengrenzen/schutz-aussengrenzen_node.html vom 29.01.2017.

Borjas, George, J. (1990): »Self-Selection and the Earnings of Immigrants: Reply«, in: The American Economic Review, 80 (1), S. 305-308.

Bös, Mathias (2005): Rasse und Ethnizität. Die Problemgeschichte zweier Begriffe in der amerikanischen Soziologie, Wiesbaden: VS Verlag.

Bourdieu, Pierre (1984): Distinction: A Social Critique of the Judgement of Taste, Cambridge, MA, London: Harvard University Press.

Bourdieu, Pierre (1985) »The Social Space and the Genesis of Groups«, in: Theory and Society 14 (6), S. 723-744. https://doi.org/10.1007/BF00174048.

Boyd, Monica (1989): »Family and Personal Networks in International Migration: Recent Developments and New Agendas«, in: International Migration Review 23 (3), S. 638-670. https://doi.org/10.2307/2546433.

Brennan, Denise (2004): What's Love Got to Do with It? Transnational Desires and Sex Tourism in the Dominican Republic, Durham: Duke University Press. https://doi.org/10.1215/9780822385400.

Brenner, Neil (1998): »Between fixity and motion: Accumulation, territorial organization and the historical geography of spatial scales«, in: Environment and Planning D: Society and Space 16 (4), S. 459-481. https://doi.org/10.1068/d160459.

Brenner, Neil (2004): New State Spaces: Urban Governance and the Rescaling of Statehood, Oxford, New York, NY: Oxford University Press. https://doi.org/10.1093/acprof:oso/9780199270057.001.0001.

Brubaker, Rogers (1992): Citizenship and Nationhood in France and Germany, Cambridge, MA: Harvard University Press.

Brubaker, Rogers (2002): »Ethnicity without groups«, in: European Journal of Sociology 43 (2), S. 163-189. https://doi.org/10.1017/S0003975602001066.

Bryceson, Deborah F./Vuorela, Ulla (2002): The Transnational Family. New European Frontiers and Global Networks, Oxford: Berg.

Bukow, Wolf-Dietrich/Llaryora, Roberto (1988): Mitbürger aus der Fremde. Soziogenese ethnischer Minoritäten, Opladen: Westdeutscher Verlag.

Bundesministerium für Familie, Senioren, Frauen und Jugend (Hg.) (2006): Siebter Familienbericht: Familie zwischen Flexibilität und Verlässlichkeit. Perspektiven für eine lebenslaufbezogene Familienpolitik, Berlin.

Büscher, Monika/Urry, John (2009): »Mobile Methods and the Empirical«, in: European Journal of Social Theory 12 (1), S. 99-116. https://doi.org/10.1177/1368431008099642.

Büscher, Monika/Urry, John (2011): »Introduction: mobile methods«, in Monika Büscher/John Urry/Katian Witchger (Hg.), Mobile Methods, Abingdon, New York, NY: Routledge, S. 1-19.

Büscher, Monika/Urry, John/Witchger, Katian (Hg.) (2010): Mobile Methods, Abingdon, New York, NY: Routledge.

Butler, Judith (1997a): Körper von Gewicht. Die diskursiven Grenzen des Geschlechts, Frankfurt a.M.: Suhrkamp.

Butler, Judith (1997b): Excitable Speech: A Politics of the Performative, New York, NY: Routledge.

Caldwell, Kia L./Coll, Kathleen/Fischer, Tracy/Ramirez, Renya K./Siu, Lok (Hg.)(2009): Gendered Citizenships: Transnational Perspectives on Knowledge Production, Political Activism, and Culture, New York, NY: Palgrave Macmillan.

Carmel, Emma/Paul, Regine (2013): »Complex stratification: Understanding European Union governance of migrant rights«, in: Regions & Cohesion 3, S. 56-85.

Castles, Stephen/Miller, Mark J. (1993): The Age of Migration. International Population Movements in the Modern World, Houndmills, Basingstoke: Palgrave MacMillan.

Castles, Stephen/de Haas, Hein/Miller, Mark J. (2014): The Age of Migration. International Population Movements in the Modern World, Fifth Edition. Houndmills, Basingstoke: Palgrave MacMillan.

Castro-Varela, Maria do Mar/Dhawan, Nikita (2004): »Horizonte der Repräsentationspolitik – Taktiken der Intervention«, in: Bettina Roß (Hg.), Migration, Geschlecht und Staatsbürgerschaft. Perspektiven für eine antirassistische und feministische Politik und Politikwissenschaft, Wiesbaden: VS Verlag, S. 205-226. https://doi.org/10.1007/978-3-322-80978-0_13.

Castro-Varela, Maria do Mar/Dhawan, Nikita (2009): »Queer mobil? Heteronormativität und Migrationsforschung«, in: Helma Lutz (Hg.), Gender Mobil? Geschlecht und Migration in transnationalen Räumen, Münster: Westfälisches Dampfboot, S. 102-121.

CEDAW – Convention on the Elimination of All Forms of Discrimination against Women (1979), General Assembly Resolution 34/180 of 18. December 1979, online unter: www.institut-fuer-menschenrechte.de/fileadmin/user_upload/PDF-Dateien/Pakte_Konventionen/CEDAW/cedaw_en.pdf vom 17.09.2016.

Chiswick, Barry R./Hatton, Timothy J. (2003): »International Migration and the Integration of Labor Markets«, in: Michael D. Bordo/Alan M. Taylor/Jeffrey G. Williamson (Hg.), Globalization in Historical Perspective, Chicago, IL: University of Chicago Press, S. 65-120. https://doi.org/10.7208/chicago/9780226065991.003.0003.

Choo, Hae Yeon/Ferree, Myra M. (2010): »Practicing Intersectionality in Sociological Research: A Critical Analysis of Inclusions, Interactions, and Institutions in the Study of Inequalities«, in: Sociological Theory 28 (2), S. 129-149. https://doi.org/10.1111/j.1467-9558.2010.01370.x.

Collins, Patricia Hill (1986): »Learning from the Outsider Within: The Sociological Significance of Black Feminist Thought«, in: Social Problems 33 (6), S. 14-32. https://doi.org/10.2307/800672.

Collins, Patricia Hill (1990): Black Feminist Thought: Knowledge, Consciousness and the Politics of Empowerment, Boston: Unwin Hyman.

Crenshaw, Kimberlé W. (1989): »Demarginalizing the Intersection of Race and Sex: A Black Feminist Critique of Antidiscrimination Doctrine, Feminist Theory and Antiracist Politics«, in: The University of Chicago Legal Forum 140, S. 138-167.

Crenshaw, Kimberlé W. (1994): »Mapping the Margins: Intersectionality, Identity Politics, and Violence Against Women of Color«, in: Martha A. Fineman/Rixanne Mykitiuk (Hg.), The Publilc Nature of Private Violance, New York, NY: Routledge, S. 93-118.

Currie, Samantha (2008): Migration, Work and Citizenship in the Enlarged European Union, Aldershot: Ashgate.

Cyrus, Norbert (2004): Aufenthaltsrechtliche Illegalität in Deutschland. Bericht für den Sachverständigenrat für Zuwanderung und Integration, Nürnberg/Berlin.

Davis, Angela (1981): Women, Race and Class, London, New York, NY: The Women's Press, Random House.

Davis, Kathy (2008): »Intersectionality in Transatlantic Perspective«, in: Cornelia Klinger/Gudrun-Axeli Knapp (Hg.), ÜberKreuzungen: Fremdheit, Ungleichheit, Differenz, Münster: Westfälisches Dampfboot, S. 19-35.

Dayton-Johnson, Jeff, T./Katseli, Louka/Xenogiani, Anna di Mattia (2007): Policy Coherence for Development: Migration and Developing Countries, Paris: Technical report, Organisation for Economic Co-Operation and Development.

De Genova, Nicholas (2016): »The ›European‹ question: Migration, race, and post-coloniality in ›Europe‹«, in: Anna Amelina/Kenneth Horvath/Bruno Meeus (Hg.), An Anthology of Migration and Social Transformation: European Perspectives, Cham: Springer, S. 343-356. https://doi.org/10.1007/978-3-319-23666-7_22.

Deutscher Bundestag (2008): Sechster und abschließender Bericht der Bundesregierung über den Abschluss der Auszahlungen und die Zusammenarbeit der Stiftung ›Erinnerung, Verantwortung, Zukunft‹ mit den Partnerorganisationen, Drucksache 16/9963, 09.07.2008, online unter: www.stiftung-evz.de/fileadmin/user_upload/EVZ_Uploads/Stiftung/Geschichte/auszahlungen_bericht-bundestag_de.pdf vom 07.09.2015.

Dietz, Barbara (2007): »Die Integration mittel- und osteuropäischer Zuwanderer in den deutschen Arbeitsmarkt«, in: Magdaleny Nowicka (Hg.), Von Polen nach Deutschland und zurück. Die Arbeitsmigration und ihre Herausforderungen für Europa, Bielefeld: transcript, S. 25-46.

Dowideit, Anette (2010): »Pfleger wollen keine Hilfe von Hartz-IV-Empfängern«, in: Die Welt vom 14.03.2010, online unter: www.welt.de/wirtschaft/article6766397/Pfleger-wollen-keine-Hilfe-von-Hartz-IV-Empfaengern.html vom 19.4.2010.

Dumont, Jean-Christophe/Isoppo, Marion (2005): Migrant Women and the Labour Market: Diversity and Challenges, OECD/EC: Brussels.

Engels, Friedrich (1974) [Original Englisch 1884]: Der Ursprung der Familie, des Privateigentums und des Staats, Berlin: Dietz Verlag.

Esping-Andersen, Gøsta (1990): The Three Worlds of Welfare Capitalism, Cambridge: Polity Press.

Esser, Hartmut (1983): Die fremden Mitbürger, Düsseldorf: Patmos.

Esser, Hartmut (2003): »Ist das Konzept der Assimilation überholt?«, in: Geographische Revue 5, S. 5-22.

EWE (Erwägen, Wissen, Ethik) (2013): Intersektionalität 24 (3).

Faist, Thomas (2000a): The Volume and Dynamics of International Migration and Transnational Spaces, Oxford: Clarendon. https://doi.org/10.1093/acprof:oso/9780198293910.001.0001.

Faist, Thomas (2000b): »Grenzen überschreiten: Das Konzept der transstaatlichen Räume und seine Anwendungen«, in: Thomas Faist (Hg.): Transstaatliche Räume: Politik, Wirtschaft und Kultur in und zwischen Deutschland und der Türkei, Bielefeld: transcript, S. 9-56.

Faist, Thomas (2010) »Towards Transnational Studies: World Theories, Transnationalisation and Changing Institutions«, in: Journal of Ethnic and Migration Studies 36 (10), S. 1665-1687. https://doi.org/10.1080/1369183X.2010.489365.

Faist, Thomas (2013): »Staatsbürgerschaft«, in: Steffen Mau/Nadine M. Schöneck-Voß (Hg.), Handwörterbuch zur Gesellschaft Deutschlands, 3. grundl. überarb. Aufl., Wiesbaden: Springer Fachmedien, S. 844-856. https://doi.org/10.1007/978-3-531-18929-1_58.

Fanon, Frantz (1980) [1952]: Schwarze Haut, weiße Masken, Frankfurt a.M.: Syndikat.

Favell, Adrian (2008): »The New Face of East-West Migration in Europe«, in: Journal of Ethnic and Migration Studies 34 (5), S. 701-716.

Fawcett, James T. (1989): »Networks, Linkages, and Migration Systems«, in: International Migration Review, 23 (3), S. 671-680.

Federici, Silvia (2012) [Original Englisch 2010]: »Der Feminismus und die Politik der Commons«, in: Sylvia Federici: Aufstand aus der Küche. Reproduktionsarbeit im globalen Kapitalismus und die unvollendete feministische Revolution. (Aus dem Englischen von Max Henninger, Reihe: Kitchen Politics – Queerfeministische Interventionen, Band 1). Münster: edition assemblage, S. 87-105.

Fenster, Tovi (2004a): The Global City and the Holy City: Narratives on Knowledge, Planning and Diversity, Harlow: Pearson.

Fenster, Tovi (2004b): »Belonging, memory and the politics of planning in Israel«, in: Social & Cultural Geography 5, S. 403-417. https://doi.org/10.1080/1464936042000252796.

Firat, Gülsüm (1987): Der Prozeß der Hausfrauisierung am Beispiel der Migration von Frauen aus der Türkei in die Bundesrepublik, Bielefeld: Bielefelder Studien zur Entwicklungssoziologie.

Flamm, Michael/Kaufmann, Vincent (2006): »Operationalising the concept of motility: A qualitative study«, in: Mobilities 1, S. 167-189. https://doi.org/10.1080/17450100600726563.

Forsberg, Gunnel/Gonås, Lena/Perrons, Diane (2000): »Paid work: Participation, inclusion and liberation«, in: Simon Duncan/Birgit Pfau-Effinger (Hg.), Gender, economy and culture in the European Union, Abingdon: Routledge, S. 27-48.

Foucault, Michel (1987): Der Wille zum Wissen. Sexualität und Wahrheit I, Frankfurt a.M.: Suhrkamp.

Frank, Andre G. (1969): Capitalism and Underdevelopment in Latin America: Historical Studies of Chile and Brazil, New York, NY: Monthly Review Press.

Fraser, Nancy (2003): »Soziale Gerechtigkeit im Zeitalter der Identitätspolitik«, in: Nancy Fraser/Axel Honneth (Hg.), Umverteilung oder Anerkennung?, Frankfurt a.M.: Suhrkamp, S. 13-128.

Galbraith, John Kenneth (1973): Economics and the Public Purpose, Boston: Mifflin.

Galgóczi, Béla/Leschke, Janine/Watt, Andrew (Hg.) (2009): EU labour migration since enlargement: trends, impacts and policies, Aldershot: Ashgate.

Garfinkel, Harold (1967): Studies in Ethnomethodology, Cambridge: Polity Press.

Garland-Thomson, Rosemarie (2002): »Integrating Disability, Transforming Feminist Theory«, in: NWSA Journal 14 (3), S. 1-32. https://doi.org/10.2979/NWS.2002.14.3.1.

Gildemeister, Regine/Wetterer, Angelika (1992): »Wie Geschlechter gemacht werden. Die soziale Konstruktion der Zweigeschlechtlichkeit und ihre Reifizierung in der Frauenforschung«, in: Gudrun-Axeli Knapp/Angelika Wetterer (Hg.), TraditionenBrüche. Entwicklung feministischer Theorie, Freiburg: Kore, S. 201-254.

Glick Schiller, Nina/Basch, Linda/Szanton-Blanc, Cristina (1995): »From Immigrant to Transmigrant: Theorizing Transnational Migration«, in: Anthropology Quarterly 68 (1), S. 48-63.

Goffman, Erving (1994): »Das Arrangement der Geschlechter«, in: Erving Goffman (Hg.), Interaktion und Geschlecht, Frankfurt a.M., New York, NY: Campus, S. 105-158.

Goldring, Luin (1998): »The Power of Status in Transnational Social Fields«, in: Michal P. Smith/Luis E. Guarnizo (Hg.), Transnationalism from Below, New Brunswick, NJ, London: Transaction, S. 165-195.

Gomolla, Mechtild/Radtke, Frank-Olaf (2002): Institutionelle Diskriminierung. Die Herstellung ethnischer Differenz in der Schule, Opladen: VS Verlag. https://doi.org/10.1007/978-3-322-97400-6.

Gordon, Milton M. (1964): Assimilation in American Life: The Role of Race, Religion and National Origins, New York, NY: Oxford University Press.

Gottschall, Karin (2004): »Soziale Ungleichheit. Zur Thematisierung von Geschlecht in der Soziologie«, in: Ruth Becker/Beate Kortendiek (Hg.), Handbuch Frauen- und Geschlechterforschung. Theorie, Methoden, Empirie, 3., erw. u. durchges. Aufl. Wiesbaden: VS Verlag, S. 188-195. https://doi.org/10.1007/978-3-322-99461-5_22.

Guarnizo, Luis Eduardo (2003): »The Economics of Transnational Living«, in: International Migration Review 37 (3): 666-699. https://doi.org/10.1111/j.1747-7379.2003.tb00154.x.

Gümen, Sedef (1998): »Das Soziale des Geschlechts. Frauenforschung und die Kategorie ›Ethnizität‹«, in: Das Argument 40 (224), S. 187-203.

Haas, Hein de (2007): Migration and development: A theoretical perspective, Bielefeld: Centre on Migration, Citizenship and Development, online unter: www.imi.ox.ac.uk/pdfs/wp/WP9%20Migration%20and%20development%20theory%20HdH.pdf vom 15.02.2015.

Hage, Ghassan (1997): »At home in the entrails of the West: Multiculturalism, ›ethnic food‹ and migrant home-building«, in: Helen Grace/Ghassan Hage/Lesley Johnson/Julie Langsworth/Michael Symonds (Hg.): Home/World: Space, Community and Marginality in Sydney's West, Annandale, NSW: Pluto, S. 99-153.

Hagemann-White, Carol (1984): Sozialisation: Weiblich – männlich?, Opladen: Leske & Budrich. https://doi.org/10.1007/978-3-322-97160-9.

Hahn, Sylvia (2000): »Wie Frauen in der Migrationsgeschichte verloren gingen«, in: Karl Husa/Christof Parnreiter/Irene Stacher, (Hg.), Internationale Migration. Die globale Herausforderung des 21. Jahrhunderts?, Frankfurt a.M.: Brandes & Apsel, S. 77-96.

Hall, Stuart (1994): »Alte und neue Identitäten, alte und neue Ethnizitäten«, in: Ulrich Mehlem/Dorothee Bohle/Joachim Gutsche/Matthias Oberg/Dominik Schrage (Hg.), Rassismus und kulturelle Identität, Ausgewählte Schriften Bd. 2., Hamburg: Argument, S. 66-88.

Hall, Stuart (Hg.) (1997): Representation: Cultural Representations and Signifying Practices, London: Sage.

Hall, Stuart (2004a): »Reflektionen über das Kodieren/Dekodieren – ein Interview«, in: Juha Koivisto/Andreas Merkens (Hg.), Ideologie, Identität, Repräsentation. Ausgewählte Schriften IV, Hamburg: Argument, S. 81-107.

Hall, Stuart (2004b): »Kodieren/Dekodieren«, in: Juha Koivist/Andreas Merkens (Hg.), Ideologie, Identität, Repräsentation. Ausgewählte Schriften IV, Hamburg: Argument, S. 66-80.

Hammar, Tomas (1990): Democracy and the Nation State: Aliens Denizens and Citizens in a World of International Migration, Aldershot: Avebury.

Harzig, Christiane (1997): Peasant Maids – City Women. From The European Countryside To Urban America, Ithaca, NY: Cornell University Press. https://doi.org/10.1007/978-3-663-09529-3_3.

Harzig, Christiane (2003): »Immigration policies: A gendered historical perspective«, in: Mirjana Morokvasic-Müller/Umut Erel/Kiyoko Shinozaki (Hg.), Crossing Borders and Shifting Boundaries. Vol. I. Gender on the Move, Opladen: Leske & Budrich, S. 35-58.

Hearn, Jeff (2011): »Sexualities, work, organizations and managements: Empirical, policy and theoretical challenges«, in: Emma Jeanes/David Knights/Patricia Y. Martin (Hg.), Handbook of Gender, Work and Organization, London: Wiley-Blackwell, S. 299-314.

Heinemann, Torsten/Lemke, Thomas (2014): »Biological Citizenship Reconsidered The Use of DNA Analysis by Immigration Authorities in Germany«, in: Science, Technology & Human Values 39(4), S. 488-510. https://doi.org/10.1177/0162243913509414.

Heitmeyer, Wilhelm/Müller, Joachim/Schröder, Helmut (1997): Verlockender Fundamentalismus. Türkische Jugendliche in Deutschland, Frankfurt a.M.: Suhrkamp.

Heinze, Carsten/Moebius, Stephan/Reicher, Dieter (Hg.) (2012): Perspektiven der Filmsoziologie, Konstanz: UVK.

Hickethier, Knut (2012): Film- und Fernsehanalyse, Stuttgart: Metzler. https://doi.org/10.1007/978-3-476-00811-4.

Hirschauer, Stefan (1996): »Wie sind Frauen? Wie sind Männer? Zweigeschlechtlichkeit als Wissenssystem«, in: Christiane Eifert/Angelika Epple/Marina Kessel (Hg): Was sind Frauen? Was sind Männer? Geschlechterkonstruktionen im historischen Wandel, Frankfurt a.M.: Suhrkamp, S. 240-256.

Hochschild, Arlie R. (2000): »Global Care Chains and Emotional Surplus Value«, in: Anthony Giddens/Will Hutton (Hg.), On the Edge. Living with Global Capitalism, London: Jonathan Cape, S. 130-146.

Hochschild, Arlie R. (2003): The Commercialization of Intimate Life: Notes from Home and Work, Berkeley: University of California Press.

Holstein, James/Gubrium, Jaber (1995): »Deprivatization and the Construction of Domestic Life«, in: Journal of Marriage and the Family 57 (4): 894-908. https://doi.org/10.2307/353410.

Hondagneu-Sotelo, Pierrette/Avila, Ernestine (1997): »›I'm Here, but I'm There‹: The Meanings of Latina Transnational Motherhood«, in: Gender & Society 11 (5): 548-571.

Hooren, van Franca (2008): Bringing policies back in: How social and migration policies affect the employment of immigrants in domestic care for the elderly in the EU-15. Paper prepared for: Transforming elderly care at local, national and transnational levels. International conference at the Danish National Centre for Social Research (SFI) Copenhagen, 26-28 June 2008, online unter: www.sfi.dk/Files/Filer/transforming %20care/Franca-van-Hooren.pdf vom 7.9.2015.

Hopkins, Peter/Pain, Rachel (2007): »Geographies of age: Thinking relationally«, in: Area 39 (3), S. 287-294. https://doi.org/10.1111/j.1475-4762.2007.00750.x.

Huth-Hildebrandt, Christine (2002): Das Bild von der Migrantin. Auf den Spuren eines Konstrukts, Frankfurt a.M.: Brandes & Apsel.

Huxel, Katrin (2014): Männlichkeit, Ethnizität und Jugend, Wiesbaden: VS Verlag. https://doi.org/10.1007/978-3-658-06096-1.

Ignatieff, Michael (2001): Human Rights as Politics and Idolatry, Princeton: Princeton University Press.

ILO – International Labour Organization (2013): Domestic Workers across the World: Global and Regional Statistics and the Extent of Legal Protection, Geneva: ILO.

IOM/UN – International Organisation for Migration/United Nations (2000): World Migration Report 2000, online unter: http://publications.iom.int/bookstore/free/WMR_2000_edited.pdf vom 30.8.2015.

INSTRAW (1994): The Migration of Women. Methodological Issues, Santo Domingo: UN Publications.

Isin, Engin F. (2002): »Citizenship after orientalism«, in: Engin F. Isin/Bryan S. Turner (Hg.), Handbook of Citizenship Studies, London: Sage, S. 117-128. https://doi.org/10.4135/9781848608276.n7.

Isin, Engin F. (Hg.) (2015): Citizenship after Orientalism: Transforming Political Theory. Houndmills: Palgrave Macmillan.

Jaggar, Alison/McBride, William (1989): »Reproduktion als männliche Ideologie«, in: Elisabeth List/Herlinde Studer (Hg.), Denkverhältnisse. Feminismus und Kritik. Frankfurt a.M.: Suhrkamp, S. 133-163.

Janta, Hania/Ladkin, Adele/Brown, Lorraine/Lugosi, Peter (2011): »Employment experiences of Polish migrant workers in the UK hospitality sector«, in: Tourism Management 32(5), S. 1006-1019. https://doi.org/10.1016/j.tourman.2010.08.013.

Jonas, Andrew E.G. (2006): »Pro scale: further reflections of the ›scale debate‹«, in: Transactions of the Institute of British Geographers 31 (3), S. 399-406. https://doi.org/10.1111/j.1475-5661.2006.00210.x.

Kahanec, Martin/Zimmermann, Klaus F./Kureková, Lucia/Biavaschi, Costanza (2013): Labour Migration from EaP Countries to the EU – Assessment of Costs and Benefits and Proposals for Better Labour Market Matching, Bonn: Institute for the Study of Labour, online unter: www.iza.org/en/webcontent/publications/reports/report_pdfs/iza_report_56.pdf vom 15.06.2015.

Karasek, Hellmuth (1988): »Die Liebenden von Altona«, in: Der Spiegel 18 vom 2.05.1988, online unter: www.spiegel.de/spiegel/print/d-13527586.html

Khagram, Sanjeev/Levitt, Peggy (Hg.) (2008): The Transnational Studies Reader: Intersections and Innovations, New York, NY: Routledge.

Kilkey, Majella (2014): »Polish Male Migrants in London: The Circulation of Fatherly Care«, in: Loretta Baldassar/Laura Merla (Hg.), Transnational Families, Migration and the Circulation of Care, New York, NY: Routledge, S. 185-201.

King, Deborah K. (1988): »Multiple Jeopardy, Multiple Consciousness: The Context of a Black Feminist Ideology«, in: Signs 14 (1), S. 42-72. https://doi.org/10.1086/494491.

Kivisto, Peter/Faist, Thomas (2007): Citizenship: Discourse, Theory, and Transnational Prospects, Malden: Blackwell.

Klinger, Cornelia (2003): »Ungleichheit in den Verhältnissen von Klasse, Rasse und Geschlecht«, in: Gurdrun-Axeli Knapp/Angelika Wetterer (Hg.), Achsen der Differenz. Gesellschaftstheorie und feministische Kritik, Münster: Westfälisches Dampfboot, S. 14-48.

Klinger, Cornelia/Knapp, Gudrun-Axeli (2005): »Achsen der Ungleichheit – Achsen der Differenz. Verhältnisbestimmung von Klasse, Geschlecht, ›Rasse‹/Ethnizität«, in: TRANSIT – Europäische Revue 29, S. 72-96.

Knapp, Gudrun-Axeli (2005): »Intersectionality – ein neues Paradigma feministischer Theorie? Zur transatlantischen Reise von ›Race, Class, Gender‹«, in: Feministische Studien 23 (1), S. 68-81. https://doi.org/10.1515/fs-2005-0107.

Knapp, Gudrun-Axeli (2009): »Resonanzräume – Räsonierräume: Zur transatlantischen Reise von Race, Class und Gender«, in: Helma Lutz (Hg.), Gender Mobil? Geschlecht und Migration in transnationalen Räumen, Münster: Westfälisches Dampfboot, S. 215-233.

Knapp, Gudrun-Axeli (2013): »Zur Bestimmung und Abgrenzung von ›Intersektionalität‹. Überlegungen zur Interferenz von ›Geschlecht‹, ›Klasse‹ und anderen Kategorien sozialer Teilung«, in: EWE 24 (3), S. 341-354.

Kofman, Eleonore (2000a): »The invisibility of skilled female migrants and gender relations in studies of skilled migration in Europe«, in: International Journal of Population Geography 6 (1), S. 45-59. https://doi.org/10.1002/(SICI)1099-1220(200001/02)6:1<45::AID-IJPG169>3.0.CO;2-B.

Kofman, Eleonore (2000b): Gender and International Migration in Europe: Employment, Welfare, and Politics, London: Routledge.

Kofman, Eleonore (2012): »Rethinking Care through Social Reproduction: Articulating Circuites of Migration«, in: Social Politics 19 (1), S. 142-162. https://doi.org/10.1093/sp/jxr030.

Kofman, Eleonore/Raghuram, Parvati (2006): »Gender and global labour migrations: incorporating skilled workers«, in: Antipode 38 (2), S. 282-303.

Kofman, Eleonore/Raghuram, Parvati (2009): Arbeitsmarktmigration qualifizierter Frauen. Kurzdossier Nr. 13, Fokus Migration, online unter: www.bpb.de/gesellschaft/migration/kurzdossiers/57289/migration-von-frauen vom 26.09.2016. https://doi.org/10.1111/j.1467-8330.2006.00580.x.

Koopmans, Ruud (2012): »The post-nationalization of immigrant rights: A theory in search of evidence«, in: The British Journal of Sociology 63, S. 22-30. https://doi.org/10.1111/j.1468-4446.2011.01401.x.

Koser, Khalid/Lutz, Helma (1998): The New Migration in Europe. Social Constructions and Social Realities, Basingstoke, London: MacMillan.

Koshulap, Iryna (2007): »Images of Fatherhood in Ukraine: Past and Present«, in: Olena Hankivsky/Anastasiya Salnykova (Hg.), Gender, Politics and Society in Ukraine, Toronto: University Press, S. 364-384.

Kosnick, Kira (2010): »Sexualität und Migrationsforschung: Das Unsichtbare, das Oxymoronische und heteronormatives Othering«, in: Helma Lutz/Maria Teresa Herrera Vivar/Linda Supik (Hg.), Fokus Intersektionalität. Bewegungen und Verortungen eines vielschichtigen Konzepts, Wiesbaden: VS Verlag, S. 145-164. https://doi.org/10.1007/978-3-531-92555-4_8.

Kraß, Andreas (2013): »Judith Butler«, in: Marianne Schmidbaur/Helma Lutz/Ulla Wischermann (Hg.), Klassikerinnen feministischer Theorie, Band III, Sulzbach am Taunus: Ulrike Helmer Verlag, S. 39-65.

Kreckel, Reinhard (2004): Politische Soziologie der sozialen Ungleichheit, Frankfurt a.M., New York, NY: Campus.

Kritz, Mary M./Lim, Lin L./Zlotnik, Hania (Hg.) (1992): International Migration Systems: A Global Approach, Oxford: Clarendon Press.

Krüger, Helga (2007): »Geschlechterungleichheit verstimmt: Institutionalisierte Ungleichheit in den Verhältnissen gesellschaftlicher Reproduktion«, in: Cornelia Klinger/Gudrun-Axeli Knapp/Birgit Sauer (Hg.), Achsen der Ungleichheit. Zum Verhältnis von Klasse, Geschlecht und Ethnizität, Frankfurt a.M.: Campus, S. 178-192.

Krzystek, Karolina (2013): »Female migrants and the issue of residence rights«, in: Floya Anthias/Maria Kontos/Mirjana Morokvasic-Müller (Hg.), Paradoxes of integration: Female migrants in Europe, Dordrecht: Springer, S. 117-132. https://doi.org/10.1007/978-94-007-4842-2_7.

Kymlicka, Will (1995): Multicultural Citizenship: A Liberal Theory of Minority Rights, Oxford: Clarendon Press.

Latour, Bruno (2005): Reassembling the Social: An Introduction to Actor-Network-Theory, Oxford: Oxford University Press.

Lee, Everett (1966): »A theory of migration«, in: Demography 3 (1), S. 47-57. https://doi.org/10.2307/2060063.

Leiprecht, Rudolf (2001): Alltagsrassismus. Eine Untersuchung bei Jugendlichen in Deutschland und den Niederlanden, Münster: Waxmann.

Leiprecht, Rudolf/Lutz, Helma (2015a): »Intersektionalität im Klassenzimmer. Zur sozialen Konstruktion und Bedeutung von Ethnie, Klasse, Geschlecht und ihren Verbindungen«, in: Rudolf Leiprecht/Anja Steinbach (Hg.), Schule in der Migrationsgesellschaft, Bd. 1, Schwalbach/Taunus: Debus Pädagogik Verlag, S. 283-304.

Leiprecht, Rudolf/Lutz, Helma (2015b): »Without Guarentees. Stuart Halls Analysen und Interventionen im Kontext von Rassismus, Kultur und Ethnizität«, in: Julia Reuter/Paul Mecheril (Hg.), Schlüsselwerke der Migrationsforschung. Pionierstudien und Referenztheorien, Wiesbaden: Springer VS, S. 289-305. https://doi.org/10.1007/978-3-658-02116-0_18.

Leitner, Helga (2004): »The Politics of Scale and Networks of Spatial Connectivity: Transnational Interurban Networks and the Rescaling of Political Governance in Europe«, in: Eric Sheppard/Robert B. McMaster (Hg.), Scale and Geographic Inquiry: Nature, Society, and Method, Malden, MA, Oxford, Carlton, Vic.: Blackwell, S. 236-255. https://doi.org/10.1002/9780470999141.ch12.

León-Ledesma, Miguel/Piracha, Matloob (2001): »International Migration and the Role of Remittances in Eastern Europe«, in: Studies in Economics 0113, School of Economics, University of Kent. https://doi.org/10.2139/ssrn.278810.

Leuther, Marion (2000): »NS-Zwangsarbeit in Privathaushalten und Landwirtschaft. ›Fremdarbeiter‹ von Entschädigung ausgeschlossen«, in: ak – analyse & kritik – Zeitung für linke Debatten und Praxis 434 vom 20.01.2000, S. 1-4, online unter: www.akweb.de/ak_s/ak434/18.htm vom 07.09.2015.

Levitt, Peggy/Glick Schiller, Nina (2004) »Conceptualizing Simultaneity: A Transnational Social Field Perspective on Society«, in: International Migration Review 38 (3), S. 1002-1039.

Lewis, William A. (1954): »Economic Development with Unlimited Supplies of Labour«, in: The Manchester School 22 (2), S. 139-191. https://doi.org/10.1111/j.1467-9957.1954.tb00021.x.

Leydet, Dominique (2014): »Citizenship«, in: Edward N. Zalta (Hg.), The Stanford Encyclopedia of Philosophy, online unter: http://plato.stanford.edu/archives/spr2014/entries/citizenship

Lipton, Michael (1980): »Migration from the rural areas of poor countries: the impact on rural productivity and income distribution«, in: World Development 8 (1), S. 1-24. https://doi.org/10.1016/0305-750X(80)90047-9.

Lister, Ruth (1993): »Tracing the contours of women's citizenship«, in: Policy & Politics 21, S. 3-16. https://doi.org/10.1332/030557393782453970.

Löw, Martina (2001): Raumsoziologie, Frankfurt a.M.: Suhrkamp.

Lutz, Helma (1991): Welten verbinden – Türkische Sozialarbeiterinnen in den Niederlanden und der Bundesrepublik Deutschland, Frankfurt a.M.: IKO-Verlag für Interkulturelle Kommunikation.

Lutz, Helma (1997): »The limits of European-ness. Immigrant women in Fortress Europe«, in: Feminist Review 57 (3), S. 112-139.

Lutz, Helma (2007): »›Die 24-Stunden-Polin‹ – Eine intersektionelle Analyse transnationaler Dienstleistungen«, in: Cornelia Klinger/Gudrun-Axeli Knapp/Birgit Sauer (Hg.), Achsen der Ungleichheit: Zum Verhältnis von Klasse, Geschlecht und Ethnizität, Frankfurt a.M., New York, NY: Campus, S. 210-234.

Lutz, Helma (2008): Vom Weltmarkt in den Privathaushalt. Die neuen Dienstmädchen im Zeitalter der Globalisierung, 2. Auflage, Opladen, Farmington Hill: Barbara Budrich.

Lutz, Helma (2010a): »Unsichtbar und unproduktiv? Haushaltsarbeit und Care Work – die Rückseite der Arbeitsgesellschaft«, in: Österreichische Zeitschrift für Soziologie (ÖZS) 35 (2), S. 23-37. https://doi.org/10.1007/978-3-319-23666-7_16.

Lutz, Helma (2010b): »Gender in the Migratory Process«, in: Journal of Ethnic and Migration Studies 36 (10), S. 1647-1663. https://doi.org/10.1080/1369183X.2010.489373.

Lutz, Helma (2013): »Intersectional invisibility – Über das Auftauchen und Verschwinden von Kategorien sozialer Ungleichheit in der deutschen Intersektionalitätsdebatte«, in: EWE 24, 421-423.

Lutz, Helma (2014): Intersectionality's (brilliant) career – how to understand the attraction of the concept?, Working Paper Series ›Gender, Diversity and Migration‹ Nr. 1, Faculty of Social Sciences, online unter: www.fb03.uni-frankfurt.de/51634119/Lutz_WP.pdf vom 15.10.2015.

Lutz, Helma (2016a): »›Good Motherhood‹ – a Dilemma for Migrant Women from Eastern Europe«, in: Anna Amelina/Kenneth Horvath/Bruno Meeus (Hg.), An Anthology of Migration and Social Transformation: European Perspectives, Dordrecht; Heidelberg; New York, NY; London: Springer, S. 245-258.

Lutz, Helma (2016b): »Euro Orphans – the Stigmatization of Migrant Motherhood«, in: Yasemine Ergas/Jane Jenson/Sonya Michel (Hg.), Bodies and Borders: Negotiating Motherhood in the 21st century, New York, NY: Columbia University Press (im Erscheinen).

Lutz, Helma/Davis, Kathy (2005): »Geschlechterforschung und Biographieforschung: Intersektionalität als biographische Ressource am Beispiel einer außergewöhnlichen Frau«, in: Bettina Völter/Bettina Dausien/Helma Lutz/Gabriele Rosenthal (Hg.), Biographieforschung im Diskurs, Wiesbaden: VS Verlag, S. 228-247. https://doi.org/10.1007/978-3-663-09432-6_12.

Lutz, Helma/Herrera Vivar, Maria Teresa/Supik, Linda (2010): Fokus Intersektionalität. Bewegungen und Verortungen eines vielschichtigen Konzeptes, Wiesbaden: VS Verlag.

Lutz, Helma/Herrera Vivar, Maria Teresa/Supik, Linda (2011): »Framing Intersectionality: An Introduction«, in Helma Lutz/Maria Teresa Herrera Vivar/Linda Supik (Hg.), Framing Intersectionality: Debates on a Multi-Faceted Concept in Gender Studies, Farnham; Burlington, VT: Ashgate, S. 1-24.

Lutz, Helma/Huth-Hildebrandt, Christine (1998): »Geschlecht im Migrationsdiskurs. Neue Gedanken über ein altes Thema«, in: Das Argument 40 (1/2), S. 159-173.

Lutz, Helma/Palenga-Möllenbeck, Ewa (2010): »Care Work Migration in Germany: Semi-Compliance and Complicity«, in: Social Policy & Society 9 (3), S. 419-430. https://doi.org/10.1017/S1474746410000138.

Lutz, Helma/Palenga-Möllenbeck, Ewa (2011a): »Care, gender and migration: towards a theory of transnational domestic work migration in

Europe«, in: Journal of Contemporary European Studies 19 (3), S. 349-364. https://doi.org/10.1080/14782804.2011.610605.

Lutz, Helma/Palenga-Möllenbeck, Ewa (2011b): »Das Care Chain-Konzept auf dem Prüfstand. Eine Fallstudie der transnationalen Care-Arrangements polnischer und ukrainischer Migrantinnen«, in: GENDER, Zeitschrift für Geschlecht, Kultur und Gesellschaft 3 (1), S. 9-27.

Lutz, Helma/Palenga-Möllenbeck, Ewa (2014): »Care-Migrantinnen im geteilten Europa – Verbindungen und Widersprüche in einem transnationalen Raum«, in: Soziale Welt, Sonderband 20, S. 217-234.

Lutz, Helma/Palenga-Möllenbeck, Ewa (2015): »Care-Arbeit, Gender und Migration. Überlegungen zu einer Theorie der transnationalen Migration im Haushaltssektor in Europa«, in: Uta Meier-Gräwe (Hg.), Die Arbeit des Alltags. Gesellschaftliche Orientierung und Umverteilung, Wiesbaden: Springer, S. 181-200.

MacGregor, Sherilyn (2006): Beyond Mothering Earth: Ecological Citizenship and the Politics of Care, Vancouver: UBC.

Mackert, Jürgen (1999): Kampf um Zugehörigkeit: Nationale Staatsbürgerschaft als Modus sozialer Schließung, Opladen: Westdeutscher Verlag. https://doi.org/10.1007/978-3-663-07982-8.

Mackert, Jürgen (2006): Staatsbürgerschaft: Eine Einführung, Wiesbaden: VS Verlag.

Madianou, Mirca/Miller, Daniel (2011): Migration and the New Media: Transnational Families and Polymedia, London: Routledge.

Marshall, Thomas H. (1950): »Citizenship and social class«, in: Marshall, Thomas H. (Hg.), Citizenship and Social Class, and Other Essays, Cambridge: Cambridge University Press, S. 1-85.

Marston, Sallie A./Jones, John P./Woodward, Keith (2005): »Human geography without scale«, in: Transactions of the Institute of British Geographers 30 (4), S. 416-432. https://doi.org/10.1111/j.1475-5661.2005.00180.x.

Martin, David A. (2003): »Introduction: The trend toward dual nationality«, in: David A. Martin/Kay Hailbronner (Hg.), Rights and Duties of Dual Nationals: Evolution and Prospects, Den Haag: Kluwer Law International, S. 3-18. https://doi.org/10.1201/9780203911709.ch1.

Massey, Douglas S. (1990): »Social Structure, Household Strategies, and the Cumulative Causation of Migration«, in: Population Index 56 (1), S. 3-26. https://doi.org/10.2307/3644186.

Massey, Douglas S./Arango, Joaquín/Graeme, Hugo/Kouaouci, Ali/Pellegrino, Adela/Taylor, Edward J. (1993): »Theories of International Migration: A Review and Appraisal«, in: Population and Development Review 19 (3), S. 431-466. https://doi.org/10.2307/2938462.

Massey, Douglas S./Espinosa, Kristin E. (1997): »What's driving Mexico-U.S. migration? A theoretical, empirical, and policy analysis«, in: American Journal of Sociology 102 (4), S. 939-999.

Matsuda, Mari J. (1991): »Besides My Sister, Facing the Enemy: Legal Theory Out of Coalition«, in: Standford Law Review 43 (6), S. 1184-1192.

Mattes, Monika (1999): »Zum Verhältnis von Migration und Geschlecht. Anwerbung und Beschäftigung von ›Gastarbeiterinnen‹ in der Bundesrepublik 1960 bis 1973«, in: Jan Motte/Rainer Ohlinger/Anne von Oswald (Hg.), 50 Jahre Bundesrepublik – 50 Jahre Einwanderung. Nachkriegsgeschichte als Migrationsgeschichte, Frankfurt a.M., New York, NY: Campus, S. 285-309.

Mazzucato, Valentina (2013): »Transnational Families, Research and Scholarship«, in: Immanuel Ness (Hg.), The Encyclopedia of Global Human Migration, Oxford: Blackwell Publishing. https://doi.org/10.1002/9781444351071.wbeghm541.

McCall, Leslie (2005): »The Complexity of Intersectionality«, in: Signs: Journal of Women in Culture and Society 30 (3), S. 1771-1800. https://doi.org/10.1086/426800.

Mecheril, Paul (2003): Prekäre Verhältnisse. Über natio-ethno-kulturelle (Mehrfach-)Zugehörigkeit, Münster: Waxmann.

Meekosha, Helen (1990): »Is feminism able-bodied? Reflections from between the trenches«, in: Refractory Girl, August, S. 34-42.

Mendel, Annekatrein (1993): Zwangsarbeit im Kinderzimmer. ›Ostarbeiterinnen‹ in deutschen Familien von 1939-1945, Frankfurt a.M.: DIPA-Verlag.

Michel, Sonya/Peng, Ito (2012): »All in the Family? Migrants, Nationhood, and Care Regimes in Asia and North America«, in: Journal of European Social Policy 22 (4), S. 406-418. https://doi.org/10.1177/0958928712449774.

Moch, Leslie P. (1992): Moving Europeans, Bloomington, Indianapolis: Indiana University Press.

Moriarty, Elaine/Wickham, James/Bobek, Alicja/Daly, Sally (2016): »Portability of social protection in the European Union«, in: Anna Amelina/Kenneth Horvath/Bruno Meeus (Hg.), An Anthology of Migration and Social Transformation: European Perspectives, Cham: Springer, S. 201-215. https://doi.org/10.1007/978-3-319-23666-7_13.

Morokvasic, Mirjana (1984): »The overview: birds of passage are also women«, in: International Migration Review 68 (18), S. 886-907. https://doi.org/10.2307/2546066.

Morokvasic, Mirjana (1987): Emigration und Danach: Jugoslawische Frauen in Westeuropa, Frankfurt a.M.: Stroemfeld/Roter Stern Verlag.

Morokvasic, Mirjana (2003): »Transnational Mobility and Gender: A View from Post-wall Europe«, in: Mirjana Morokvasic-Müller/Umut Erel/Kyoko Shinozaki (Hg.), Crossing Borders and Shifting Boundaries. Vol. I. Gender on the Move, Opladen: Leske & Budrich, S. 101-133. https://doi.org/10.1007/978-3-663-09529-3_6.

Morokvasic, Mirjana (2004): »Settled in Mobility: Engendering Post-Wall Migration in Europe«, in: Feminist Review 77 (1), S. 7-25. https://doi.org/10.1057/palgrave.fr.9400154.

Müller, Peter/Schmid, Michael (2003): Hauptwerke der Ungleichheitsforschung, Opladen: Leske & Budrich. https://doi.org/10.1007/978-3-322-80364-1.

Neuhaus, Andrea/Isfort, Michael/Weidner, Frank (2009): Situation und Bedarfe von Familien mit mittel- und osteuropäischen Haushaltshilfen, Deutsches Institut für angewandte Pflegeforschung e.V., Köln, online unter: www.dip.de/fileadmin/data/pdf/material/bericht_haus haltshilfen.pdf vom 07.09.2015.

Nieswand, Boris (2011): Theorising Transnational Migration: The Status Paradox of Migration, New York, NY: Routledge.

Nowicka, Magdalena (2006): Transnational Professionals and Their Cosmopolitan Universes, Frankfurt a.M., New York, NY: Campus.

Nowicka, Magdalena (2014): »Migrating skills, skilled migrants and migration skills: The influence of contexts on the validation of migrants‹ skills«, in: Migration Letters 11 (2), special issue Mobile Inequalties in a Mobile Europe, S. 154-170.

Okin, Susan M. (1992): »Women, equality and citizenship«, in: Queen's Quarterly 99, S. 57-72.

Okin, Susan M. (1998): »Gender, the public and the private«, in: Anne Phillips (Hg.), Feminism and Politics, Oxford: Oxford University Press, S. 116-141.

Okin, Susan M. (2005): »Multiculturalism and feminism: No simple question, no simple answers«, in: Avigail Eisenberg/Jeff Spinner-Halev (Hg.), Minorities within Minorities: Equality, Rights and Diversity, Cambridge: Cambridge University Press, S. 67-89. https://doi.org/10.1017/CBO9780511490224.004.

Oleksy, Elzbieta H./Hearn, Jeff/Golanska, Dorota (Hg.) (2011): The Limits of Gendered Citizenship: Contexts and Complexities, New York, NY: Routledge.

Olwig, Karen Fog (2014): »Migration and care: intimately related aspects of Caribbean familiy and kindship«, in: Loretta Baldassar/Laura Merla (Hg.), Transnational Families, Migration and the Circulation of Care: Understanding Mobility and Absence in Family Life, New York, NY, Abingdon: Routledge, S. 133-148.

Palenga-Möllenbeck, Ewa (2013a): »New maids – New Butlers? Polish domestic workers in Germany and commodification of social reproductive work«, in: Equality, Diversity and Inclusion: An International Journal 32 (6), S. 557-574. https://doi.org/10.1108/EDI-10-2012-0086.

Palenga-Möllenbeck, Ewa (2013b): »Care Chains in Eastern and Central Europe: Male and Female Domestic Work at the Intersections of Gender, Class, and Ethnicity«, in: Journal of Immigrant & Refugee Studies 11 (4), S. 364-383. https://doi.org/10.1080/15562948.2013.822955.

Palenga-Möllenbeck, Ewa/Lutz, Helma (2016): »Fatherhood and Masculinities in post socialist Europe: The Challenges of Transnational Migration«, in: Majella Kilkey/Ewa Palenga-Möllenbeck (Hg.), Family Life in an Age of Migration and Mobility: Global Perspectives Through the Life Course, Palgrave Macmillan [im Druck]. https://doi.org/10.1057/978-1-137-52099-9_10.

Papademetriou, Demetriou (1985): »Illusions and Reality in International Migration: Migration and Development in post World War II Greece«, in: International Migration 23 (2), S. 211-224. https://doi.org/10.1111/j.1468-2435.1985.tb00316.x.

Papadopoulos, Demetriou/Tsianos, Vassilis (2013): »After citizenship: autonomy of migration, organisational ontology and mobile commons«, in: Citizenship Studies. 17 (2), S. 178-196. https://doi.org/10.1080/13621025.2013.780736.

Parreñas, Rhacel S. (2001): Servants of Globalization. Women, Migration and Domestic Work, Stanford, California: Stanford University Press.

Parreñas, Rhacel S. (2005): Children of global Migration. Transnational Families and Gendered Woes, Stanford, California: Stanford University Press.

Parsons, Talcott (1966): »The political aspect of social structure and process«, in: David Easton (Hg.), Varieties of Political Theory, Englewood Cliffs, NJ: Prentice Hall, S. 71-112.

Parsons, Talcott (1971): The System of Modern Societies, Englewood Cliffs, NJ: Prentice Hall.

Peltzer, Anja/Keppler, Angela (2015): Die soziologische Film- und Fernsehanalyse. Eine Einführung, Berlin: De Gruyter Oldenbourg.

Penninx, Rinus (1982): »A Critical Review of Theory and Practice: The Case of Turkey«, in: International Migration Review 16 (4), S. 781-818. https://doi.org/10.2307/2546160.

Phoenix, Ann/Pattynama, Pamela (2006): »Introduction«, in: European Journal of Women's Studies, Special Issue: Intersectionality 13 (3), 187-192.

Piperno, Flavia (2012): »The Impact of Female Emigration on Families and the Welfare State in Countries of Origin: The Case of Romania«, in: International Migration 50 (5), S. 189-204. https://doi.org/10.1111/j.1468-2435.2010.00668.x.

Poeze, Miranda/Mazzucato, Valentina (2014): »Ghanaian Children in Transnational Families: Understanding the Experiences of Left-Behind-Children through Local Parenting Norms«, in: Loretta Baldassar/Laura Merla (Hg.), Transnational Families, Migration and the Circulation of Care, New York, NY: Routledge, S. 149-169.

Portes, Alejandro/Rumbaut, Rubén (2006): Immigrant America: A Portrait, 3rd edition, Berkeley, Los Angeles, CA, London: University of California Press.

Portes, Alejandro/Walton, John (1981): Labour, Class, and International System, New York, NY, London: Academic Press.

Portes, Alejandor/Zhou, Min (2005): »The New Second Generation: Segmented Assimilation and Its Variants«, in: Marcelo Suárez-Orozco/Carola Suárez-Orozco/Desirée B. Qin (Hg.), The New Immigration: An Interdisciplinary Reader, New York, NY, Hove: Routledge, S. 85-103.

Pries, Ludger (2007): Transnationalism: Trendy Catch-All or Specific Research Programme? A Proposal for Transnational Organisation Studies as a Micro-Macro-Link, online unter: www.uni-bielefeld.de/tdrc/ag_comcad/downloads/workingpaper_34_Pries.pdf vom 06.04.2009.

Pries, Ludger (2008a): Die Transnationalisierung der Sozialen Welt. Sozialräume jenseits von Nationalgesellschaften, Frankfurt a.M.: Suhrkamp.

Pries, Ludger (2008b) »Transnational societal spaces: which units of analysis, reference, and measurement?«, in: Ludger Pries (Hg.), Rethinking Transnationalism: The Meso-Link of Organisations, Abingdon, New York, NY: Routledge, S. 1-20.

Prodolliet, Simone (1999): »Spezifisch weiblich: Geschlecht und Migration. Ein Rückblick auf die Migrationsforschung«, in: Zeitschrift für Frauenforschung 17 (1/2), 26-42.

Räthzel, Nora (2010): »Rassismustheorien: Geschlechterverhältnisse und Feminismus«. In: Ruth Becker/Beate Kortendiek (Hg.), Handbuch Frauen- und Geschlechterforschung. Theorie, Methoden, Empirie, 3., erw. u. durchges. Aufl., Wiesbaden: VS Verlag, S. 248-256. https://doi.org/10.1007/978-3-531-92041-2_33.

Richardson, Diane (2000): »Constructing sexual citizenship: Theorizing sexual rights«, in: Critical Social Policy 20, S. 105-135. https://doi.org/10.1177/026101830002000105.

Rousseau, Jean-Jacques. (1986) [1762]: Vom Gesellschaftsvertrag oder Grundsätze des Staatsrechts, Stuttgart: Reclam.

Rubenstein, Hymie (1992): »Migration, development and remittances in rural Mexico«, in: International Migration 30 (2), S. 127-153. https://doi.org/10.1111/j.1468-2435.1992.tb00690.x.

Said, Edward W. (1979): Orientalism, New York, NY: Vintage.

Salt, John (1988): »Highly skilled international migrants, careers and internal labour markets«, in: Geoforum 19, S. 387-399. https://doi.org/10.1016/S0016-7185(88)80011-3.

Sassen, Saskia (1996): Migranten, Siedler, Flüchtlinge. Von der Massenauswanderung zur Festung Europa, Frankfurt a.M.: Fischer.

Sassen, Saskia (1998): »Überlegungen zu einer feministischen Analyse der globalen Wirtschaft«, in: PROKLA 111, S. 199-216.

Scheibelhofer, Paul (2008): »›Die Lokalisierung des Globalen Patriarchen. Zur diskursiven Produktion des ›türkisch-muslimischen Mannes‹ in Deutschland«, in: Lydia Potts/Jan Kühnemund (Hg.), Mann wird man. Geschlechtliche Identitäten im Spannungsfeld von Migration und Islam, Bielefeld: transcript, S. 39-53.

Scheibelhofer, Paul (2016): »›How Would You React If You Learned That Your Son Was Gay?‹ Racialized Sexualities and the Production of Migrant Others in Europe«, in: Anna Amelina/Kenneth Horvath/Bruno Meeus (Hg.), An Anthology of Migration and Social Transformation, Heidelberg, New York, NY, London: Springer International Publishing: S. 295-306. https://doi.org/10.1007/978-3-319-23666-7_19.

Schlehe, Judith (2001): Interkulturelle Geschlechterforschung. Identitäten – Imaginationen – Repräsentationen, Frankfurt a.M.: Campus.

Schmidt, Uwe (2002): Deutsche Familiensoziologie. Entwicklung nach dem zweiten Weltkrieg, Wiesbaden: Westdeutscher Verlag. https://doi.org/10.1007/978-3-322-89601-8.

Schneider, Norbert F. (2014): »Die räumliche Dimension der Herstellung von Familie«, in: Karin Jurczyk/Andreas Lange/Barbara Thiessen (Hg.), Doing Family – Familienalltag heute. Warum Familienleben nicht mehr selbstverständlich ist, Weinheim: Beltz Juventa, S. 208-221.

Schroer, Markus (Hg.) (2007): Gesellschaft im Film, Konstanz: UVK.

Scott, Joan W. (1988): Gender and the Politics of History, New York, NY: Columbia University Press.

Shinozaki, Kyoko (2015): Migrant Citizenship from Below: Family, Domestic Work, and Social Activism in Irregular Migration, New York, NY: Palgrave Macmillan. https://doi.org/10.1057/9781137410429.

Sienkiewicz, Joanna J./Sadovskaya, Yelena/Amelina, Anna (2015): »The Kazakh-German Social Space: Decreasing Transnational Ties and Symbolic Social Protection«, in: Population, Space and Place 21 (3), S. 270-281. https://doi.org/10.1002/psp.1905.

Silvey, Rachel (2006): »Geographies of Gender and Migration: Spatializing Social Difference«, in: International Migration Review 40 (1), S. 64-81. https://doi.org/10.1111/j.1747-7379.2006.00003.x.

Smith, Michael Peter/Guarnizo, Luis Eduardo (1998): Transnationalism from Below, New Brunswick, New Jersey: Transaction Publishers.

Soysal, Yasemin N. (1994): Limits of citizenship: Migrants and postnational membership in Europe, Chicago: University of Chicago Press.

Soysal, Yasemin N. (2001): »Changing citizenship in Europe: Remarks on postnational membership and the nation state«, in: Janet Fink/Gail Lewis/John Clarke (Hg.), Rethinking European welfare: Transformations of European social policy, London: Sage, S. 65-76.

Spies, Tina (2010): Migration und Männlichkeit. Biographien junger Straffälliger im Diskurs, Bielefeld: transcript.

Spindler, Susanne (2006): Corpus delicti. Männlichkeit, Rassismus und Kriminalisierung im Alltag jugendlicher Migranten, Münster: Unrast.

Spivak, Gayatri C. (1988): Can the subaltern speak? Reflections on the history of an idea, Basingstoke: Macmillan.

Stacey, Judith (1991): Brave New Families: Stories of domestic Upheaval in Twentieth Century America, New York, NY: Basic Books.

Statistisches Bundesamt (2013a): Pflegestatistik 2011, Wiesbaden.

Statistisches Bundesamt (2013b): »Kind und Beruf: Nicht alle Mütter wollen beides«, in: STATmagazin: Bevölkerung 02, 2013, Wiesbaden, online unter: https://www.destatis.de/DE/Publikationen/STATmagazin/Bevoelkerung/2013_02/2013_02PDF.pdf;jsessionid=FE2CEECC28D46888F2B224818CD8F803.cae3?__blob=publicationFile vom 28.11.2016.

Stella, Francesca/Taylor, Yvette/Reynolds, Tracey/Rogers, Antoine (Hg.) (2015): Sexuality, Citizenship and Belonging: Trans-national and Intersectional Perspectives, New York, NY: Routledge.

Swyngedouw, Erik (1997): »Neither Global nor Local: ›Glocalization‹ and the Politics of Scale«, in: Kevin R. Cox (Hg.), Spaces of Globalization: Reasserting the Power of the Local, New York, NY: Guilford Press, S. 137-166.

Taylor, Charles (1994): »The politics of recognition«, in: Amy Gutmann (Hg.), Multiculturalism: Examining the Politics of Recognition, Princeton: Princeton University Press, S. 25-74.

Taylor, Peter J. (1982): »A materialist framework for political geography«, in: Transactions of the Institute of British Geographers 7 (1), S. 15-34. https://doi.org/10.2307/621909.

Taylor, Peter J. (2004): »Is There a Europe of Cities? World Cities and the Limitations of Geographical Scale Analyses«, in: Eric Sheppard/Robert B. McMaster (Hg.), Scale and Geographic Inquiry: Nature, Society, and Method, Malden, MA; Oxford; Carlton, Vic.: Blackwell, S. 213-235. https://doi.org/10.1002/9780470999141.ch11.

Teo, Youyenn (2014): ›Not everyone has maids‹: Work-life balance policies and their class-differential effects in Singapore. Unveröffentlichtes Paper, XVIII ISA World Congress of Sociology, Yokohama.

Todaro, Michael P. (1969): »A Model of Labor Migration and Urban Unemployment in Less Developed Countries«, in: The American Economic Review 59 (1), S. 138-148.

Treibel, Annette (2008): Migration in modernen Gesellschaften. Soziale Folgen von Einwanderung, Gastarbeit und Flucht, Weinheim/München: Juventa.

Trevena, Paulina (2013): »Why do highly educated migrants go for low-skilled jobs? A case study of Polish graduates working in London«, in: Birgit Glorius/Izabela Grabowska-Lusinska/Aimee Kuvik (Hg.), Mobility in Transition: Migration Patterns after EU Enlargement, Amsterdam: Amsterdam University Press, S. 169-190.

Trotha, Trutz von (1994): Koloniale Herrschaft. Zur soziologischen Theorie der Staatsentstehung am Beispiel des ›Schutzgebietes Togo‹, Tübingen: Mohr.

Tuider, Elisabeth/Lutz, Helma (2017): »Postkolonialität und Biographieforschung« in, Helma Lutz/Martina Schiebel/Elisabeth Tuider (Hg.), Handbuch Biographieforschung, Wiesbaden: Springer [im Druck].

Urry, John (2007): Mobilities, Cambridge, Malden: Polity Press.

Urry, John (2012): Sociology Beyond Societies: Mobilities for the Twenty-first Century, London: Routledge.

Verordnung (EG) Nr. 987/2009 des Europäischen Parlaments und des Rates vom 16. September 2009 zur Festlegung der Modalitäten für die Durchführung der Verordnung (EG) Nr. 883/2004 über die Koordinierung der Systeme der sozialen Sicherheit.

Vogel, Dita (2012): »Menschen ohne Aufenthaltsstatus in der Erwerbsarbeit. Eine sozialwissenschaftliche Einführung«, in: Andreas Fischer-Lescano/Eva Kocher/Ghazaleh Nassibi (Hg.), Arbeit in der Illegalität. Die Rechte der Menschen ohne Aufenthaltspapiere, Frankfurt, New York, NY: Campus, S. 13-37.

Vogel, Ursula (1991): »Is citizenship gender-specific?«, in: Ursual Vogel/Michael Moran (Hg.), The Frontiers of Citizenship, Cambridge: Cambridge University Press, S. 58-85. https://doi.org/10.1007/978-1-349-21405-1_3.

Vullnetari, Julie/King, Russel (2008): »›Does your granny eat grass?‹ On mass migration, care drain and the fate of older people in rural Albania«, in: Global Networks 8 (2), S. 139-171.

Walby, Sylvia (2009): Globalization and Inequalities: Complexity and Contested Modernities, London, Thousand Oaks, CA, New Delhi, Singapore: Sage.

Walby, Sylvia/Armstrong, Jo/Strid, Sofia (2012): »Intersectionality: Multiple Inequalities in Social Theory«, in: Sociology 46 (2), S. 224-240. https://doi.org/10.1177/0038038511416164.

Walgenbach, Katharina (2005): Die weiße Frau als Trägerin der deutschen Kultur. Koloniale Diskurse über Geschlecht, ›Rasse‹ und Klasse im Kaiserreich, Frankfurt a.M., New York, NY: Campus.

Walgenbach, Katharina (2010): »Postscriptum: Intersektionalität – Offenheit, interne Kontroversen und Komplexität als Ressourcen eines gemeinsamen Orientierungsrahmens«, in: Helma Lutz/Maria T. Herrera Vivar/Linda Supik (Hg.), Fokus Intersektionalität: Bewegungen und Verortungen eines vielschichtigen Konzeptes, Wiesbaden: VS Verlag für Sozialwissenschaften, 245-256. https://doi.org/10.1007/978-3-531-92555-4_13.

Wallace, Claire (2002): »Opening and closing borders: migration and mobility in East-Central Europe«, in: Journal of Ethnic and Migration Studies 28 (4), S. 603-625. https://doi.org/10.1080/136918302100003 2227.

Weber, Max (1917): Wahlrecht und Demokratie in Deutschland, Berlin: Fortschritt.

Weber, Max (1918): »Der Sozialismus: Rede zur allgemeinen Orientierung von österreichischen Offizieren in Wien 1918«, in: Max Weber, Gesammelte Aufsätze zur Soziologie und Sozialpolitik, Marianne Weber (Hg.), Tübingen: J. C. B. Mohr, S. 492-518.

Weber, Max (1922): Grundriss der Sozialökonomik: III. Abteilung: Wirtschaft und Gesellschaft, Tübingen: J. C. B. Mohr.

Weber, Max. (2011) [1924]: »Das Bürgertum«, in: Max Weber, Gesamtausgabe: Abriss der universalen Sozial- und Wirtschaftsgeschichte: Mit- und Nachschriften 1919/20, Wolfgang Schluchter (Hg.), Tübingen: J. C. B. Mohr, S. 350-369.

West, Candance/Fenstermaker, Sarah B. (1995): »Doing Difference«, in: Gender & Society 9 (1), S. 8-37. https://doi.org/10.1177/0891 24395009001002.

West, Candance/Zimmerman, Don H. (1987): »Doing Gender«, in: Gender & Society 1 (2), 125-151. https://doi.org/10.1177/0891243287001002 002.

Wetterer, Angelika (2010): »Konstruktion von Geschlecht: Reproduktionsweisen der Zweigeschlechtlickeit«, in: Ruth Becker/Beate Kortendiek (Hg.), Handbuch Frauen- und Geschlechterforschung. Theorie,

Methoden, Empirie, 3., erw. u. durchges. Aufl. Wiesbaden: VS Verlag, S. 126-136. https://doi.org/10.1007/978-3-531-92041-2_16.

Wiebe, Sarah M. (2014): »Beyond biopolitics? Ecologies of indigenous citizenship«, in: Engin F. Isin/Peter Nyers (Hg.), Routledge Handbook of Global Citizenship Studies, Abingdon: Routledge, S. 535-544.

Williams, Fiona (1989): Social Policy: A Critical Introduction: Issues of Race, Gender and Class, Cambridge: Polity Press.

Williams, Fiona (2010): »Migration and Care: Themes, Concepts and Challenges«, in: Social Policy and Society 9 (3), S. 385-396. https://doi.org/10.1017/S1474746410000102.

Wimmer, Andreas/Glick Schiller, Nina (2003): »Methodological Nationalism, the Social Sciences and the Study of Migration: An Essay in Historical Epistemology«, in: International Migration Review 37 (3), S. 576-610.

Winker, Gabriele/Degele, Nina (2009): Intersektionalität. Zur Analyse sozialer Ungleichheiten, Bielefeld: transcript.

Winker, Gabriele/Degele, Nina (2011): »Intersectionality as multi-level analysis: Dealing with social inequality«, in: European Journal of Women's Studies 18 (1), S. 51-66.

Winkler, Ulrike (2000): »›Hauswirtschaftliche Ostarbeiterinnen‹ – Zwangsarbeit in deutschen Haushalten«, in: Ulrike Winkler (Hg.), Stiften gehen. NS-Zwangsarbeit und Entschädigungsdebatte, Köln: Papy Rossa Verlag, S. 251-257.

Wolanik Boström, Katarzyna/Öhlander, Magnus (2012): A troubled elite? Stories about migration and establishing professionalism as a Polish doctor in Sweden, Working Paper 110/2012, COMCAD – Center on Migration, Citizenship and Development. Bielefeld, online unter: https://www.uni-bielefeld.de/tdrc/ag_comcad/downloads/WP_110.pdf vom 21.08.2016.

WSI – Wirtschafts- und Sozialwissenschaftliches Institut (2016): Arbeitszeiten. Teilzeitbeschäftigung von Erwerbstätigen nach Alter, Grafikblatt (WSI-GenderDatenPortal), online unter: www.boeckler.de/51984.htm vom 28.11.2016.

Yeates, Nicola (2009): Globalising Care Economies and Migrant Workers: Explorations in Global Care Chains, Basingstoke: Palgrave Macmillian.

Yuval-Davis, Nira (2006): »Belonging and the politics of belonging«, in: Patterns of Prejudice 40 (3), S. 196-213. https://doi.org/10.1080/00313220600769331.

Yuval-Davis, Nira. (2011a): The Politics of Belonging: Intersectional Contestations, Los Angeles: Sage.

Yuval-Davis, Nira (2011b): Power, intersectionality and the politics of belonging, FREIA-Feminist Research Center in Aalborg. Aalborg University, Denmark (FREIA working paper series, Nr. 75), online unter: http://vbn.aau.dk/files/58024503/FREIA_wp_75.pdf vom 04.09.2016.

Yuval-Davis, Nira/Anthias, Floya (Hg.) (1989): Woman, Nation, State, Basingstoke: Macmillan.

Zachariah, K./Mathew, E.T./Irudaya Rajan, S. (2001): »Impact of Migration on Kerala's Economy and Society«, in: International Migration 39 (1), S. 63-87.

Filmverzeichnis

»Almanya – Willkommen in Deutschland« (2011) (D, R: Yasemin Samdereli), Spielfilm.

»Angst essen Seele auf« (1974) (D, R: Rainer Werner Fassbinder), Spielfilm.

»Bande de Filles« (Mädchenjahre) (2014) (F, R: Céline Sciamma) Spielfilm.

»Bezness« (1992) (TUN, R: Nouri Bouzid), Spielfilm.

»Google Baby« (2009) (IL, R: Zippi Brand Frank), Dokumentarfilm.

»HAUS-HALT-HILFE – Arbeiten im fremden Alltag« (2007) (D, R: Petra Valentin), Dokumentarfilm.

»Hermaphroditen – eindeutig zweideutig« (2002) (D, R: Ilka Franzmann), Dokumentarfilm.

»Money in Minutes« (2014) (D, R: Matthias Heeder/Monika Hielscher), Dokumentarfilm.

»Neukölln Unlimited« (2010) (D, R: Agostino Imondi/Dietmar Ratsch), Dokumentarfilm.

»Paradies: Liebe« (2013) (A/D/F/, R: Ulrich Seidl), Doku-Drama.

»Promise and Unrest« (2011) (IR, R: Alan Grossman/Aine O'Brien), Dokumentarfilm in englischer Sprache.

»Transgender Voice Feminization: Hear Rachel's before and after Voice transformation«, [Videoclip auf YouTube], veröffentlicht am 31.01.2015, online unter: https://www.youtube.com/watch?v=5lGq_m6jaPI vom 21.09.2016.

»Yasemin« (1988) (D, R: Hark Bohm), Spielfilm.

Soziologie

Uwe Becker
Die Inklusionslüge
Behinderung im flexiblen Kapitalismus

2015, 216 S., kart.
19,99 € (DE), 978-3-8376-3056-5
E-Book
PDF: 17,99 € (DE), ISBN 978-3-8394-3056-9
EPUB: 17,99 € (DE), ISBN 978-3-7328-3056-5

Gabriele Winker
Care Revolution
Schritte in eine solidarische Gesellschaft

2015, 208 S., kart.
11,99 € (DE), 978-3-8376-3040-4
E-Book
PDF: 10,99 € (DE), ISBN 978-3-8394-3040-8
EPUB: 10,99 € (DE), ISBN 978-3-7328-3040-4

Andrea Baier, Tom Hansing, Christa Müller, Karin Werner (Hg.)
Die Welt reparieren
Open Source und Selbermachen
als postkapitalistische Praxis

2016, 352 S., kart., zahlr. farb. Abb.
19,99 € (DE), 978-3-8376-3377-1
E-Book: kostenlos erhältlich als Open-Access-Publikation
ISBN 978-3-8394-3377-5

Leseproben, weitere Informationen und Bestellmöglichkeiten finden Sie unter www.transcript-verlag.de

Soziologie

Carlo Bordoni
Interregnum
Beyond Liquid Modernity

2016, 136 p., pb.
19,99 € (DE), 978-3-8376-3515-7
E-Book
PDF: 17,99 € (DE), ISBN 978-3-8394-3515-1
EPUB: 17,99 € (DE), ISBN 978-3-7328-3515-7

Sybille Bauriedl (Hg.)
Wörterbuch Klimadebatte

2015, 332 S., kart.
29,99 € (DE), 978-3-8376-3238-5
E-Book
PDF: 26,99 € (DE), ISBN 978-3-8394-3238-9

Mathias Fiedler, Fabian Georgi, Lee Hielscher, Philipp Ratfisch,
Lisa Riedner, Veit Schwab, Simon Sontowski (Hg.)
movements. Journal für kritische
Migrations- und Grenzregimeforschung
Jg. 3, Heft 1/2017: Umkämpfte Bewegungen nach
und durch EUropa

April 2017, 236 S., kart.
24,99 € (DE), 978-3-8376-3571-3